# Dreiband billard:
# Um die Welt Tischmuster

## Von professionellen Meisterschaftsturnieren

## Testen Sie sich gegen professionelle Spieler

Allan P. Sand
PBIA Zertifizierter Billardlehrer

ISBN 978-1-62505-295-7
PRINT 7x10

ISBN 978-1-62505-449-4
PRINT 8.5x11

First edition

Copyright © 2019  Allan P. Sand

All rights reserved under International and Pan-American Copyright Conventions.

Published by Billiard Gods Productions.
Santa Clara, CA 95051
U.S.A.


For the latest information about books and videos, go to: http://www.billiardgods.com

## *Acknowledgements*

Wei Chao created the software that was used to create these graphics.

# Inhaltsverzeichnis

**Einführung** ................................................................................................................ **1**
Über die Konfigurationen ............................................................................................ 1
Anweisungen zum Einrichten der Tisch ...................................................................... 2
Zweck der Diagramme ................................................................................................ 2
**A: Kurzes Bein (langes band)** .................................................................................. **3**
A: Gruppe 1 ................................................................................................................. 3
A: Gruppe 2 ................................................................................................................. 8
A: Gruppe 3 ............................................................................................................... 13
A: Gruppe 4 ............................................................................................................... 18
A: Gruppe 5 ............................................................................................................... 23
A: Gruppe 6 ............................................................................................................... 28
A: Gruppe 7 ............................................................................................................... 33
**B: Innen umgekehrt** ................................................................................................ **38**
B: Gruppe 1 ............................................................................................................... 38
B: Gruppe 2 ............................................................................................................... 43
B: Gruppe 3 ............................................................................................................... 48
B: Gruppe 4 ............................................................................................................... 53
**C: Erweitertes Bein** ................................................................................................. **58**
C: Gruppe 1 ............................................................................................................... 58
C: Gruppe 2 ............................................................................................................... 64
C: Gruppe 3 ............................................................................................................... 69
**D: Großer Ball in der Home-Ecke** ......................................................................... **74**
D: Gruppe 1 ............................................................................................................... 74
D: Gruppe 2 ............................................................................................................... 79
D: Gruppe 3 ............................................................................................................... 84
D: Gruppe 4 ............................................................................................................... 89
D: Gruppe 5 ............................................................................................................... 94
D: Gruppe 6 ............................................................................................................... 99
D: Gruppe 7 ............................................................................................................. 104
D: Gruppe 8 ............................................................................................................. 109
D: Gruppe 9 ............................................................................................................. 114
**E: Folge in die Ecke** ............................................................................................. **119**
E: Gruppe 1 ............................................................................................................. 119
E: Gruppe 2 ............................................................................................................. 125
E: Gruppe 3 ............................................................................................................. 130
**F: Kurzes Bein (modifiziert)** ................................................................................ **135**
F: Gruppe 1 ............................................................................................................. 135
F: Gruppe 2 ............................................................................................................. 141

Other books by the author ...

- 3 Cushion Billiards Championship Shots (a series)
- Carom Billiards: Some Riddles & Puzzles
- Carom Billiards: MORE Riddles & Puzzles
- Why Pool Hustlers Win
- Table Map Library
- Safety Toolbox
- Cue Ball Control Cheat Sheets
- Advanced Cue Ball Control Self-Testing Program
- Drills & Exercises for Pool & Pocket Billiards
- The Art of War versus The Art of Pool
- The Psychology of Losing – Tricks, Traps & Sharks
- The Art of Team Coaching
- The Art of Personal Competition
- The Art of Politics & Campaigning
- The Art of Marketing & Promotion
- Kitchen God's Guide for Single Guys

# Einführung

Dies ist eines aus einer Reihe von Billard-Büchern, die zeigen, wie professionelle Spieler basierend auf der Ballkonfiguration Entscheidungen treffen. Jede Konfiguration stammt von internationalen Wettbewerben.

Diese Probleme bringen Sie in den Kopf des Spielers, beginnend mit den Ballpositionen in der ersten Konfiguration. Die zweite Konfiguration zeigt, wozu der Player sich entschieden hat.

## Über die Konfigurationen

Dies sind die drei Bälle auf dem Tisch:

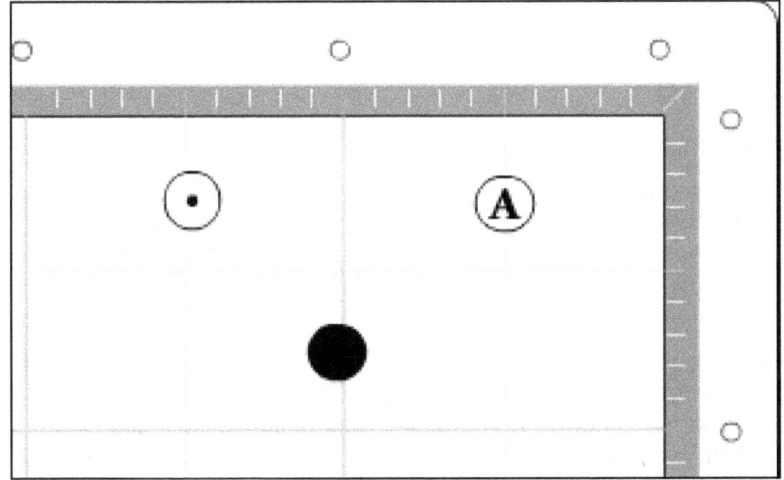

Ⓐ (CB) (deine Billardkugel)

⊙ (OB) (Gegner Billardkugel)

● (OB) (rote Billardkugel)

Jede Konfiguration hat zwei Layouts. Die erste Konfiguration ist die Position der Kugeln. Die zweite Konfiguration zeigt, wie sich die Kugeln auf dem Tisch bewegen.

## Anweisungen zum Einrichten der Tisch

Verwenden Sie Papierbinderringe, um die Ballpositionen zu markieren (kaufen Sie in jedem Bürofachgeschäft).

Legen Sie eine Münze auf jedes Tischkissen, das das (CB) berührt.

Vergleichen Sie Ihren (CB) Pfad mit der zweiten Tischkonfiguration. Um zu lernen, benötigen Sie möglicherweise mehrere Versuche. Nehmen Sie nach jedem Fehler eine Anpassung vor und versuchen Sie es erneut, bis Sie erfolgreich sind.

## Zweck der Diagramme

Diese Layouts werden für zwei Zwecke bereitgestellt.

- Ihre Analyse - Zu Hause können Sie überlegen, wie Sie die Konfiguration in der ersten Tisch spielen. Vergleichen Sie Ihre Ideen mit dem tatsächlichen Muster auf der zweiten Tisch. Denken Sie über Ihre Lösung nach und überlegen Sie sich die Optionen. Aus der zweiten Tisch können Sie auch analysieren, wie Sie dem Muster folgen. Mental spielen Sie den Schuss und entscheiden Sie, wie Sie erfolgreich sein können.

- Üben Sie die Tischkonfiguration - Legen Sie die Kugeln gemäß der ersten Tischkonfiguration in Position. Versuchen Sie, genauso zu schießen wie das zweite Tischmuster. Sie können viele Versuche benötigen, bevor Sie die richtige Art zu spielen finden. So können Sie diese Aufnahmen bei Wettbewerben und Turnieren lernen und spielen.

Die Kombination aus mentaler Analyse und praktischer Übung wird Sie zu einem intelligenteren Spieler machen.

# A: Kurzes Bein (langes band)

Bei dieser Reihe von Kugelkonfigurationen kontaktiert der (CB) zuerst (OB), der sehr nahe an dem langen band ist. Die (CB) geht dann in den Standard um die Welt Muster.

Ⓐ (CB) (Ihre Billardkugel) - ◉ (OB) (Gegner Billardkugel) - ⬤ (OB) (rote Billardkugel)

## A: Gruppe 1

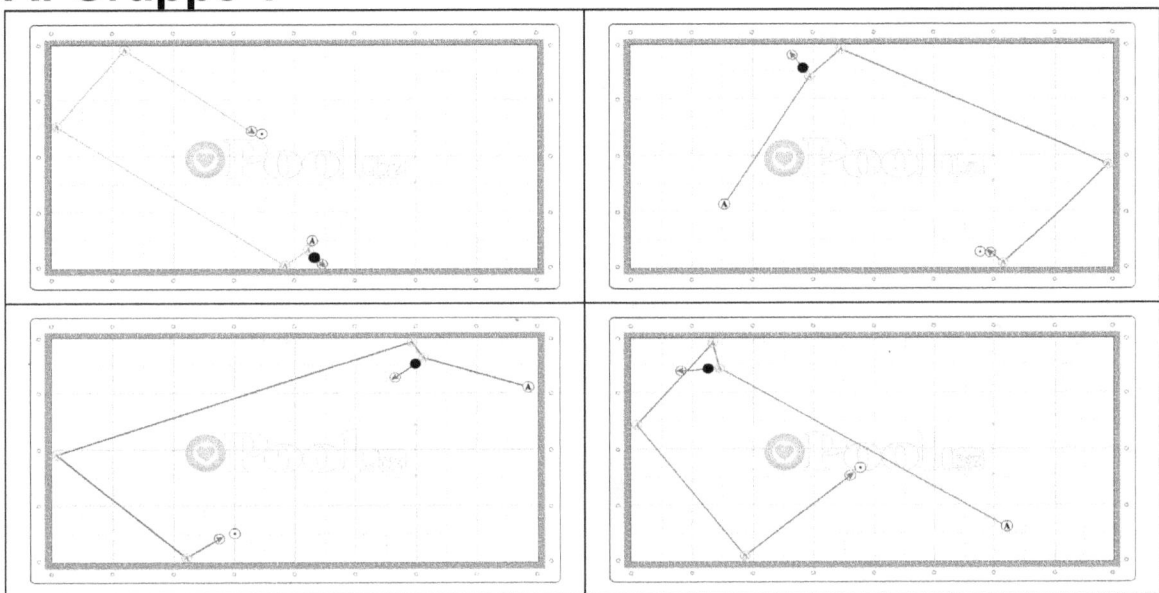

**Analyse**:

A:1a. _____

A:1b. _____

A:1c. _____

A:1d. _____

## A:1a – Konfiguration

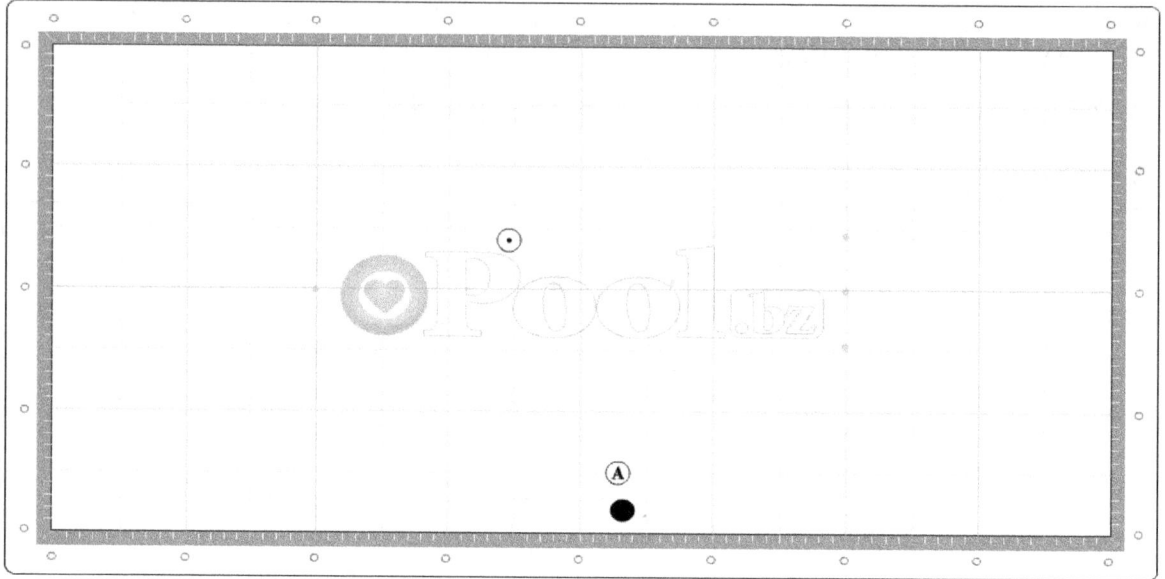

Notizen und Ideen:

## Schussmuster

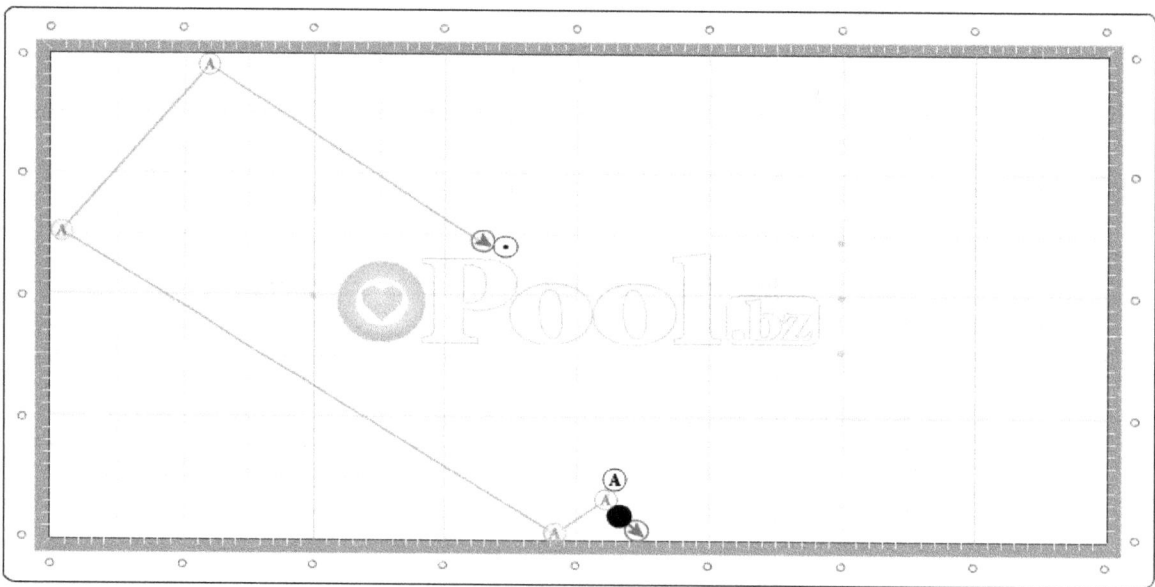

## A:1b – Konfiguration

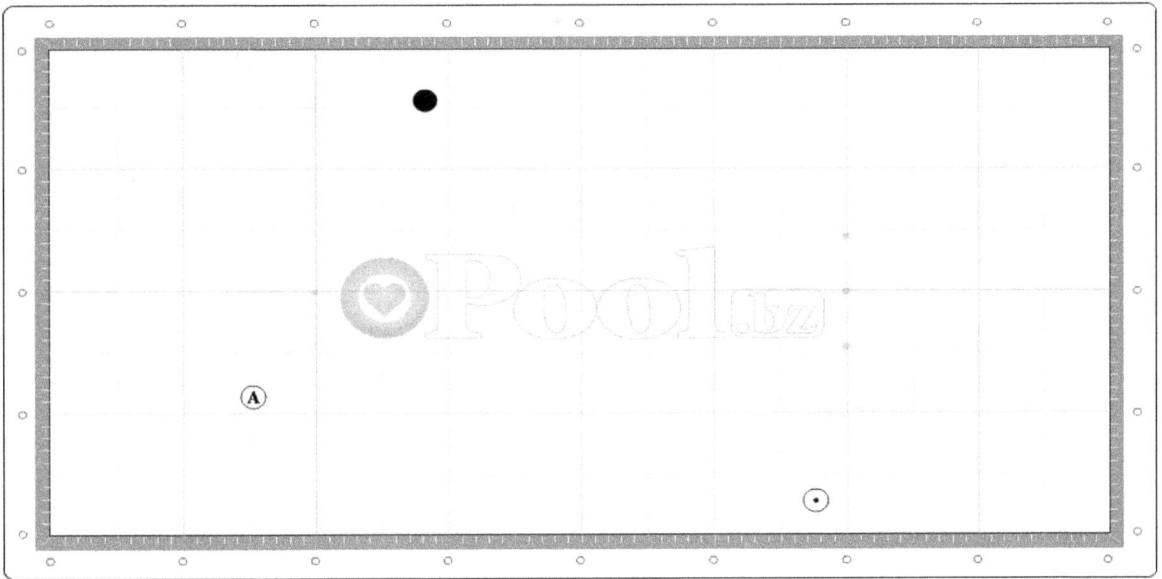

Notizen und Ideen:

## Schussmuster

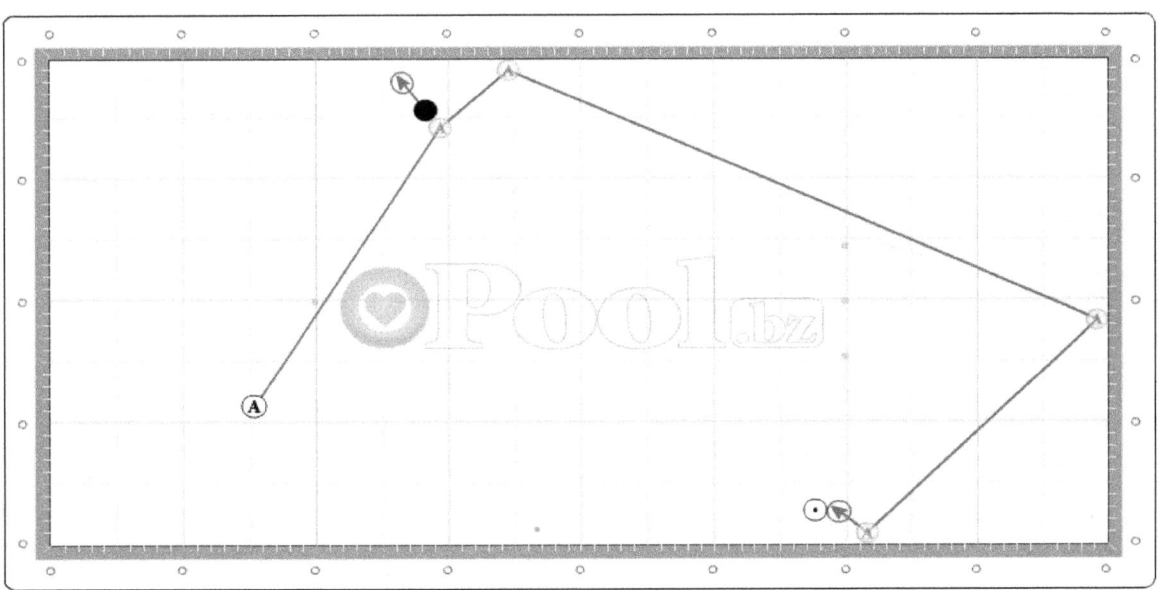

## A:1c – Konfiguration

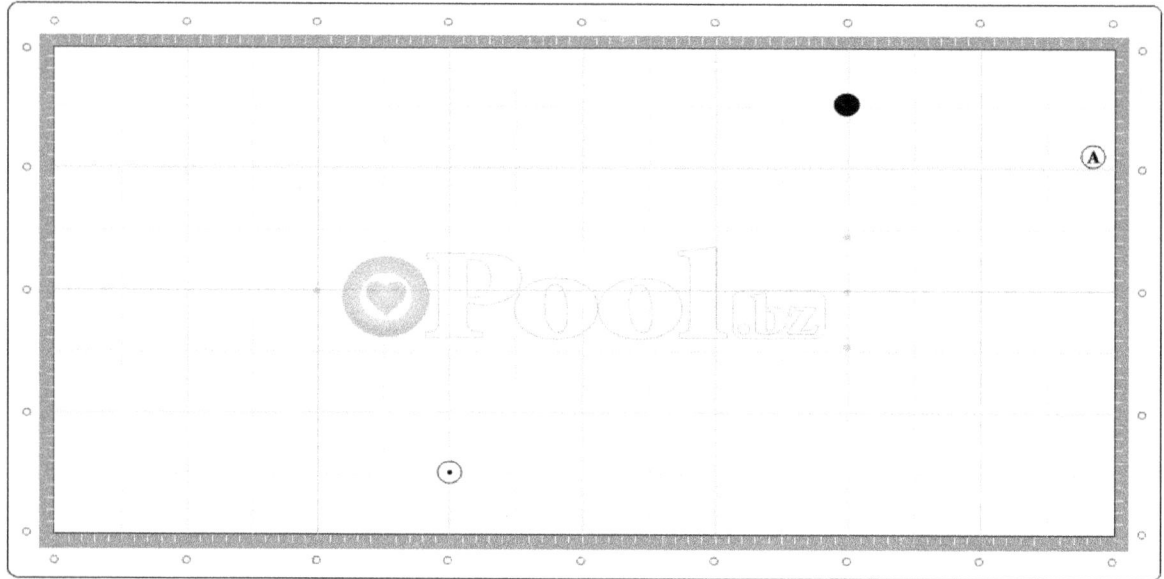

Notizen und Ideen:

## Schussmuster

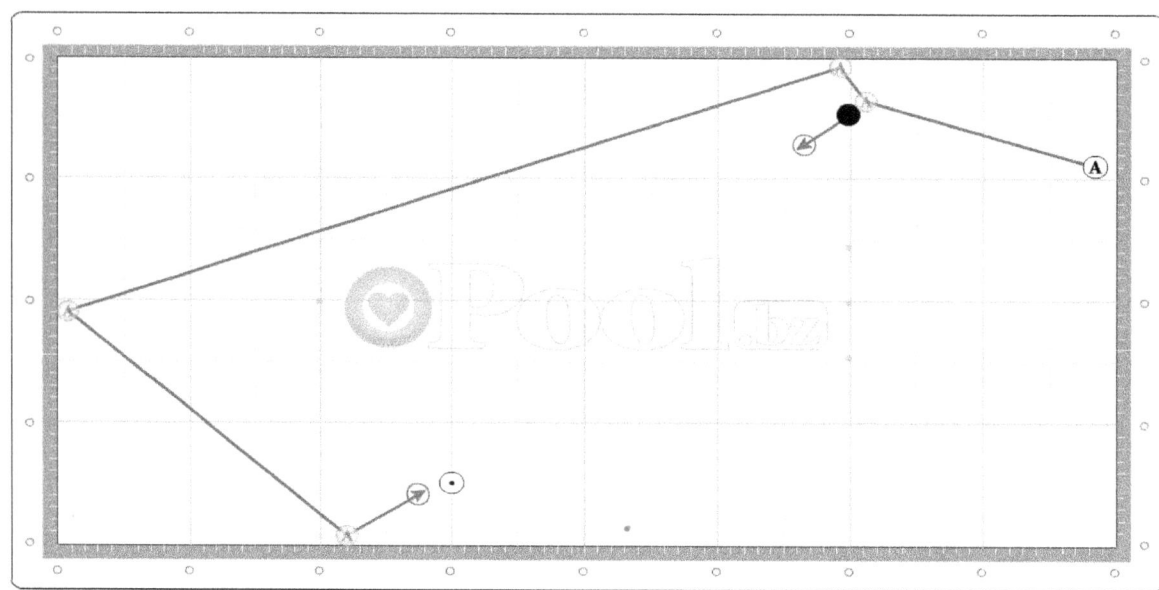

## A:1d – Konfiguration

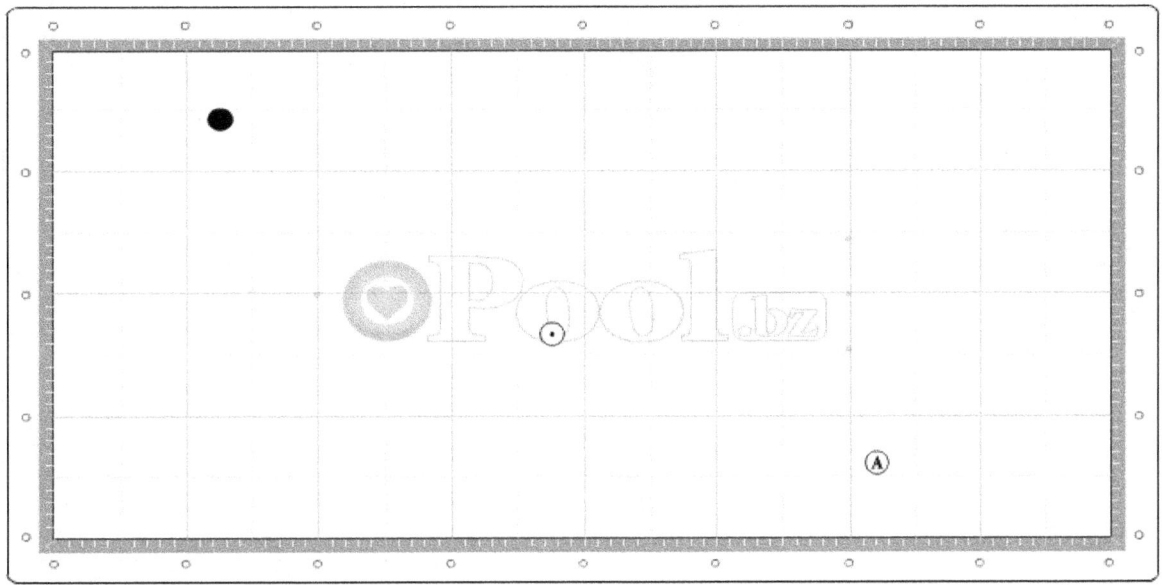

Notizen und Ideen:

## Schussmuster

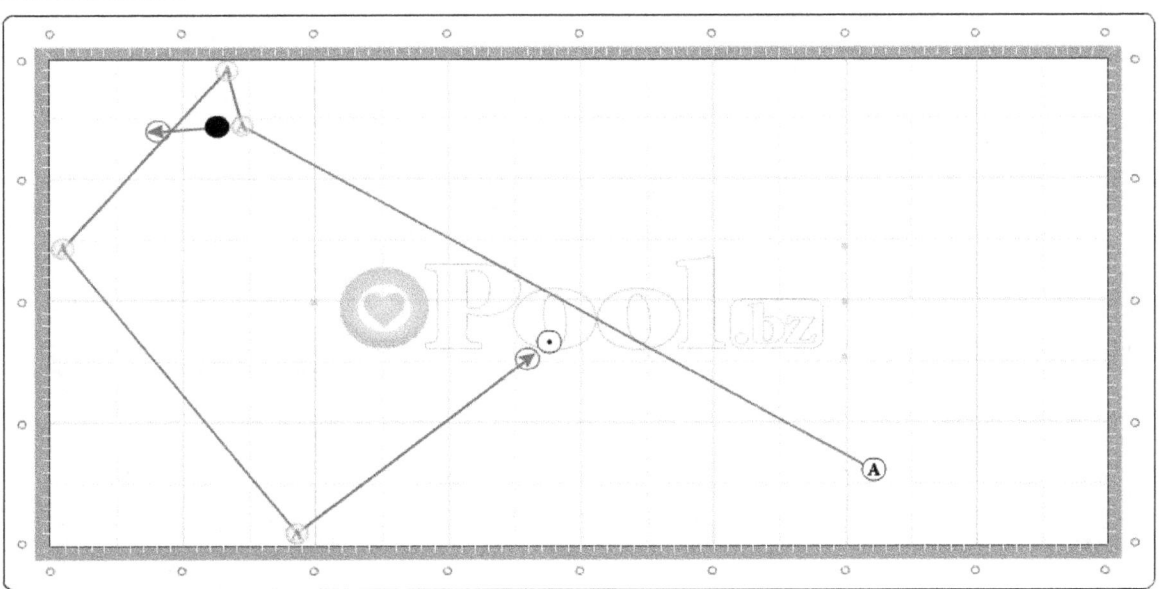

# A: Gruppe 2

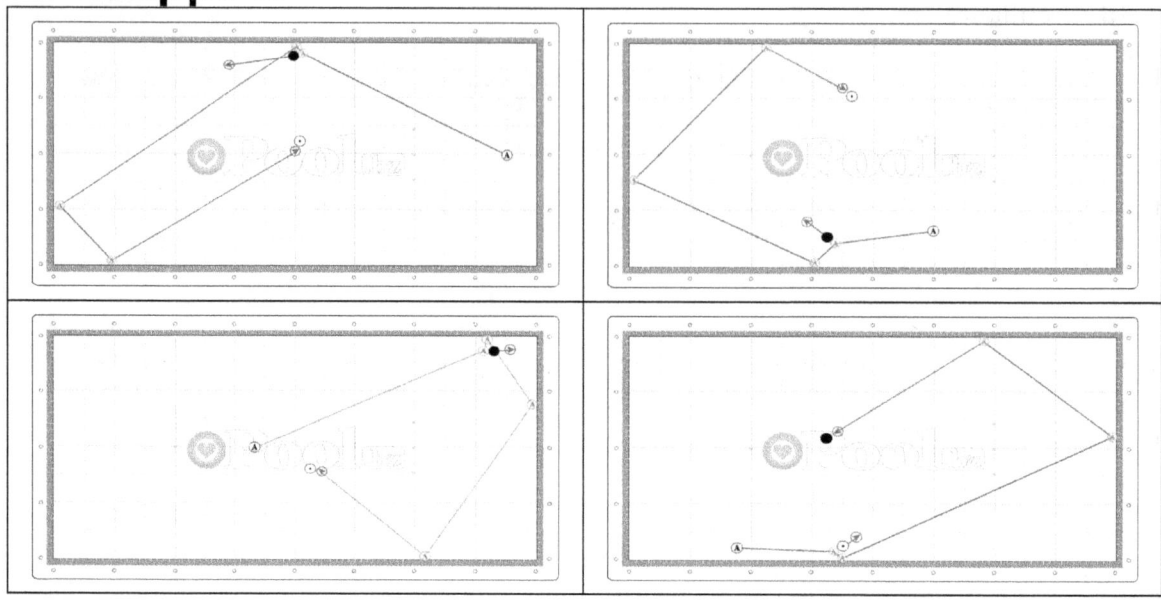

**Analyse**:

A:2a. _____

A:2b. _____

A:2c. _____

A:2d. _____

## A:2a – Konfiguration

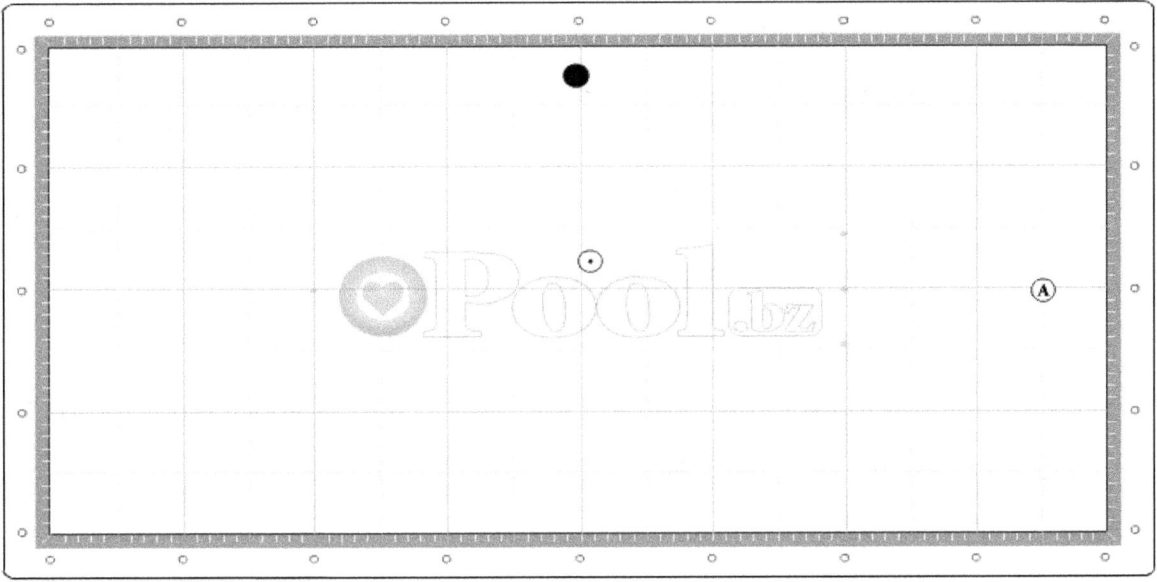

Notizen und Ideen:

## Schussmuster

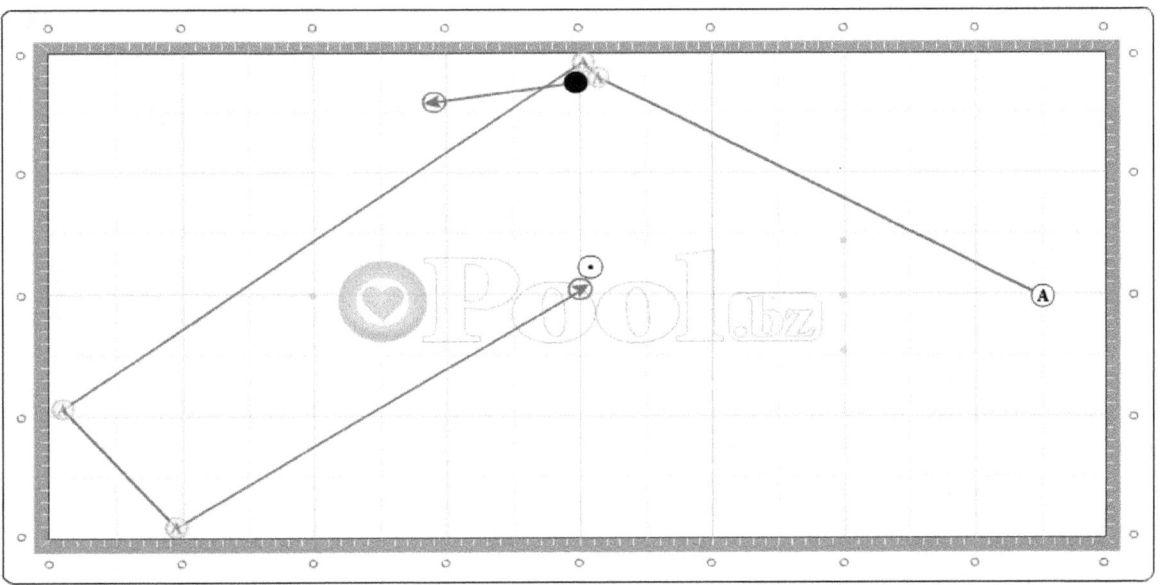

## A:2b – Konfiguration

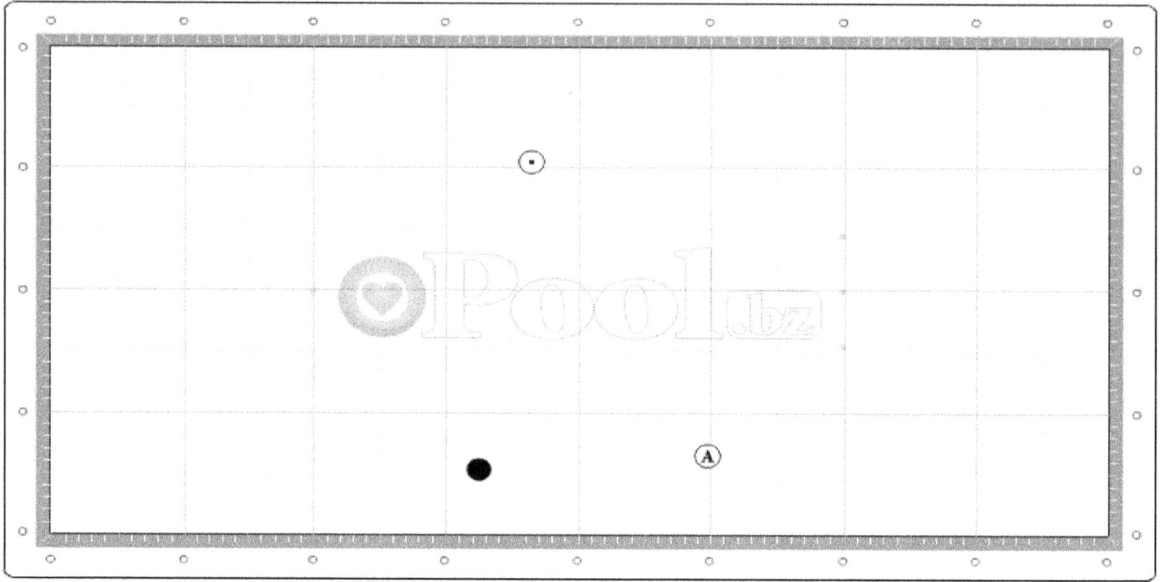

Notizen und Ideen:

## Schussmuster

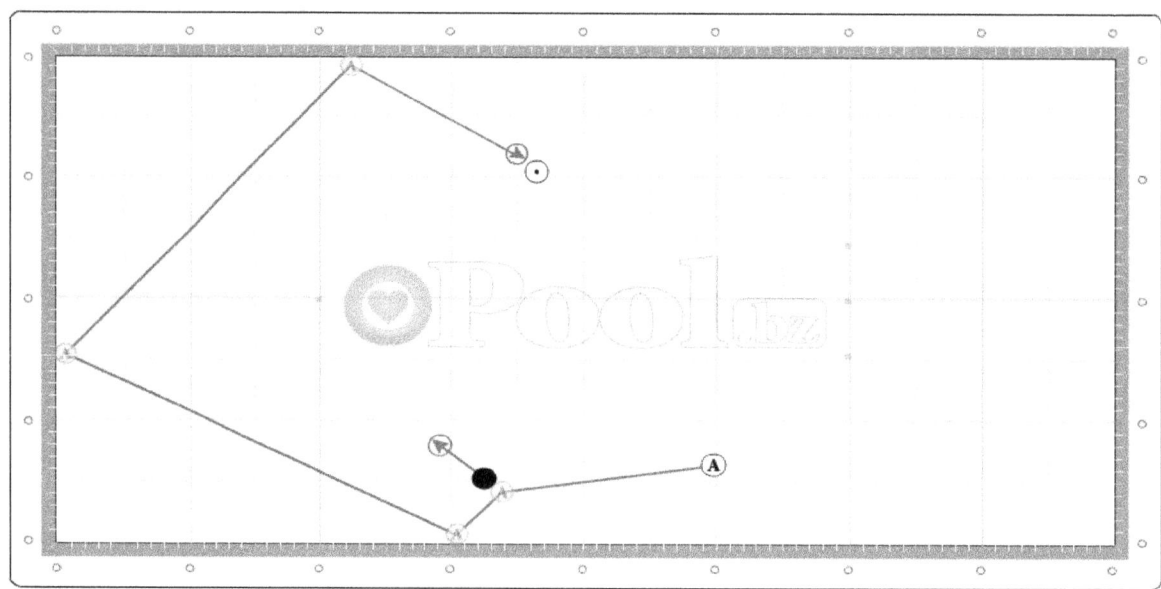

## A:2c – Konfiguration

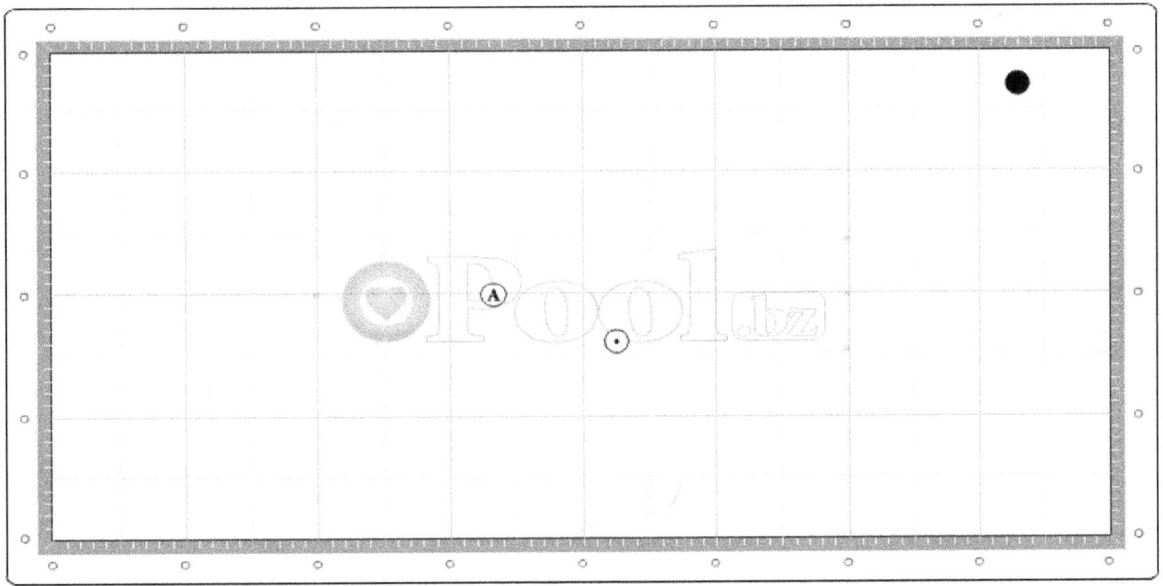

Notizen und Ideen:

## Schussmuster

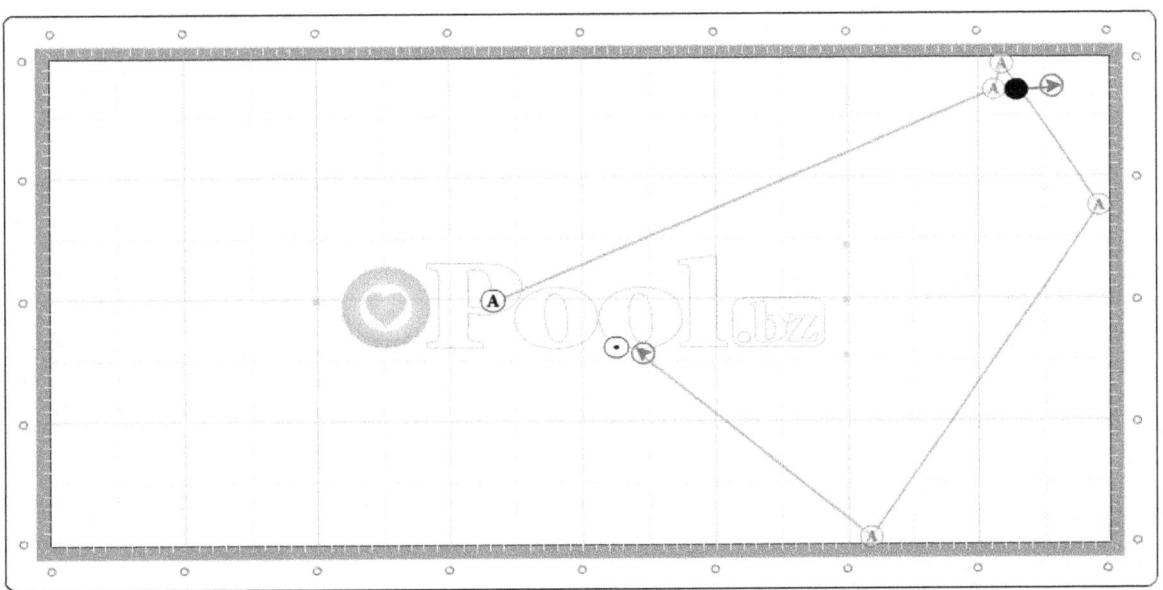

## A:2d – Konfiguration

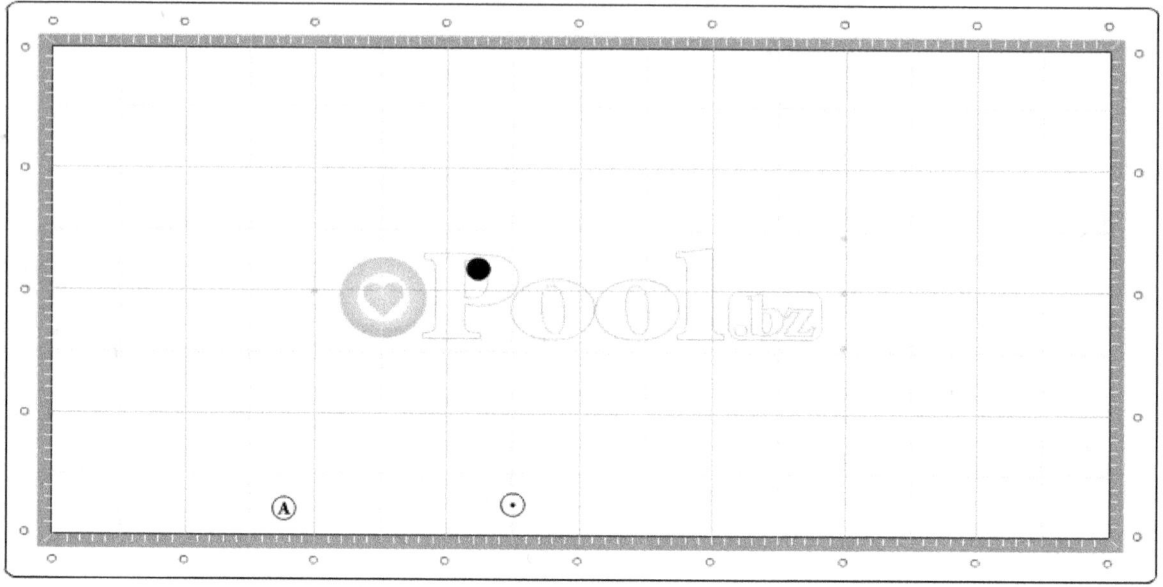

Notizen und Ideen:

## Schussmuster

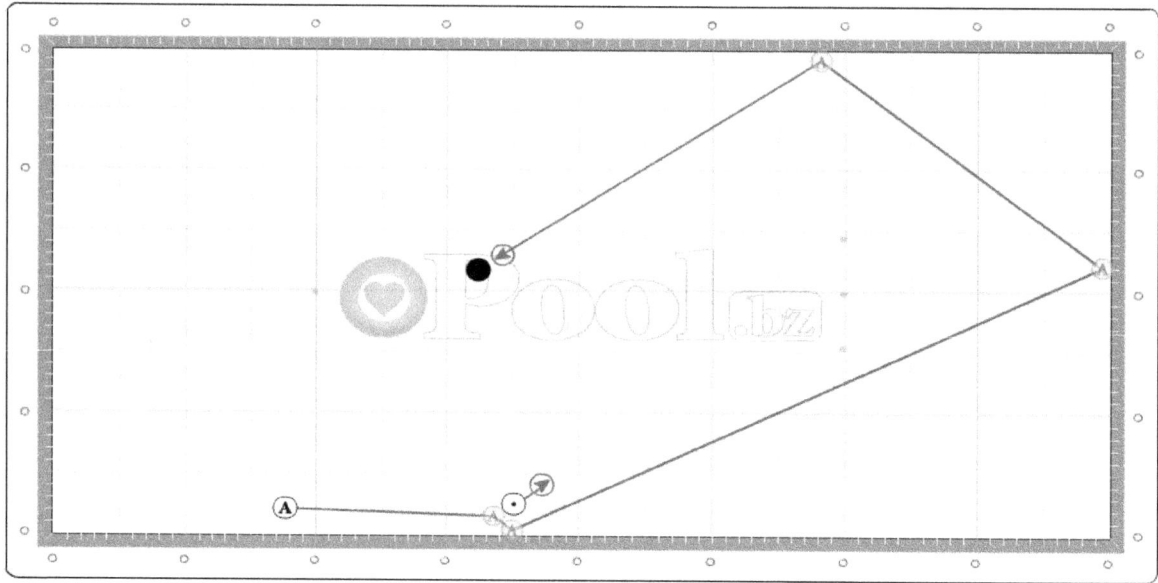

# A: Gruppe 3

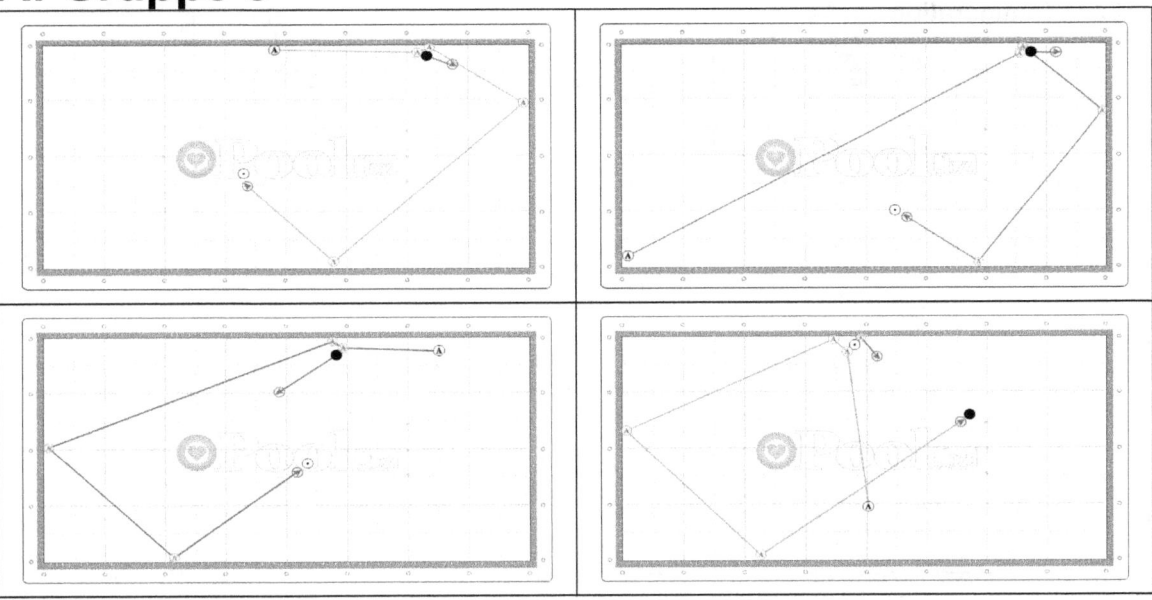

**Analyse:**

A:3a. _____

A:3b. _____

A:3c. _____

A:3d. _____

## A:3a – Konfiguration

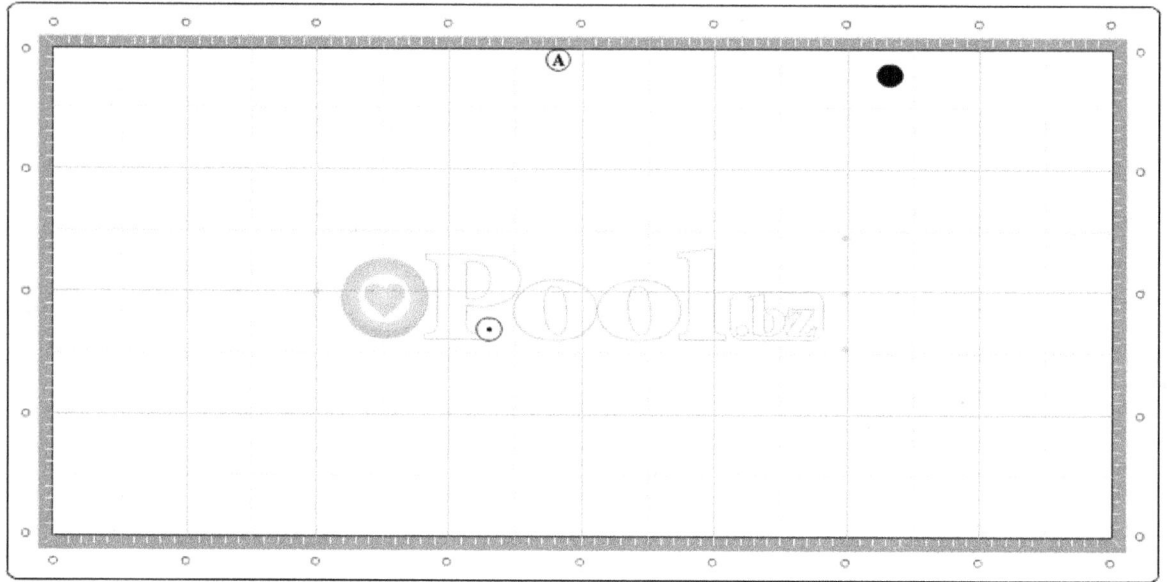

Notizen und Ideen:

## Schussmuster

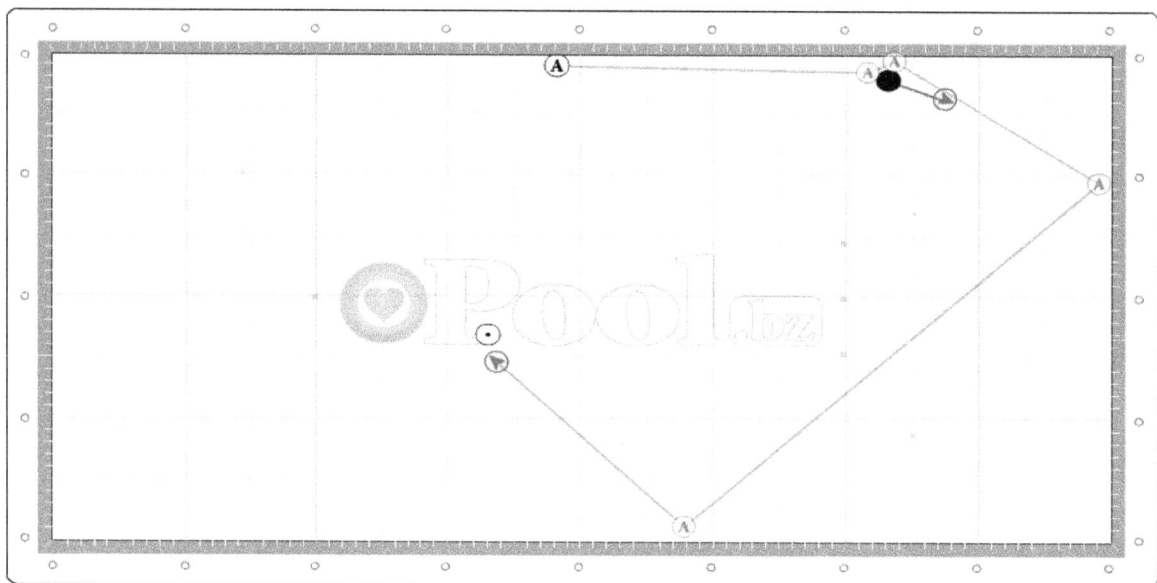

## A:3b – Konfiguration

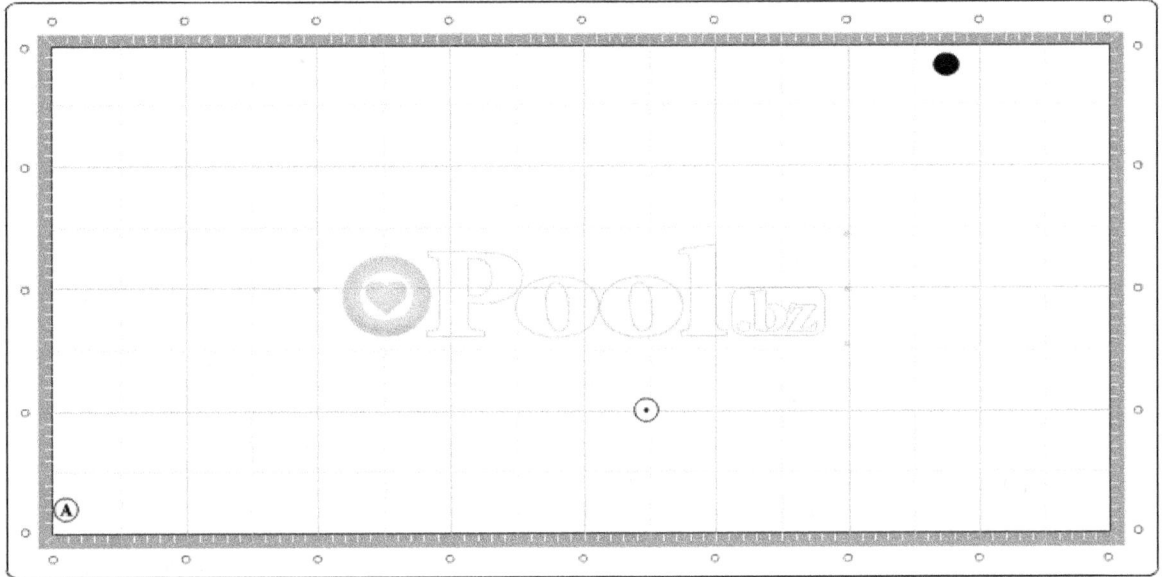

Notizen und Ideen:

## Schussmuster

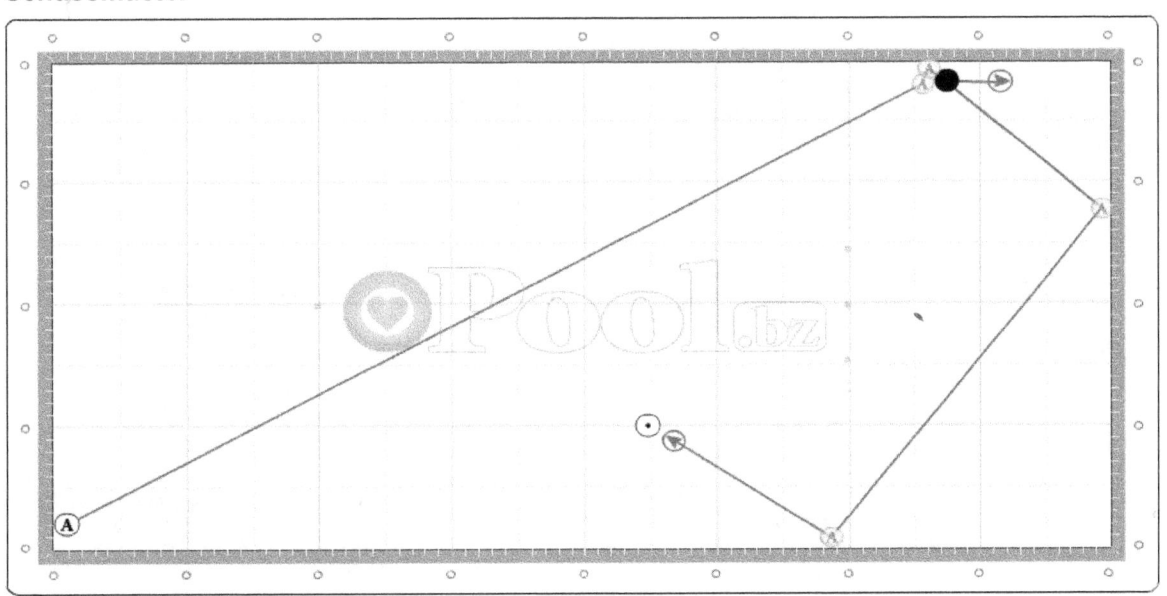

## A:3c – Konfiguration

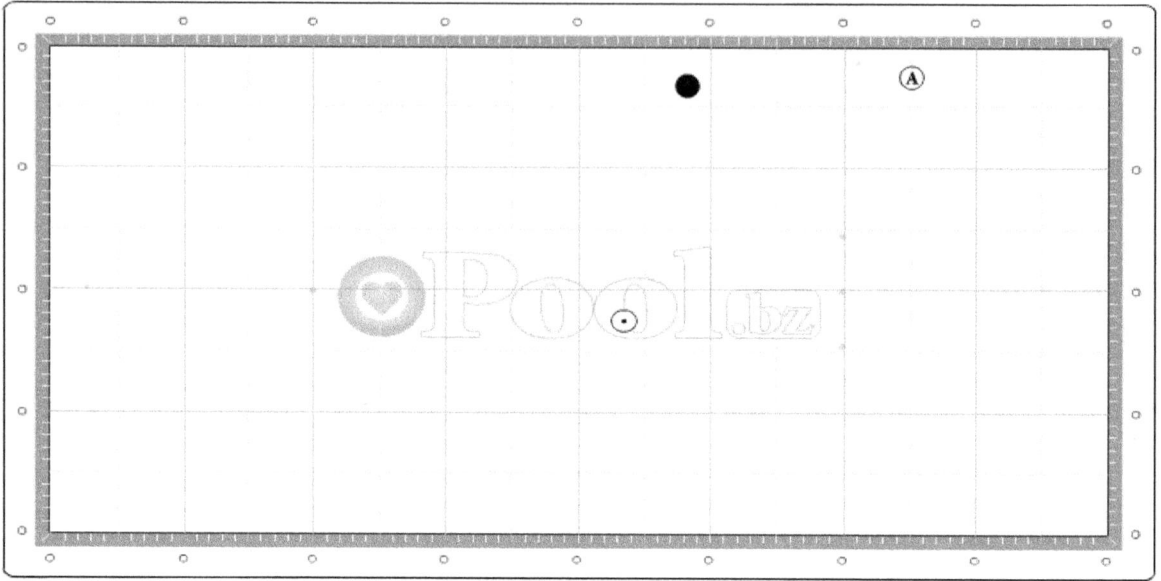

Notizen und Ideen:

## Schussmuster

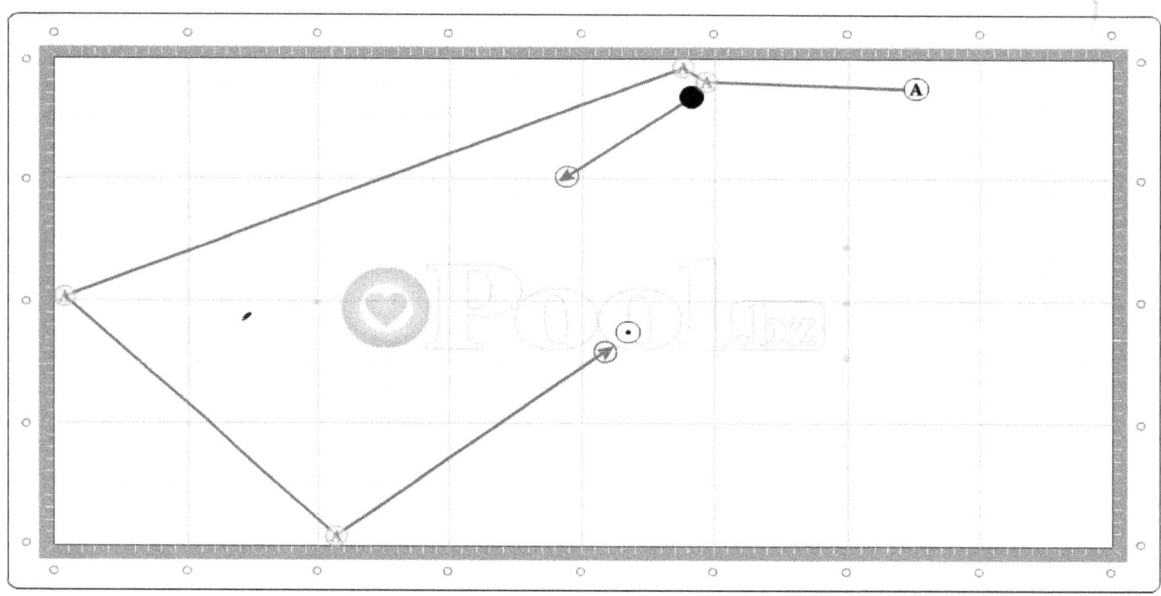

## A:3d – Konfiguration

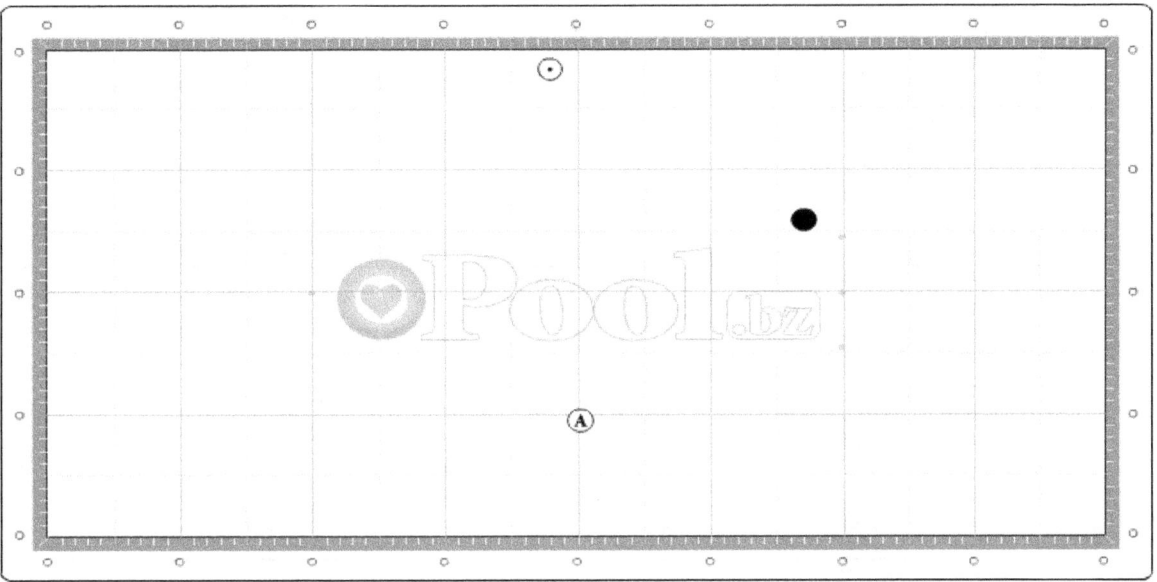

Notizen und Ideen:

## Schussmuster

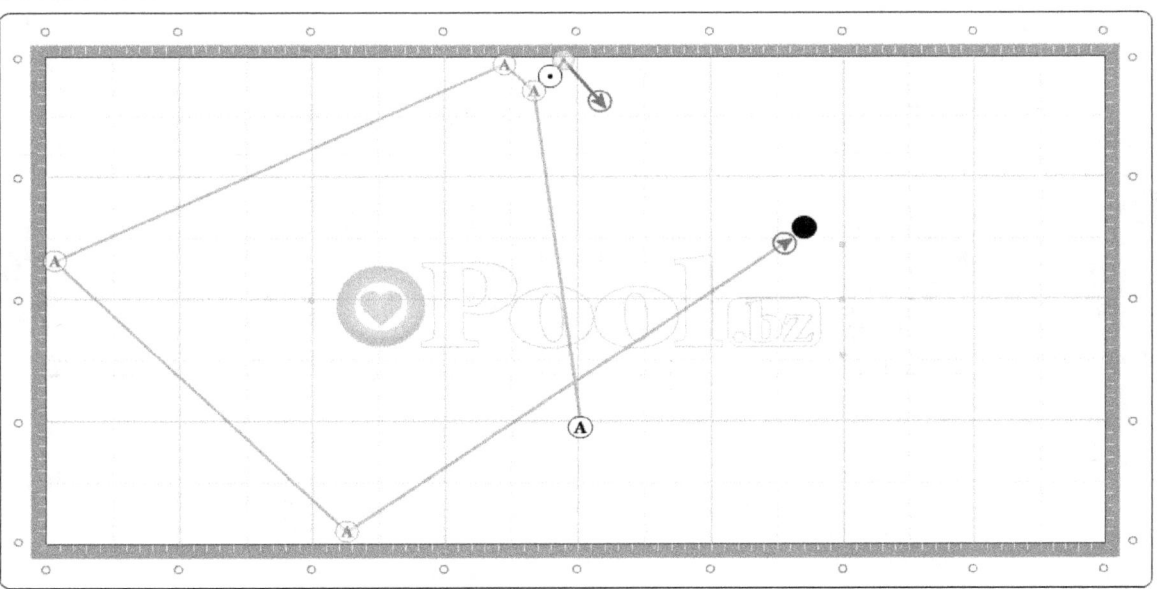

# A: Gruppe 4

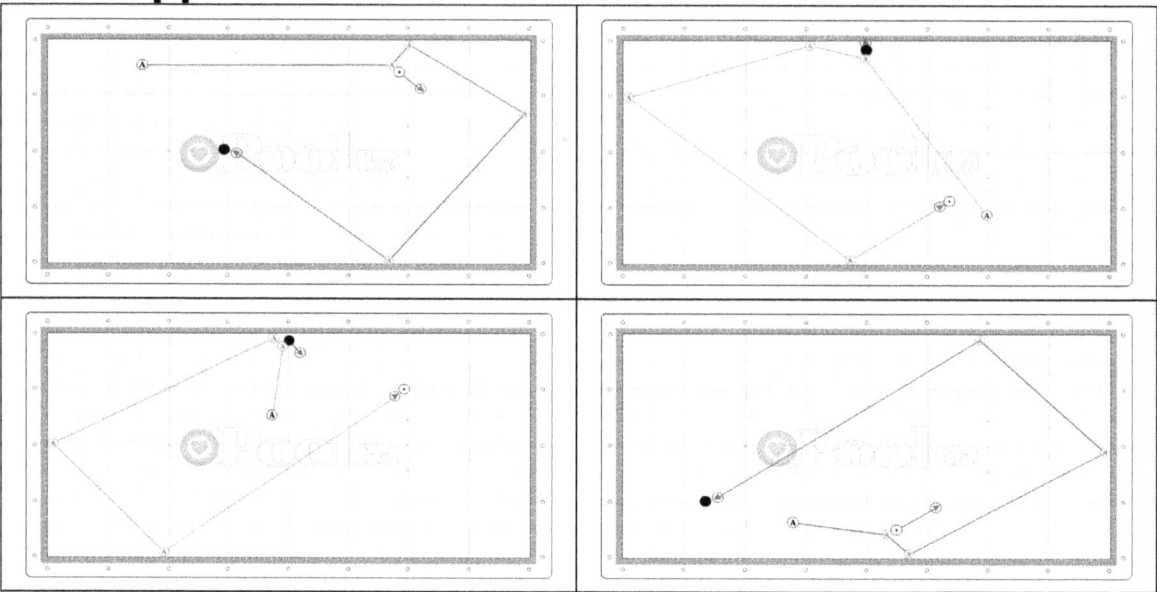

**Analyse:**

A:4a. _____

A:4b. _____

A:4c. _____

A:4d. _____

## A:4a – Konfiguration

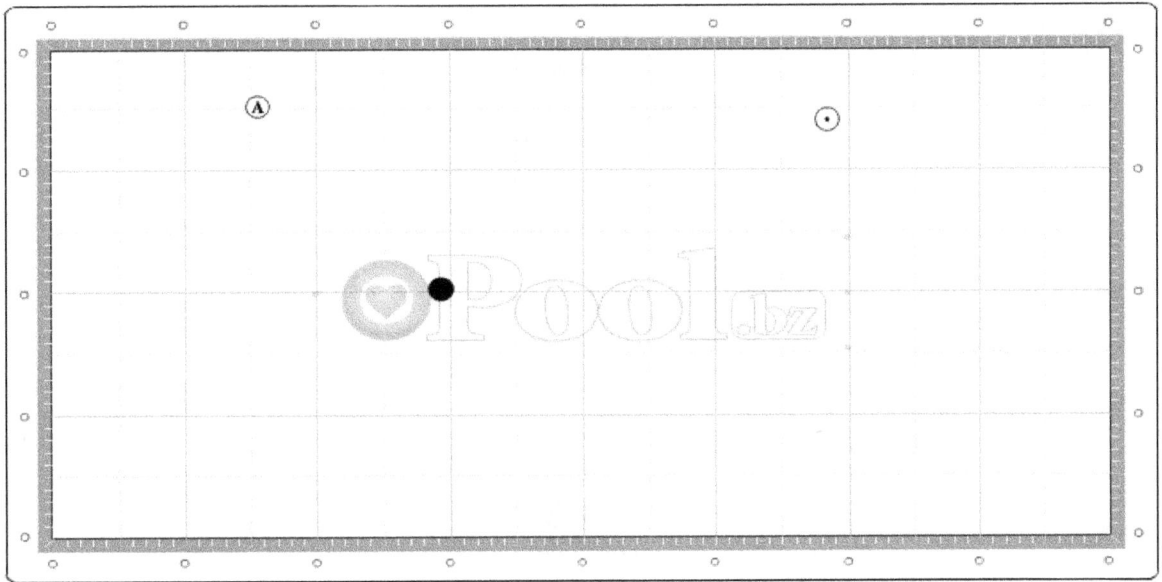

Notizen und Ideen:

## Schussmuster

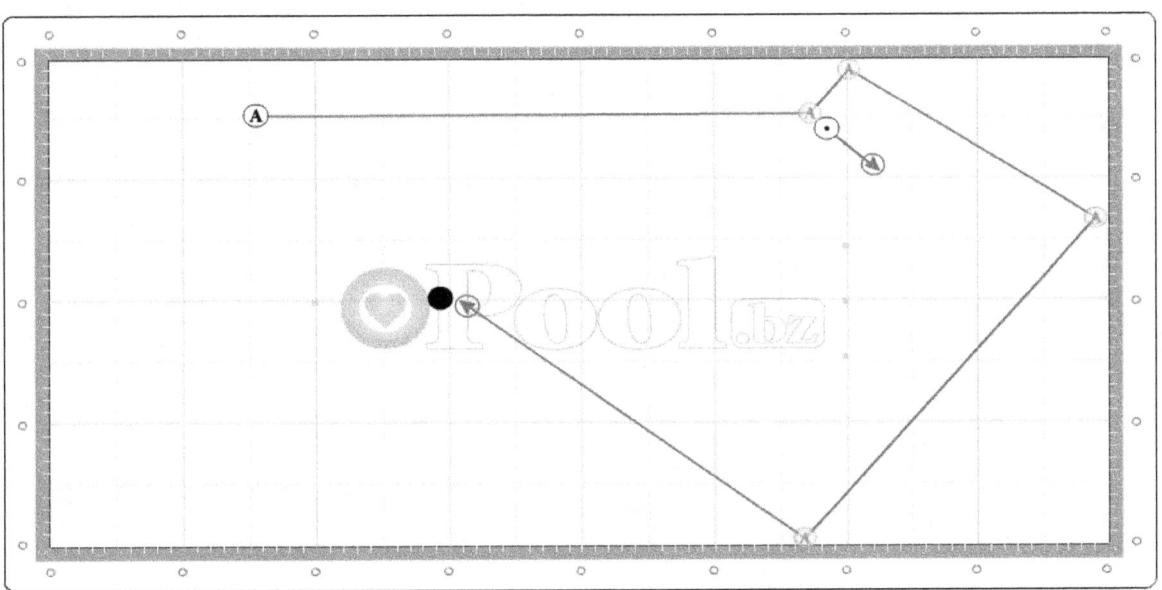

## A:4b – Konfiguration

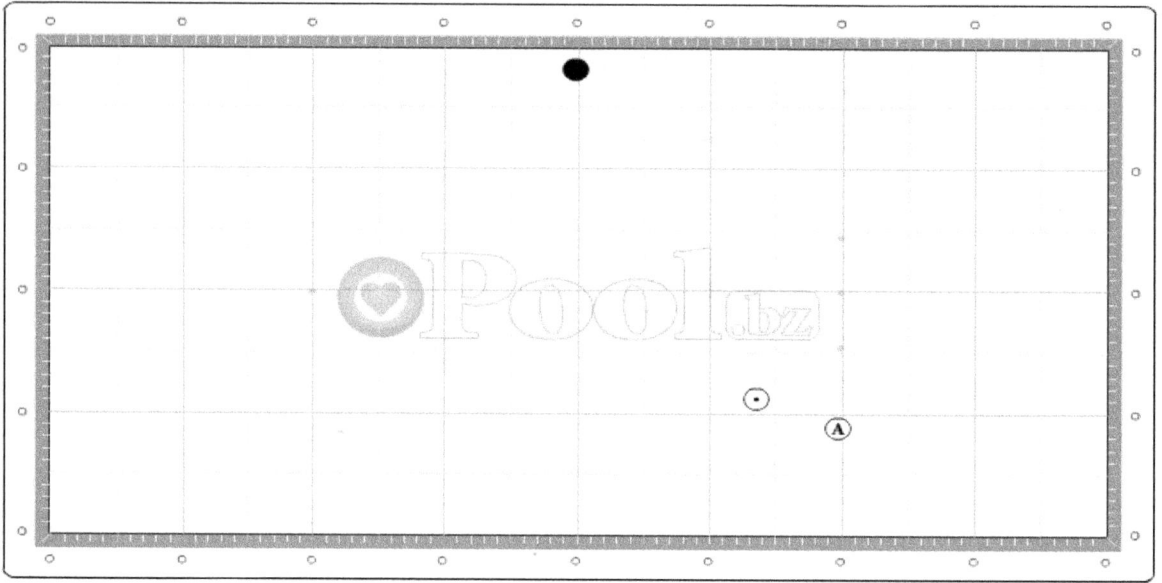

Notizen und Ideen:

## Schussmuster

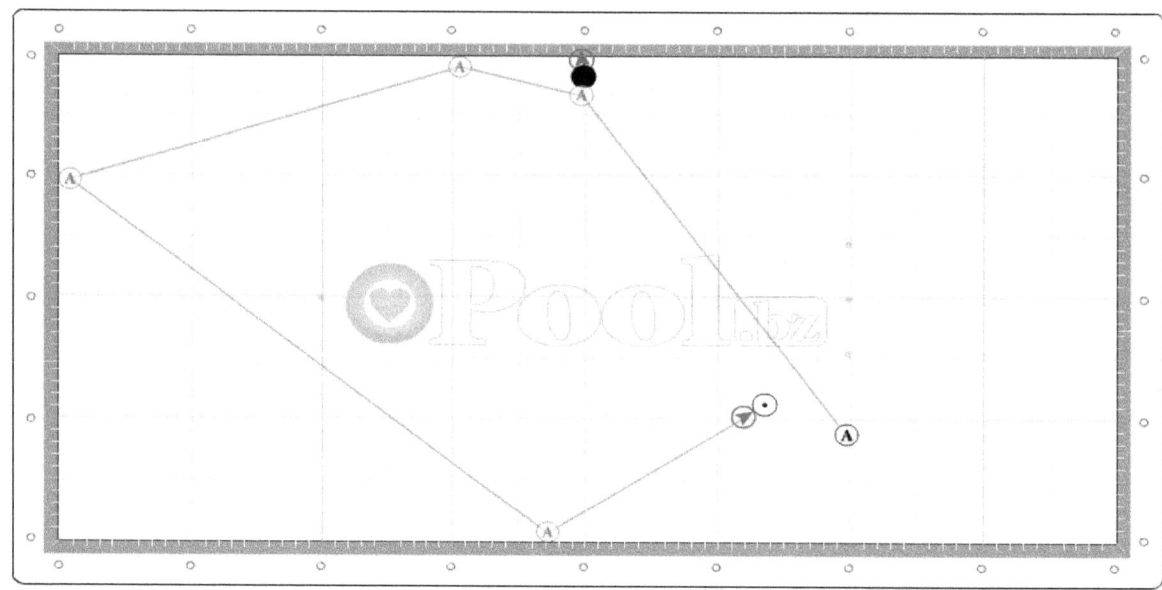

## A:4c – Konfiguration

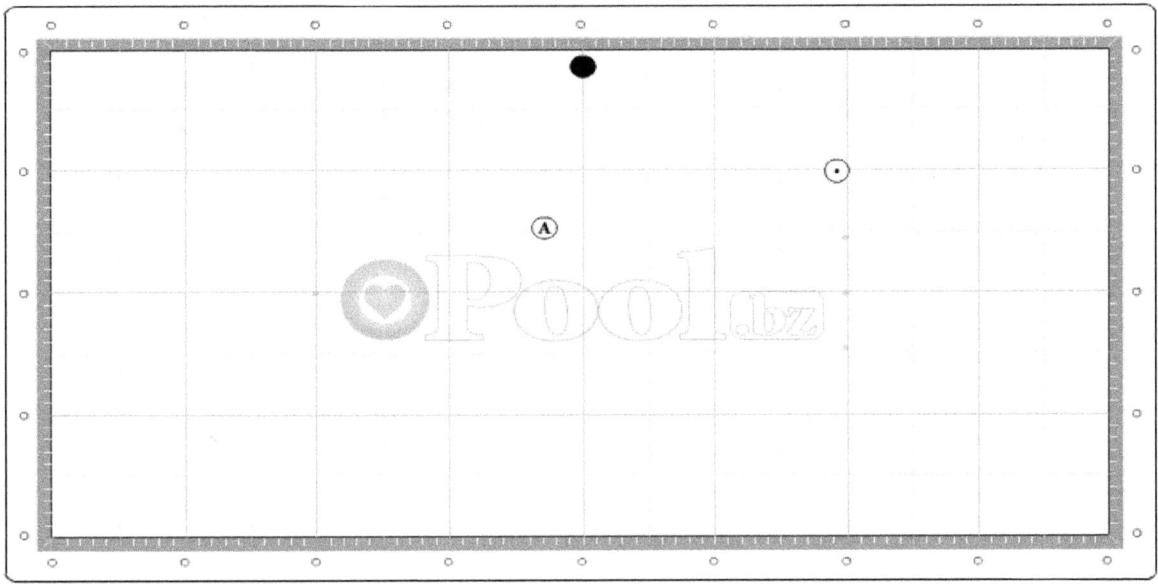

Notizen und Ideen:

## Schussmuster

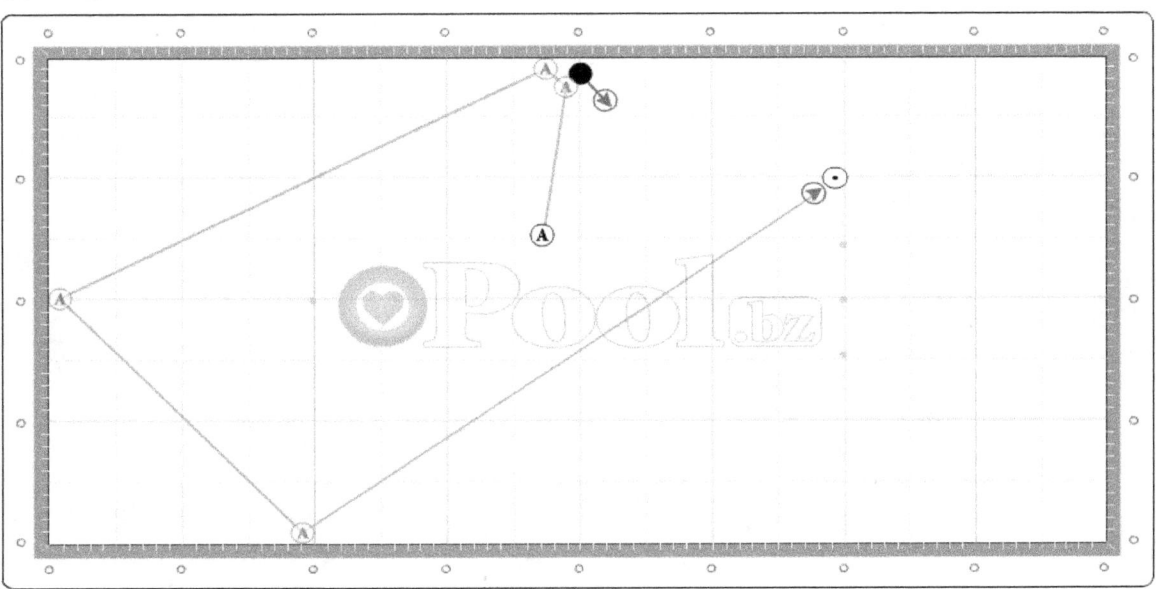

## A:4d – Konfiguration

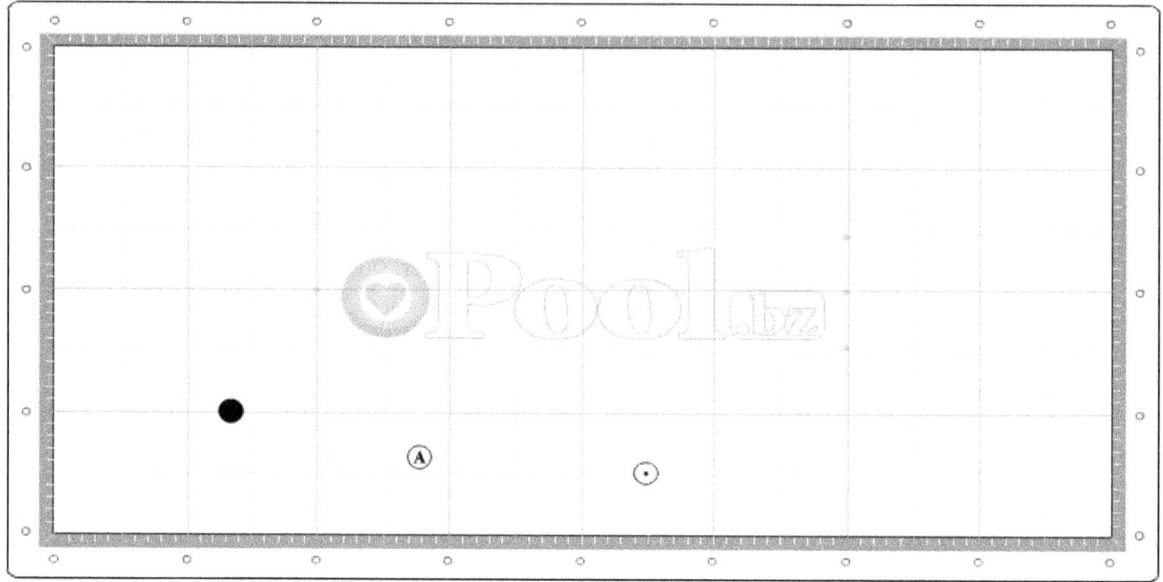

Notizen und Ideen:

## Schussmuster

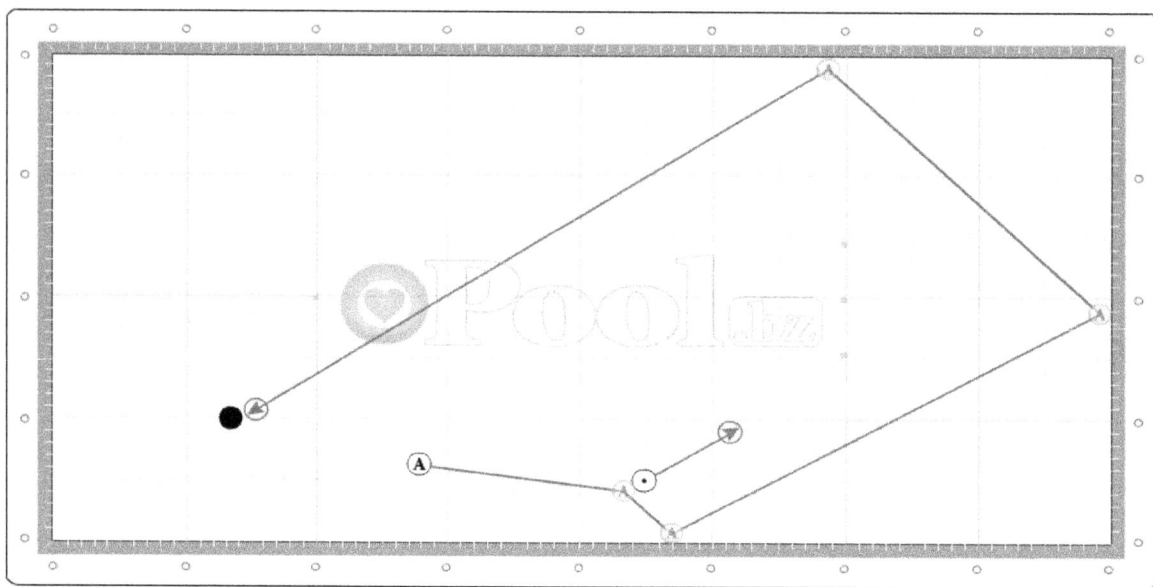

# A: Gruppe 5

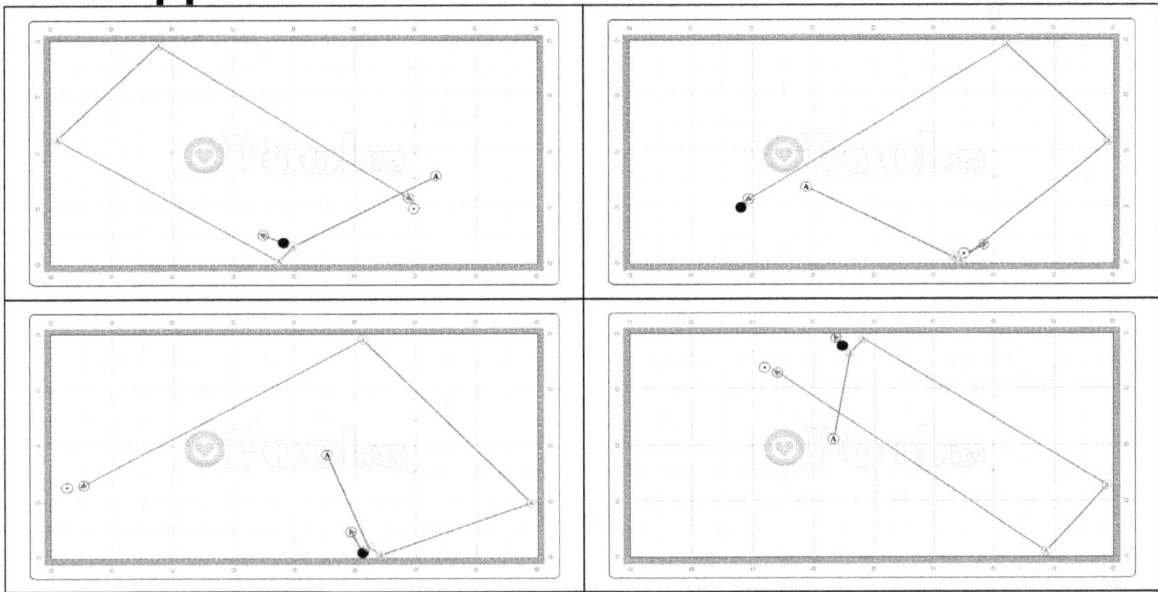

**Analyse:**

A:5a. _____

A:5b. _____

A:5c. _____

A:5d. _____

## A:5a – Konfiguration

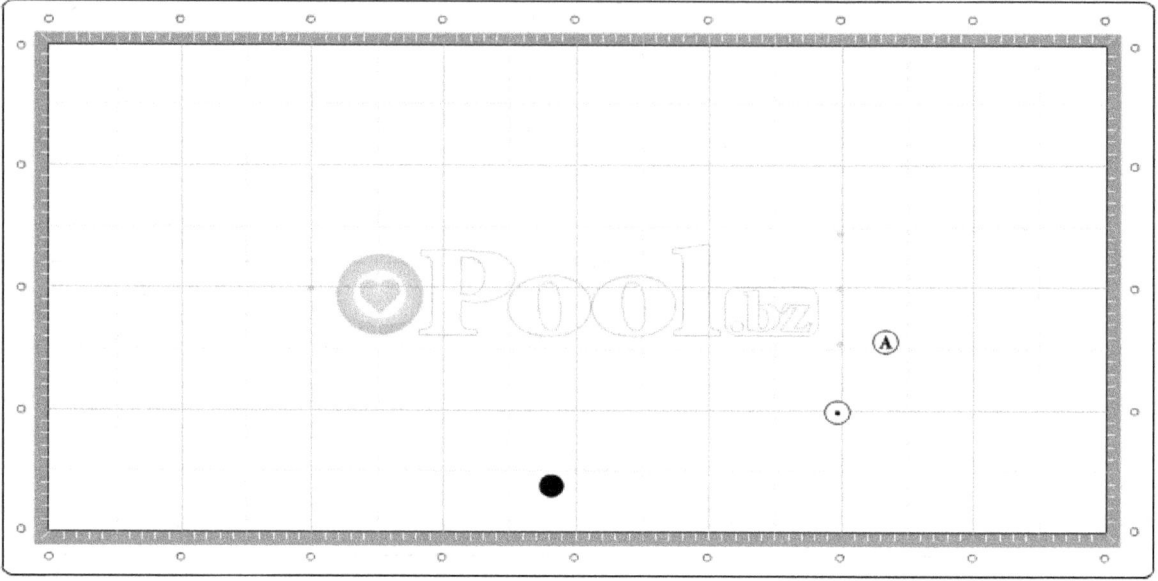

Notizen und Ideen:

## Schussmuster

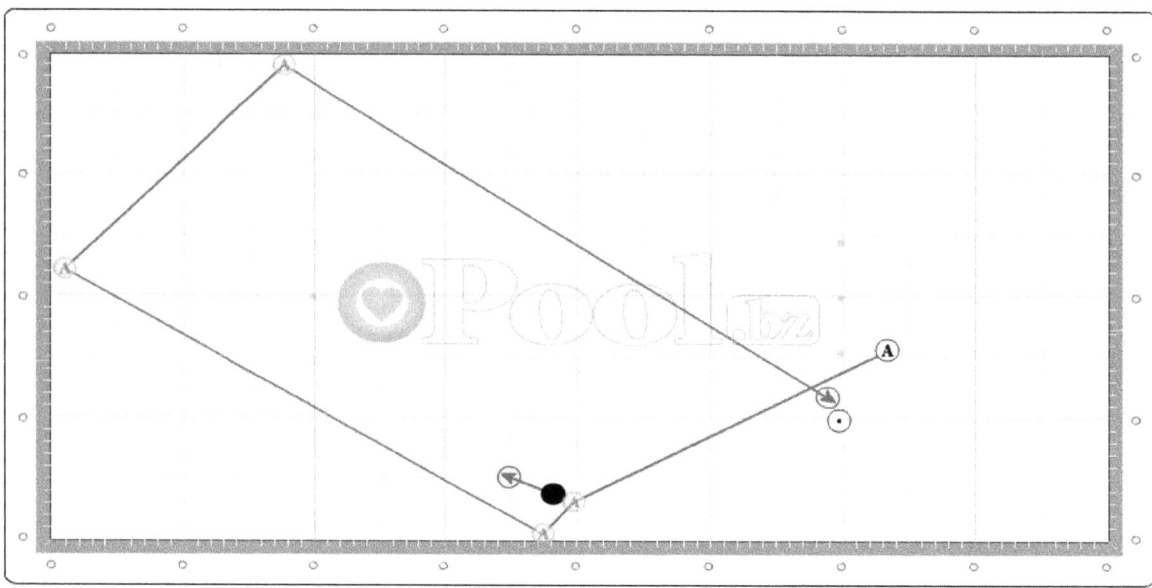

## A:5b – Konfiguration

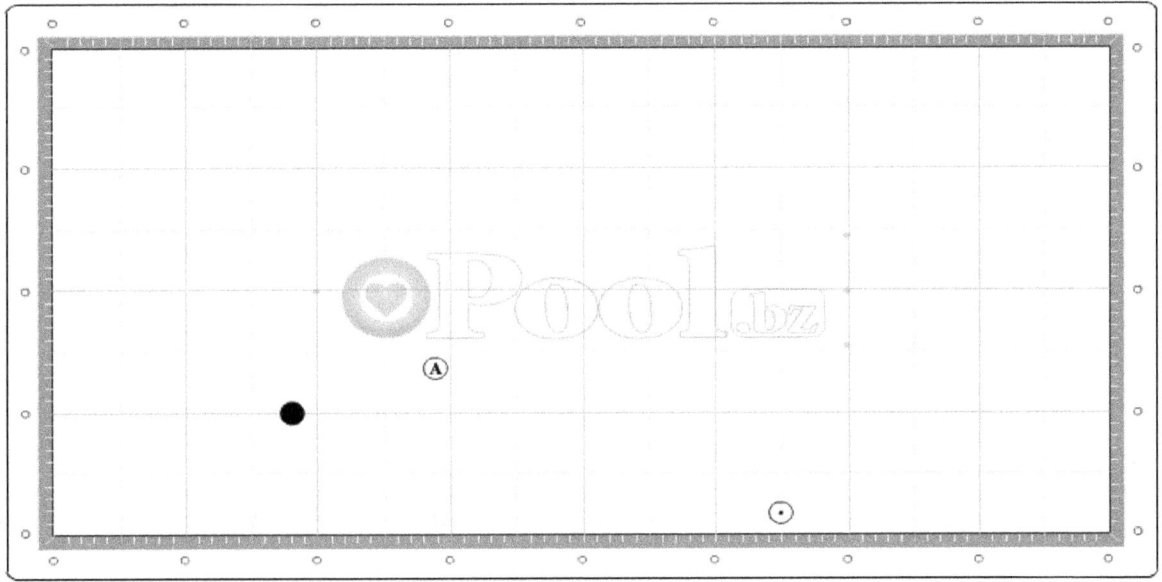

Notizen und Ideen:

## Schussmuster

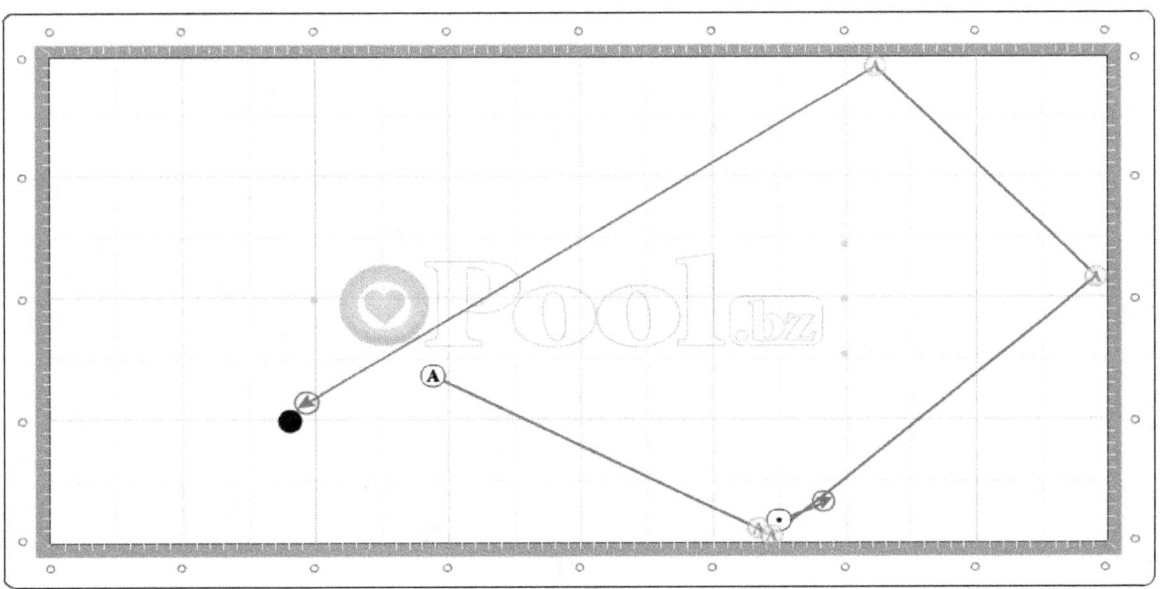

## A:5c – Konfiguration

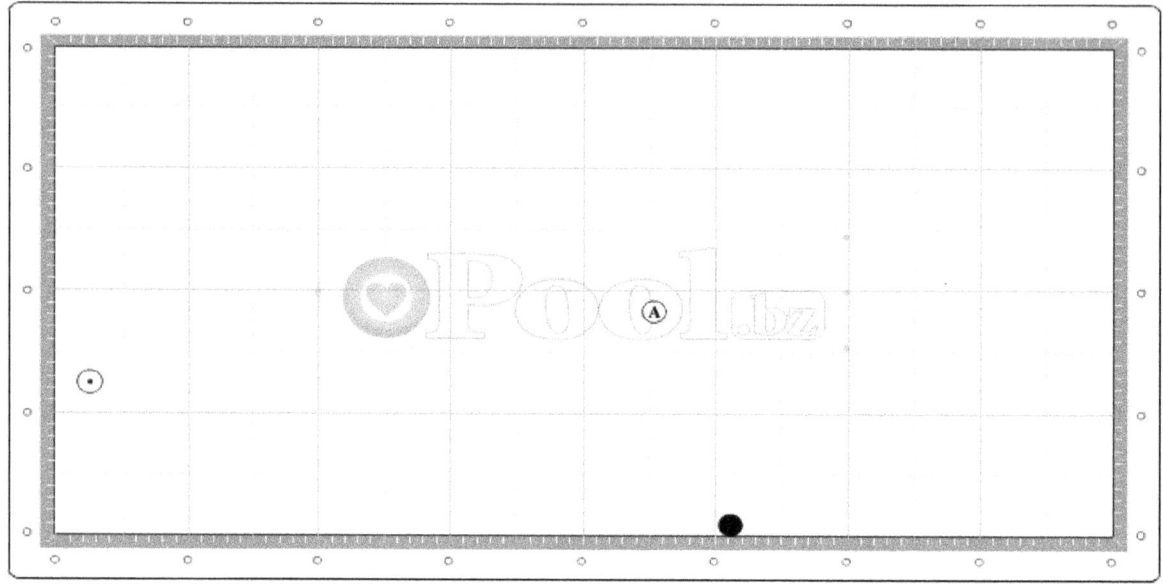

Notizen und Ideen:

## Schussmuster

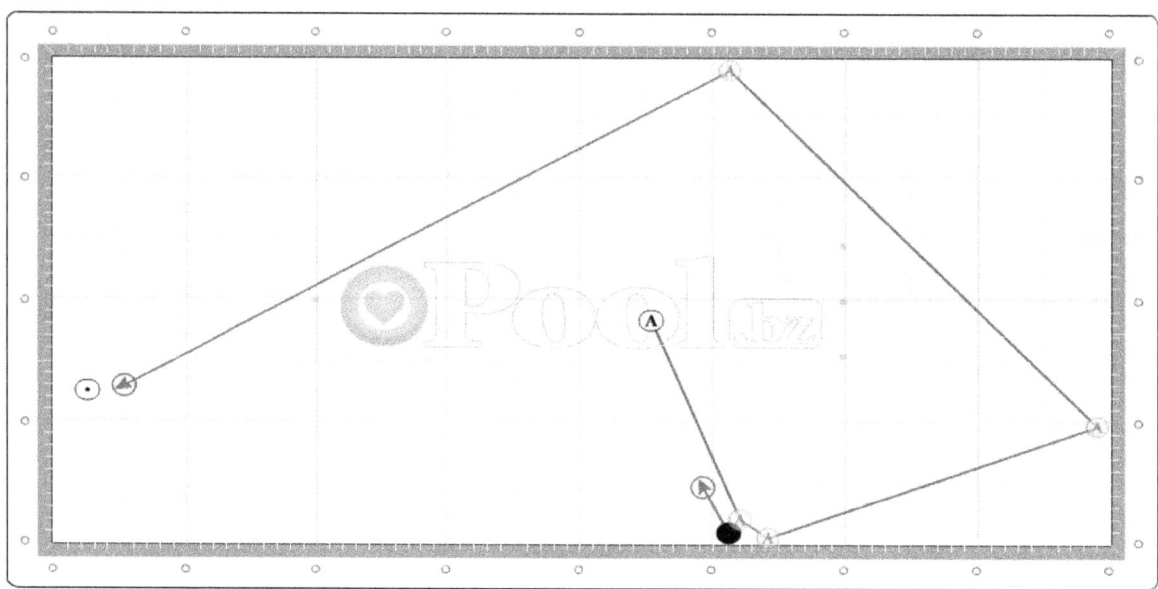

## A:5d – Konfiguration

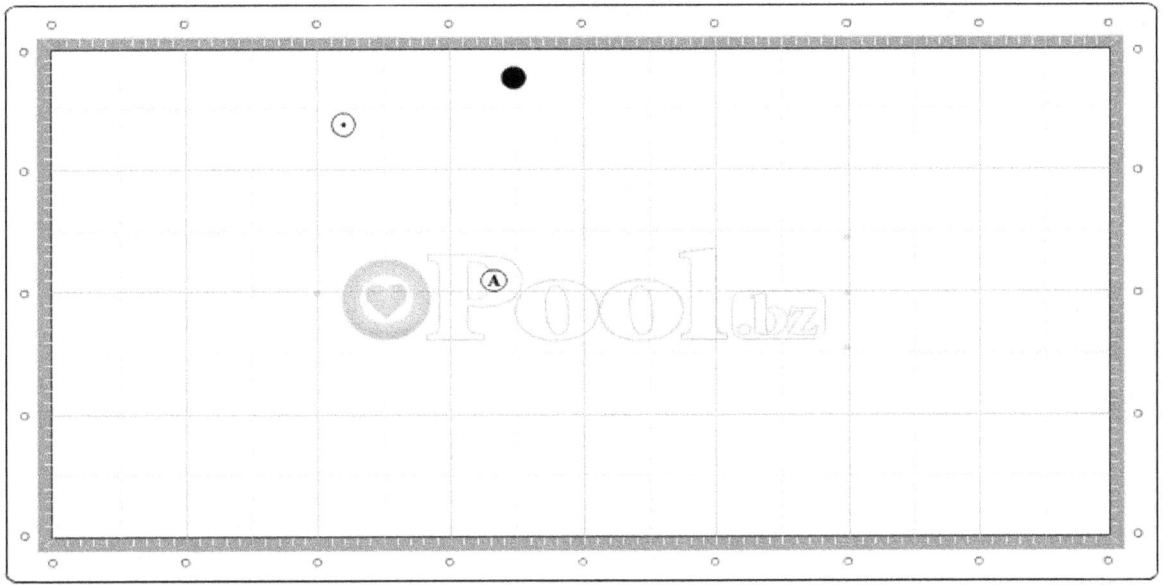

Notizen und Ideen:

## Schussmuster

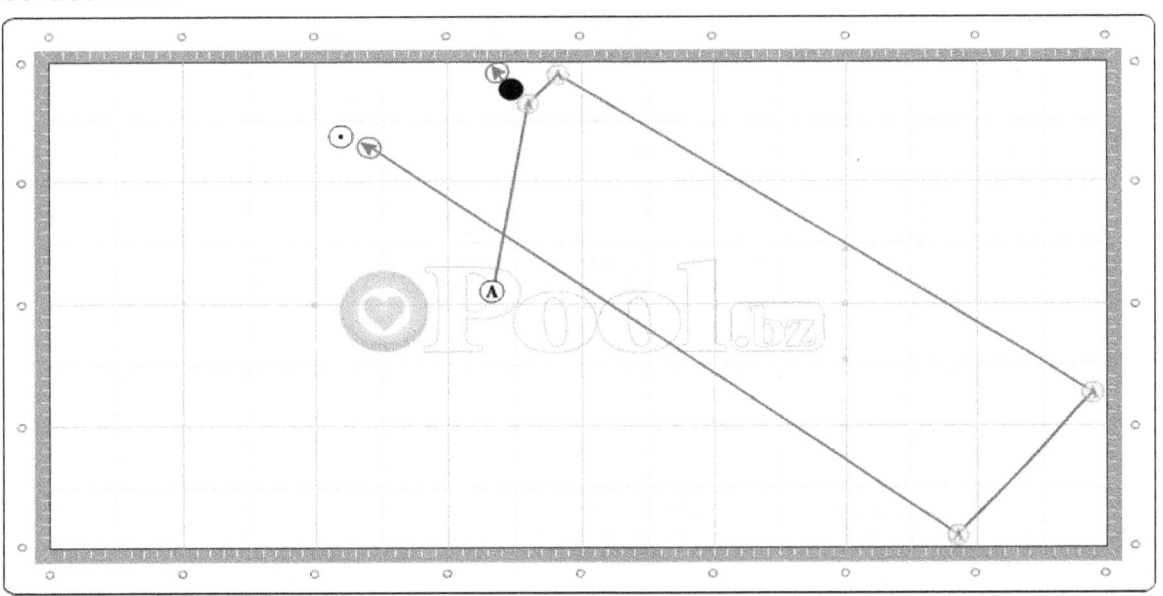

# A: Gruppe 6

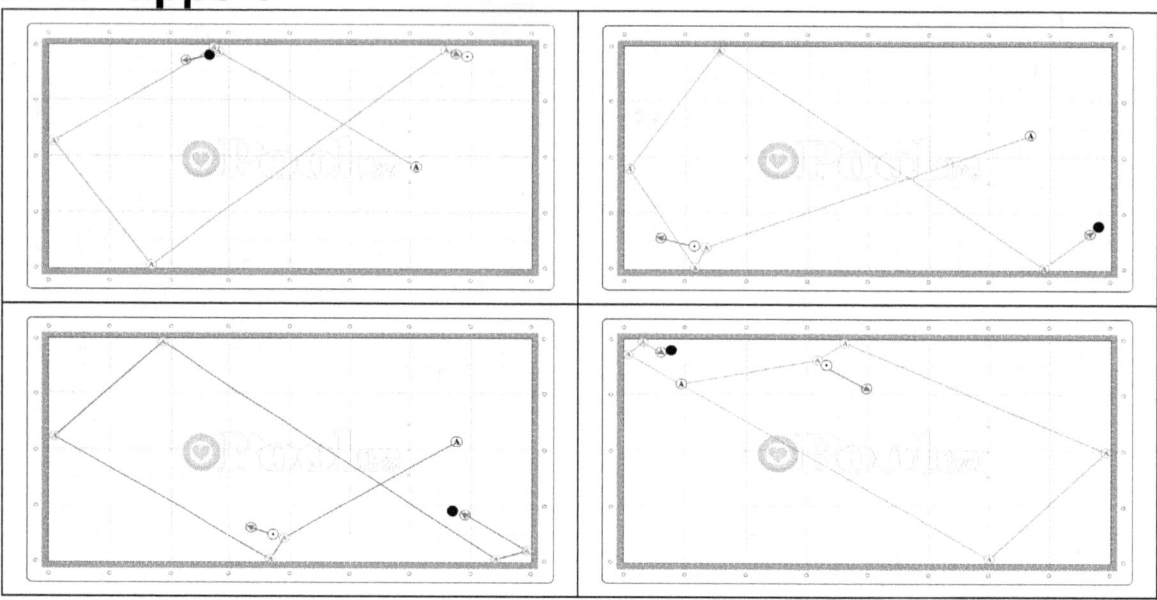

**Analyse**:

A:6a. _____

A:6b. _____

A:6c. _____

A:6d. _____

## A:6a – Konfiguration

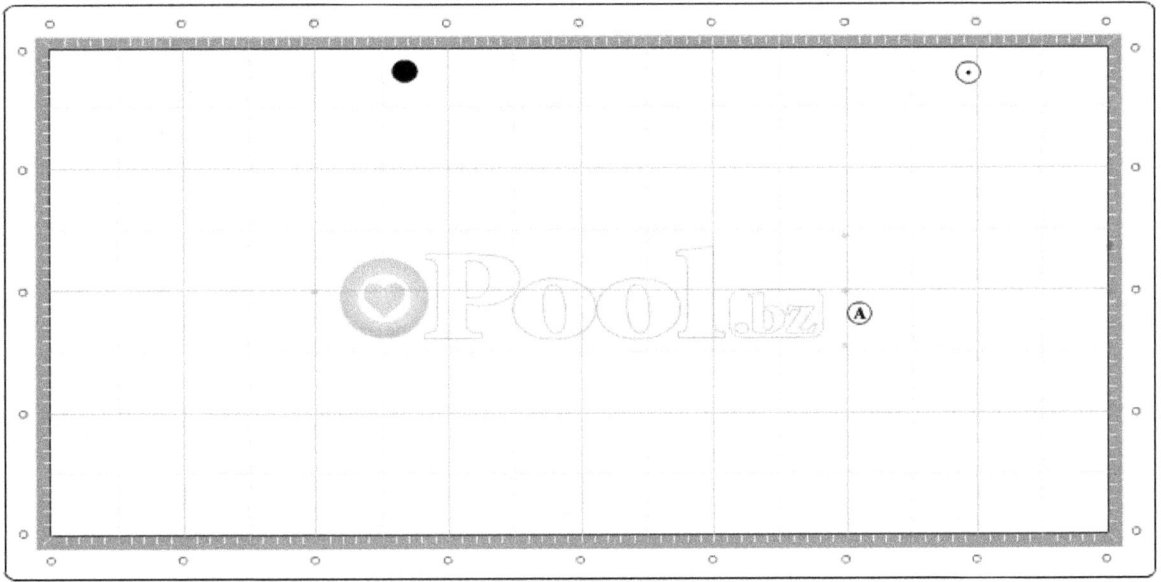

Notizen und Ideen:

## Schussmuster

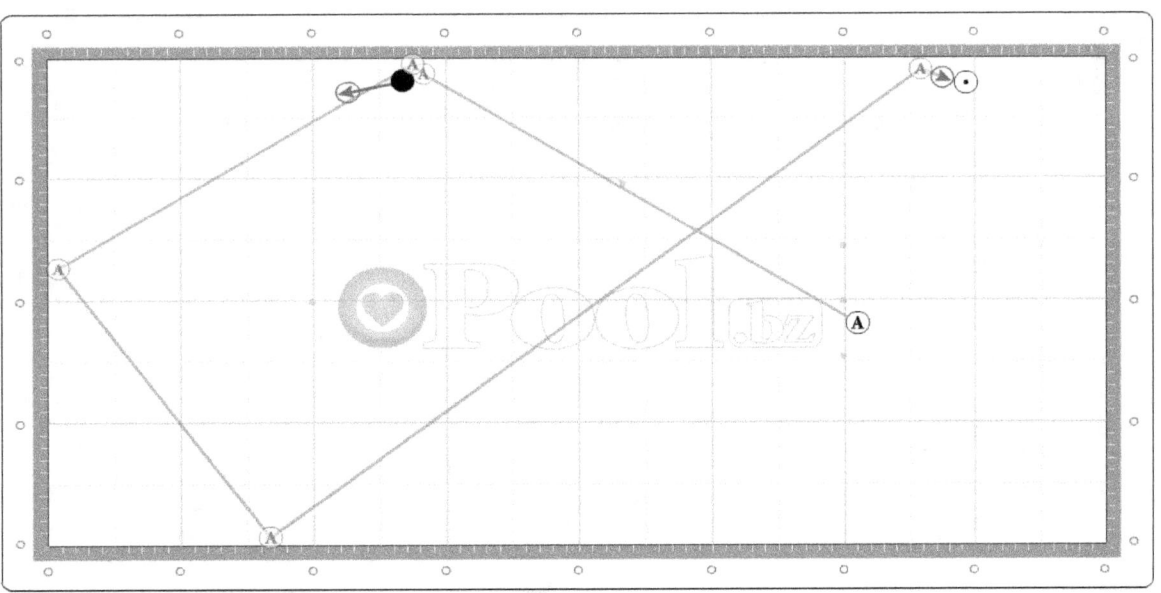

## A:6b – Konfiguration

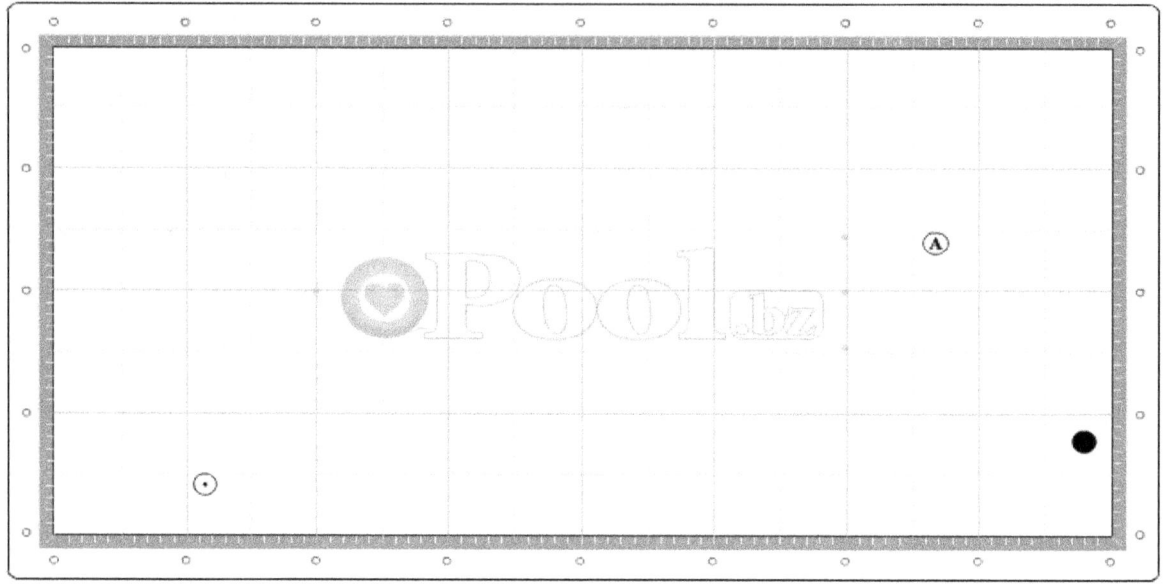

Notizen und Ideen:

## Schussmuster

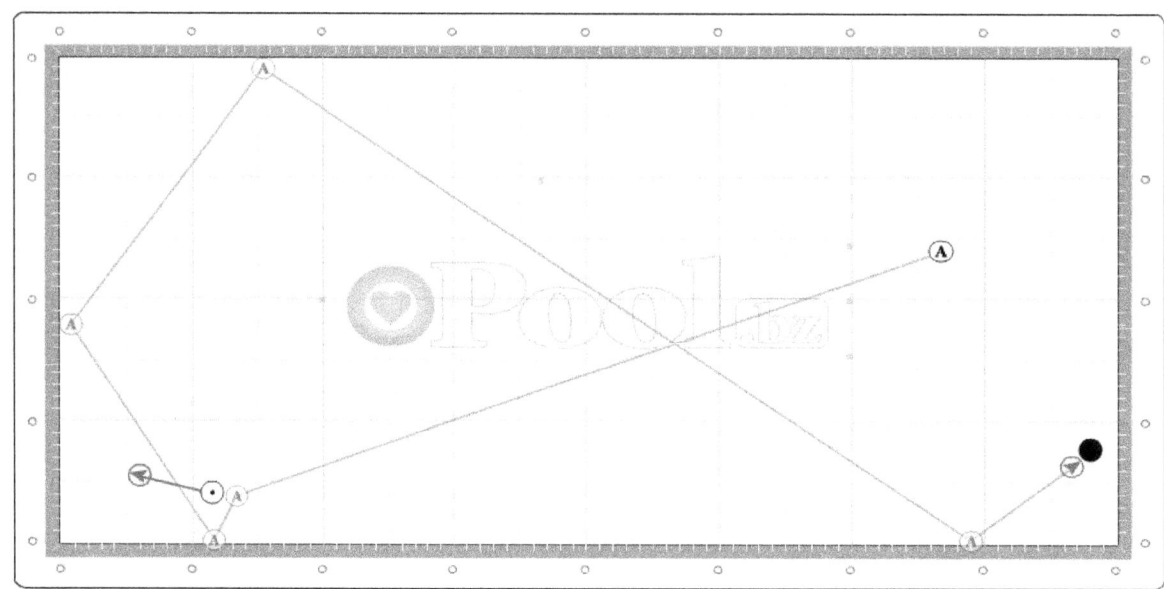

## A:6c – Konfiguration

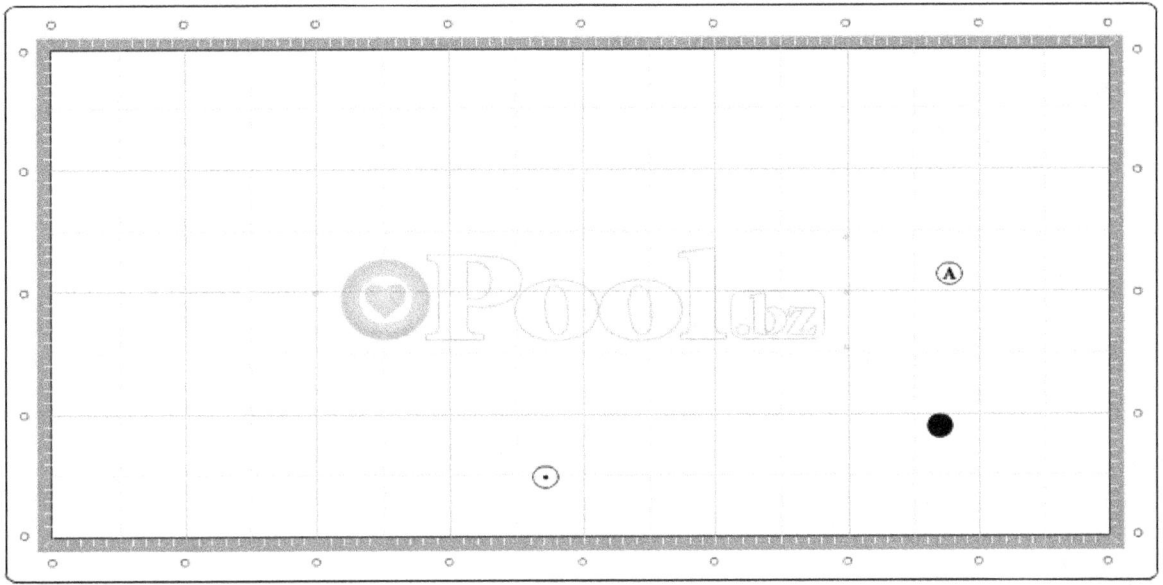

Notizen und Ideen:

## Schussmuster

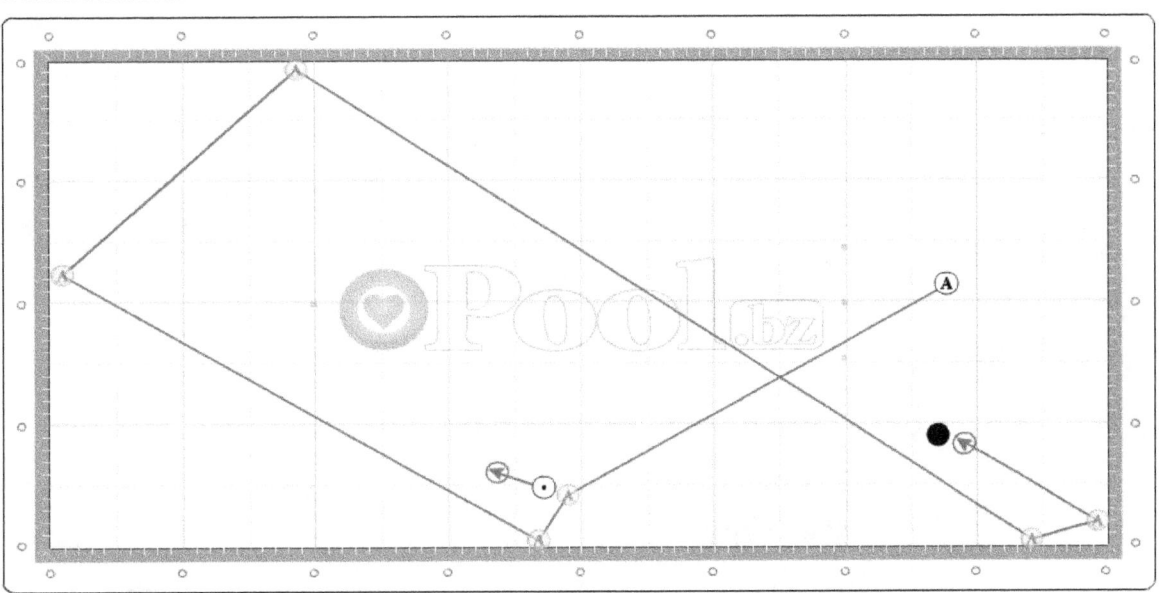

## A:6d – Konfiguration

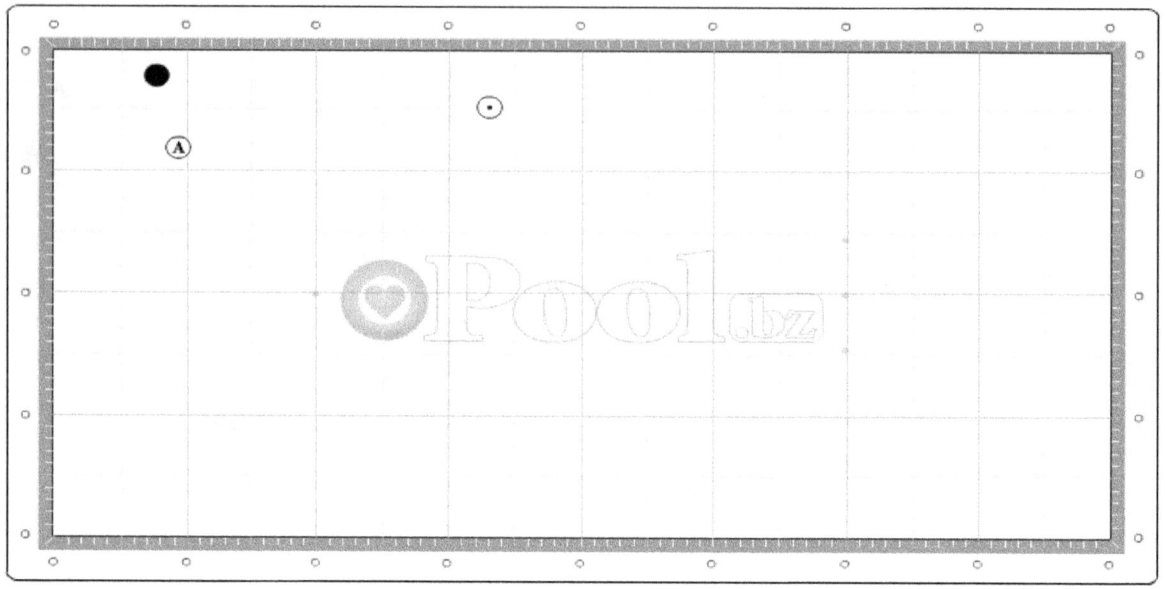

Notizen und Ideen:

## Schussmuster

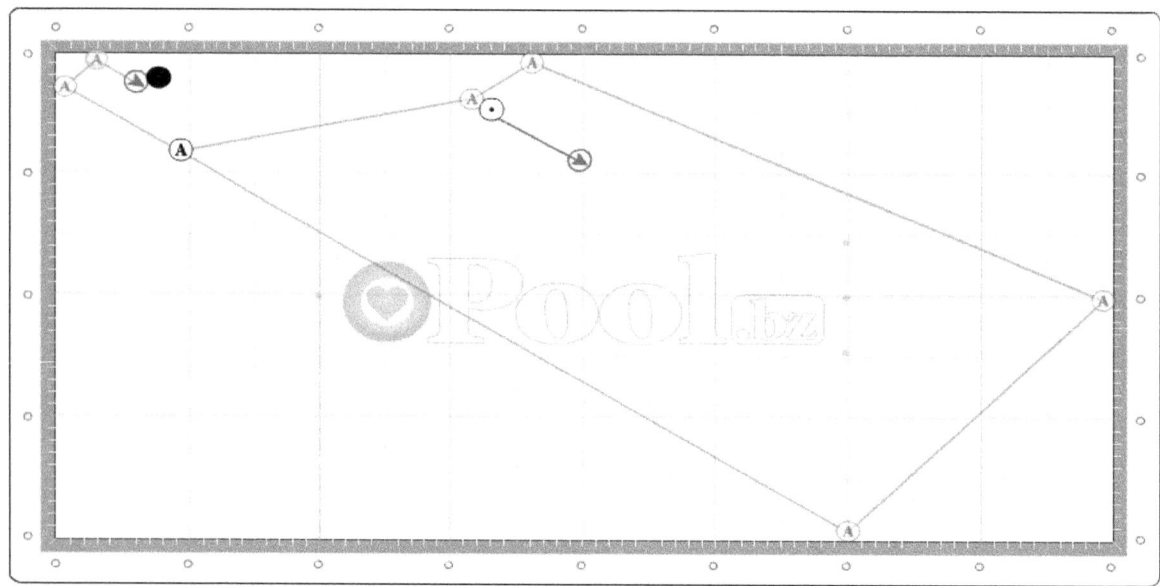

# A: Gruppe 7

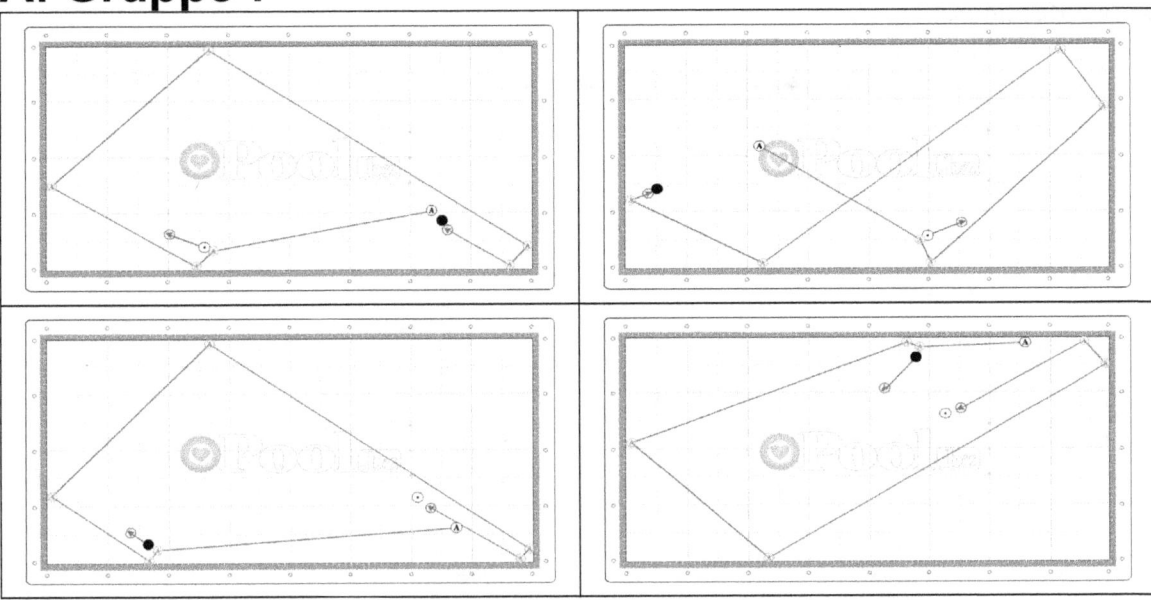

**Analyse:**

A:7a. _____

A:7b. _____

A:7c. _____

A:7d. _____

## A:7a – Konfiguration

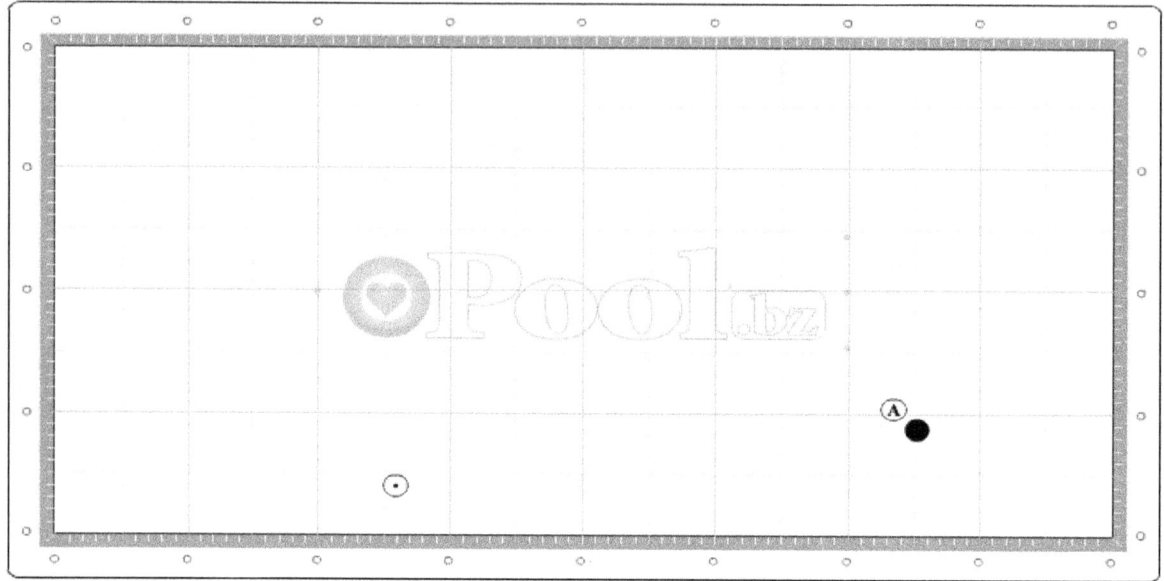

Notizen und Ideen:

## Schussmuster

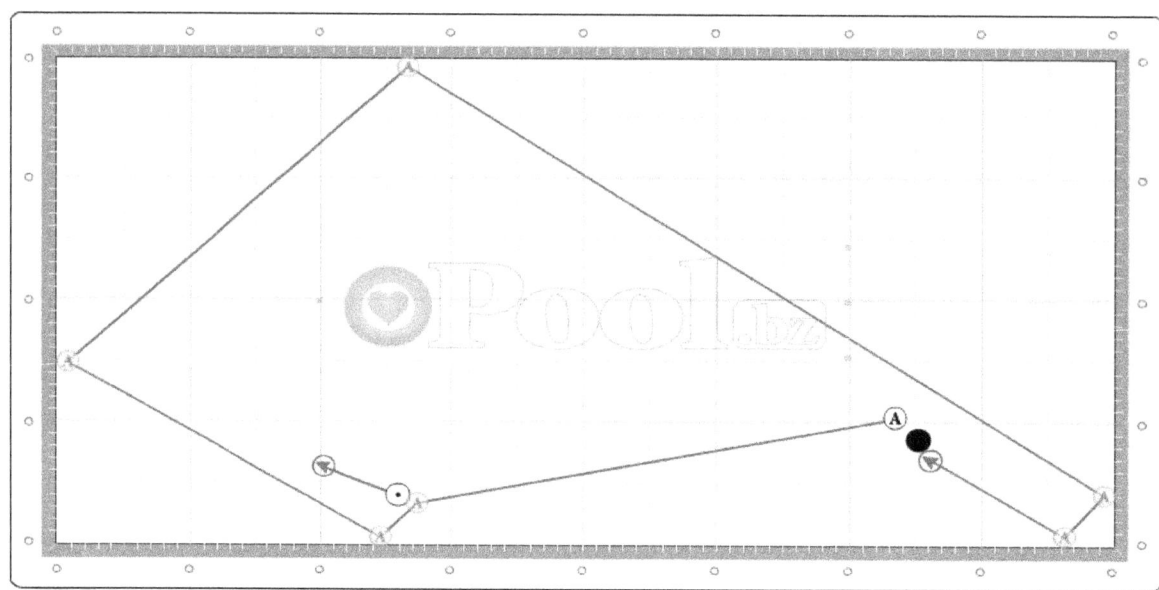

## A:7b – Konfiguration

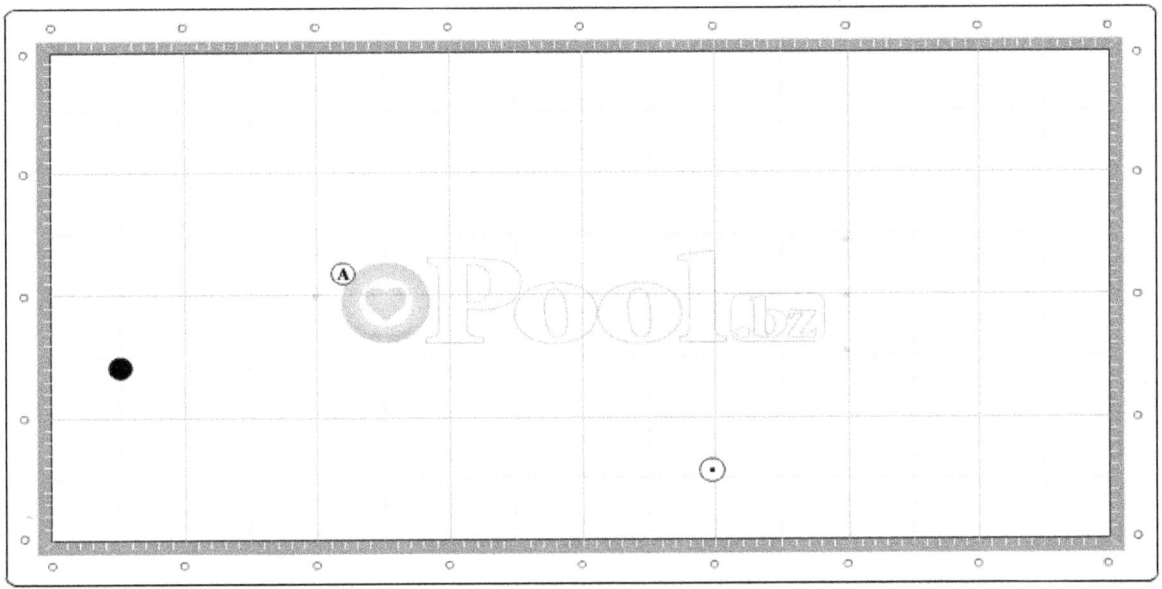

Notizen und Ideen:

## Schussmuster

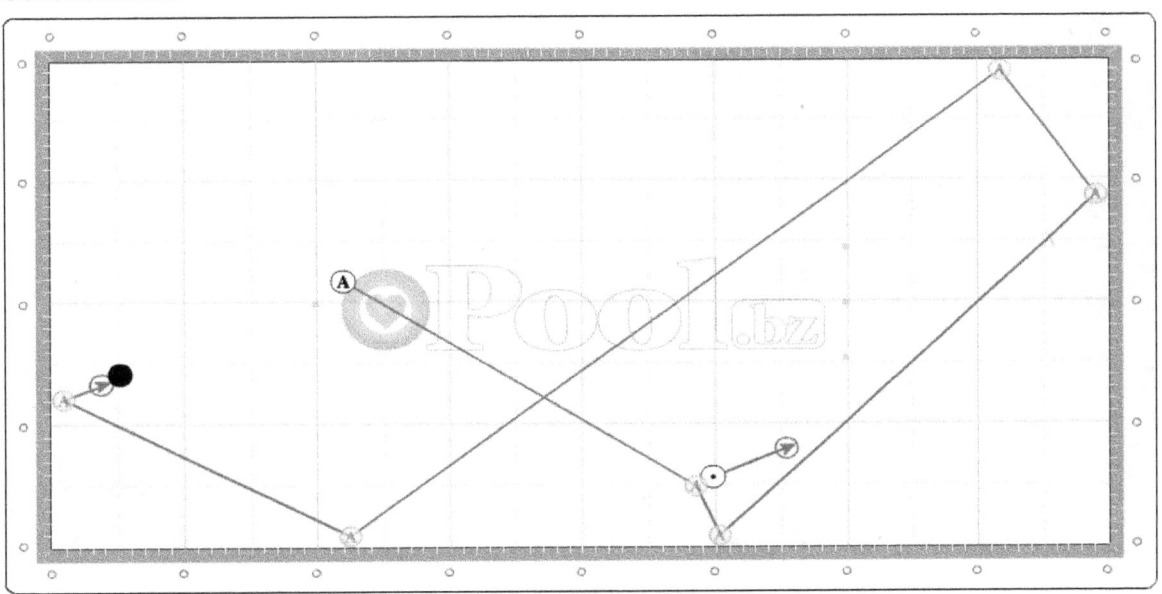

## A:7c – Konfiguration

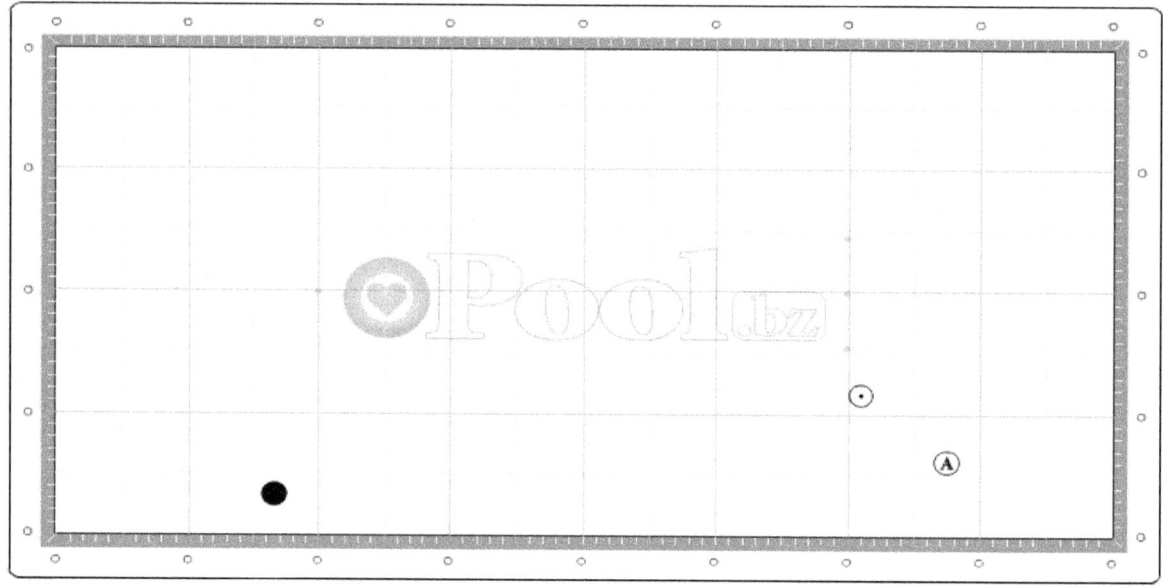

Notizen und Ideen:

## Schussmuster

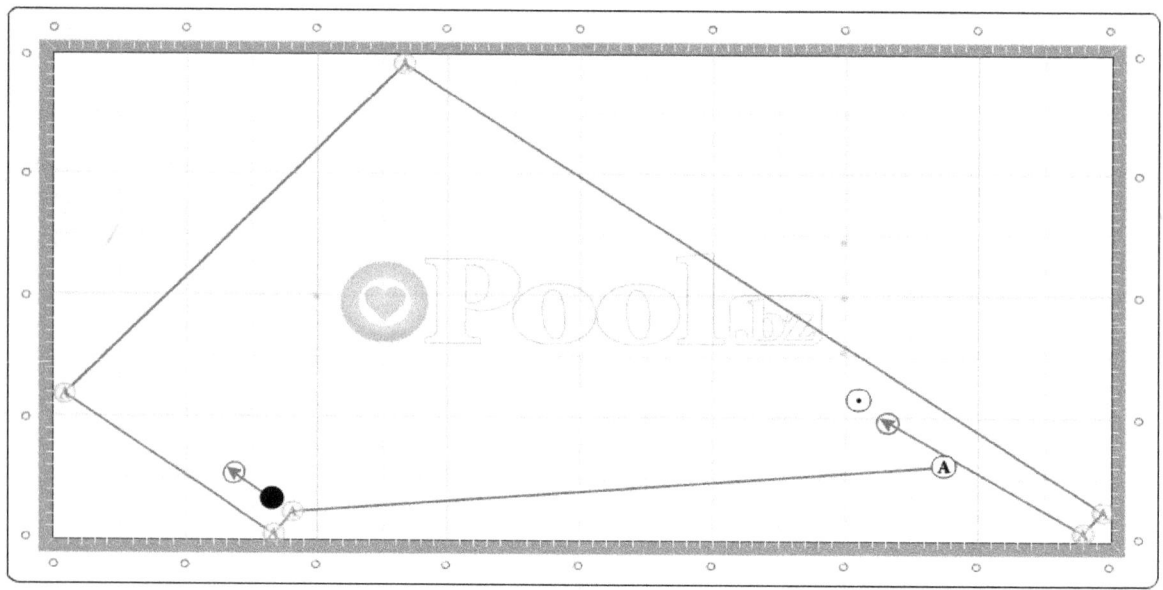

## A:7d – Konfiguration

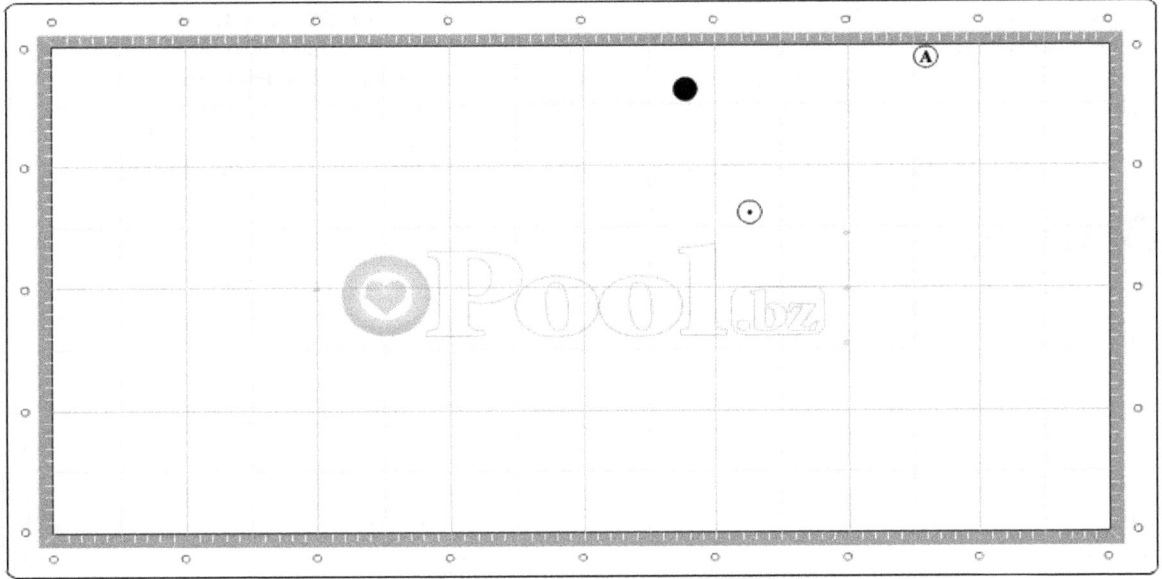

Notizen und Ideen:

## Schussmuster

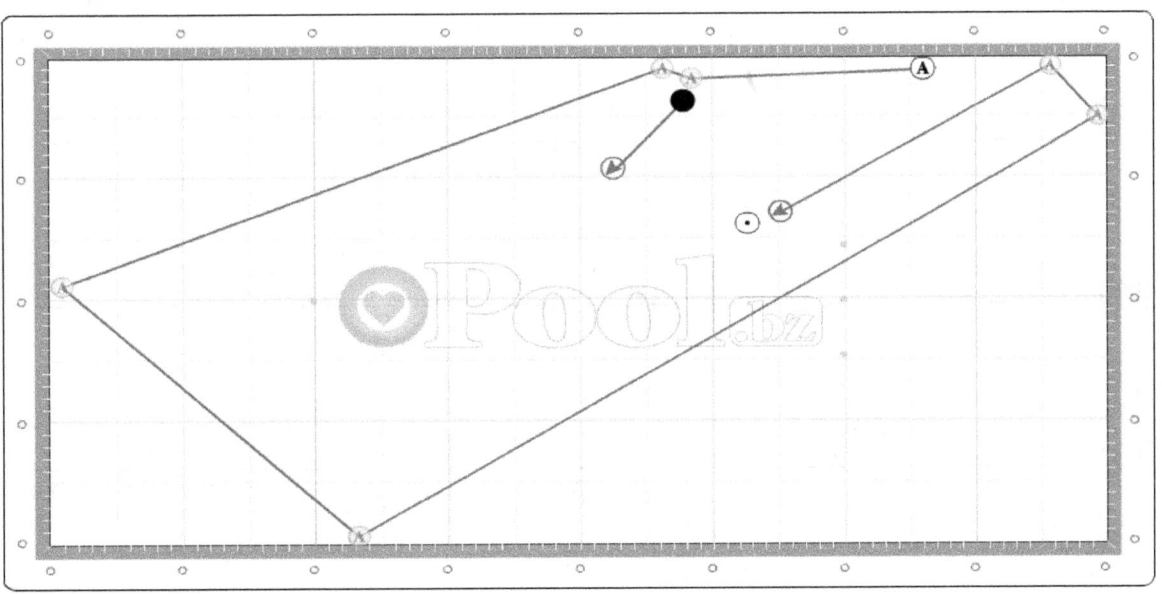

# B: Innen umgekehrt

Auf diesem Satz von Layouts geht der (CB) mit einem angewendeten Draw und Seiten-Spin in den ersten (OB) über. Dies sendet das (CB) in einem umgekehrten Muster von der Tangentenlinie zurück. Die (CB) folgt dem Standard um die Welt Muster in Richtung der Home-Ecke.

Ⓐ (CB) (Ihre Billardkugel) - ⊙ (OB) (Gegner Billardkugel) - ● (OB) (rote Billardkugel)

## B: Gruppe 1

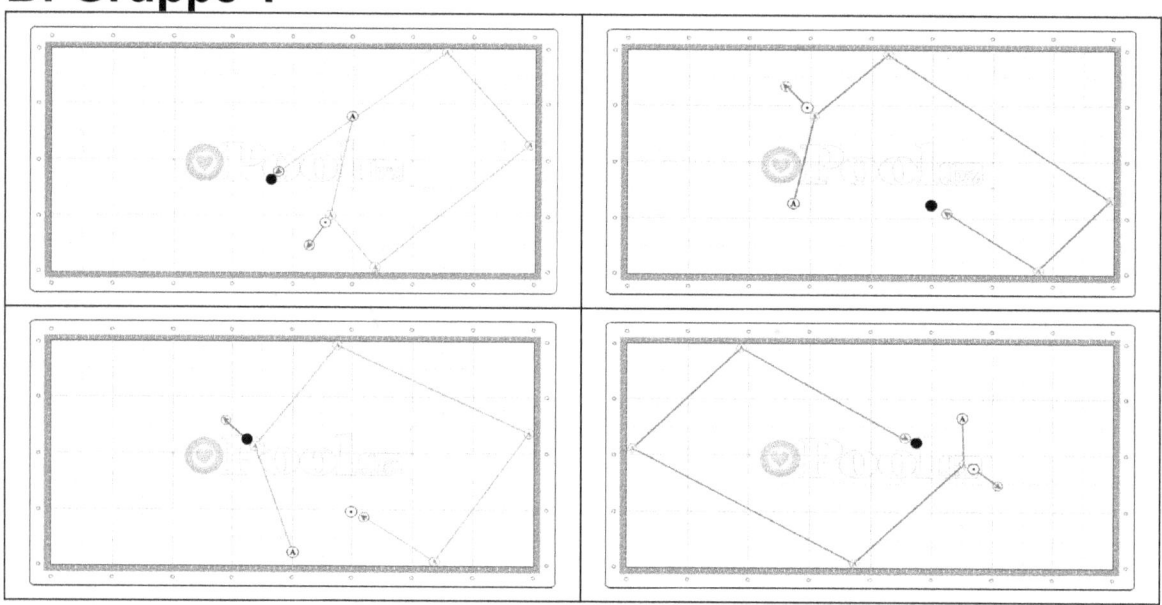

**Analyse**:

B:1a. _____

B:1b. _____

B:1c. _____

B:1d. _____

## B:1a – Konfiguration

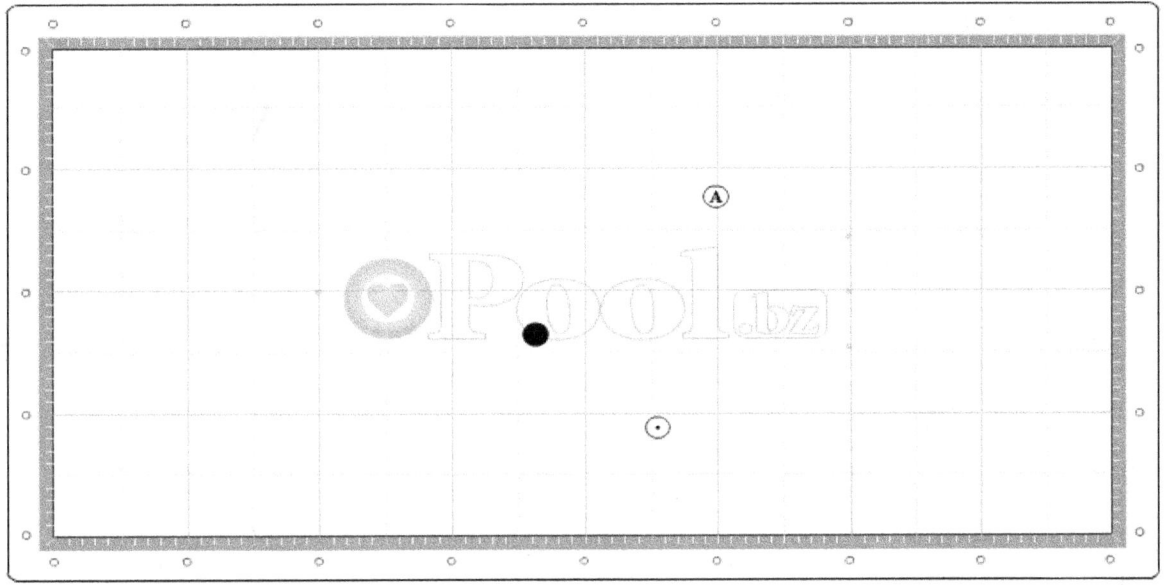

Notizen und Ideen:

## Schussmuster

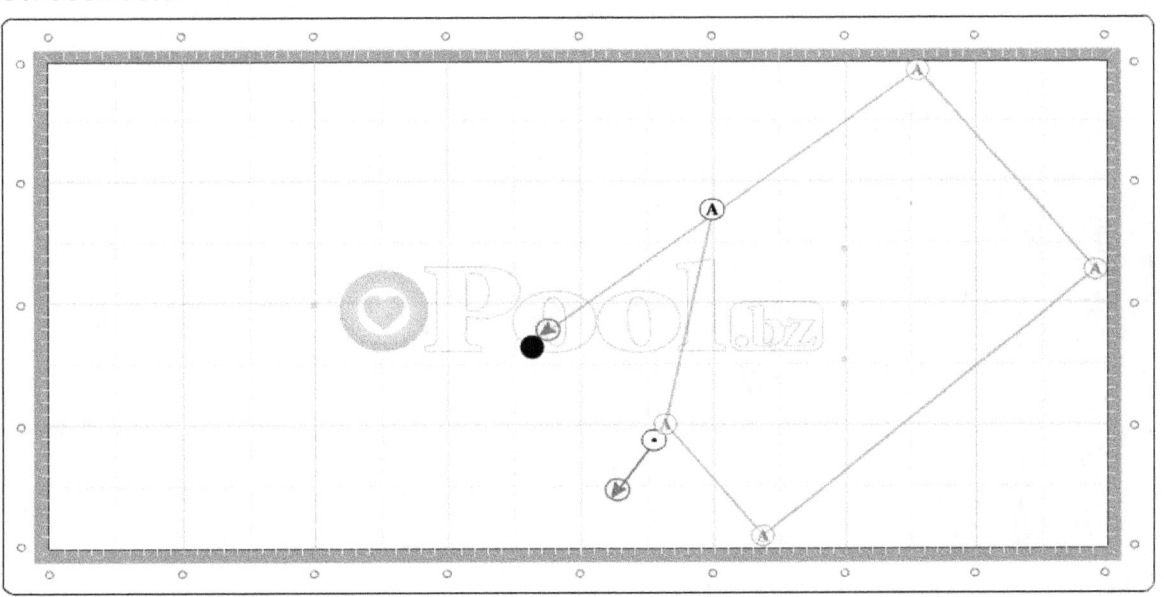

## B:1b – Konfiguration

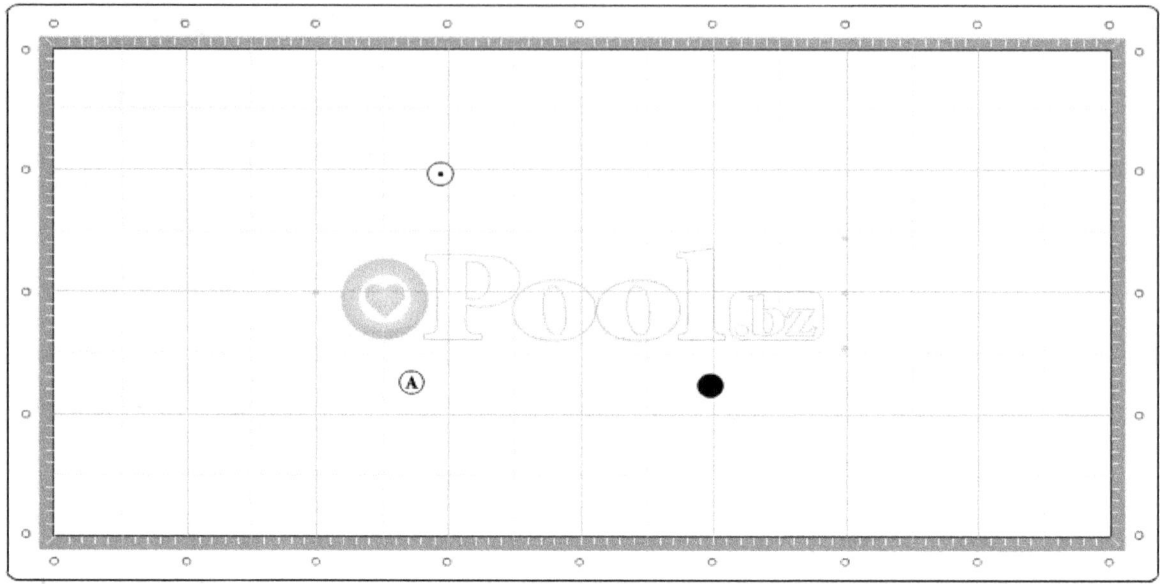

Notizen und Ideen:

## Schussmuster

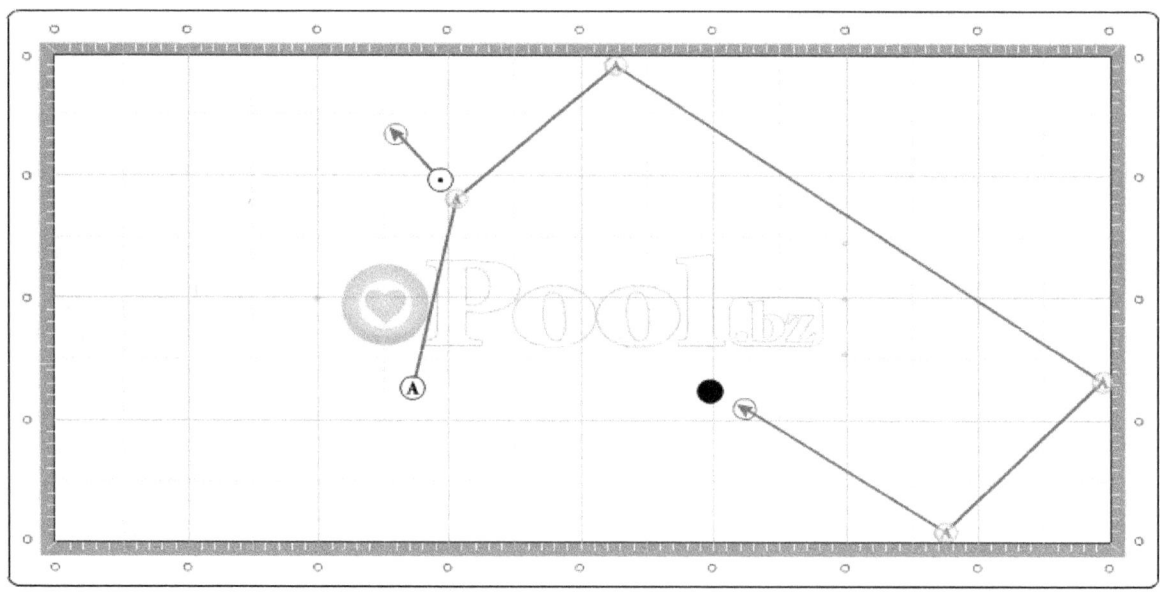

## B:1c – Konfiguration

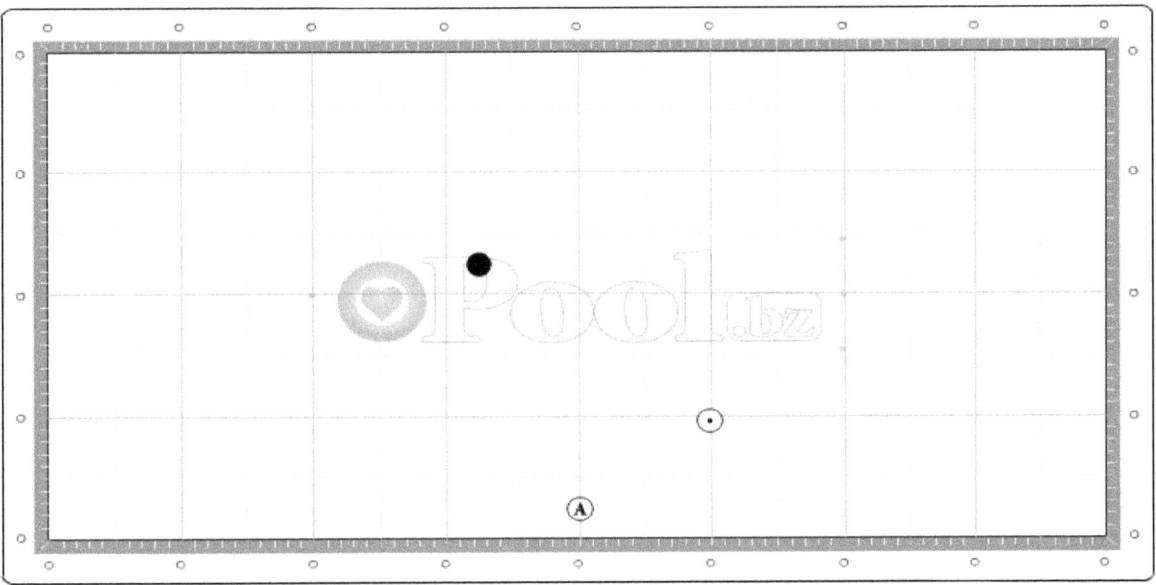

Notizen und Ideen:

## Schussmuster

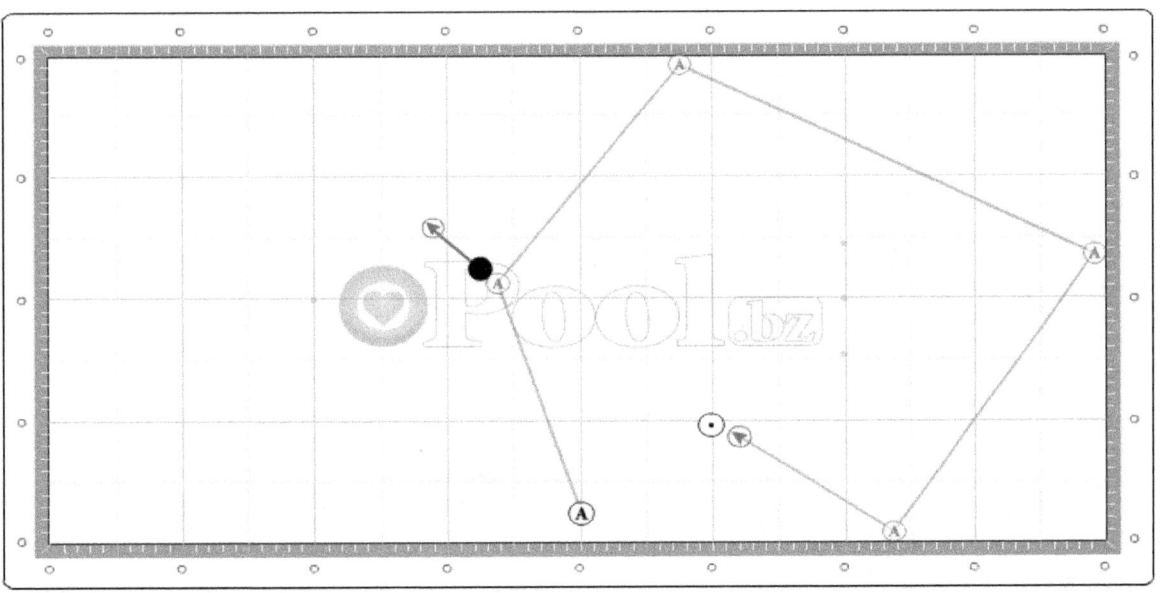

## B:1d – Konfiguration

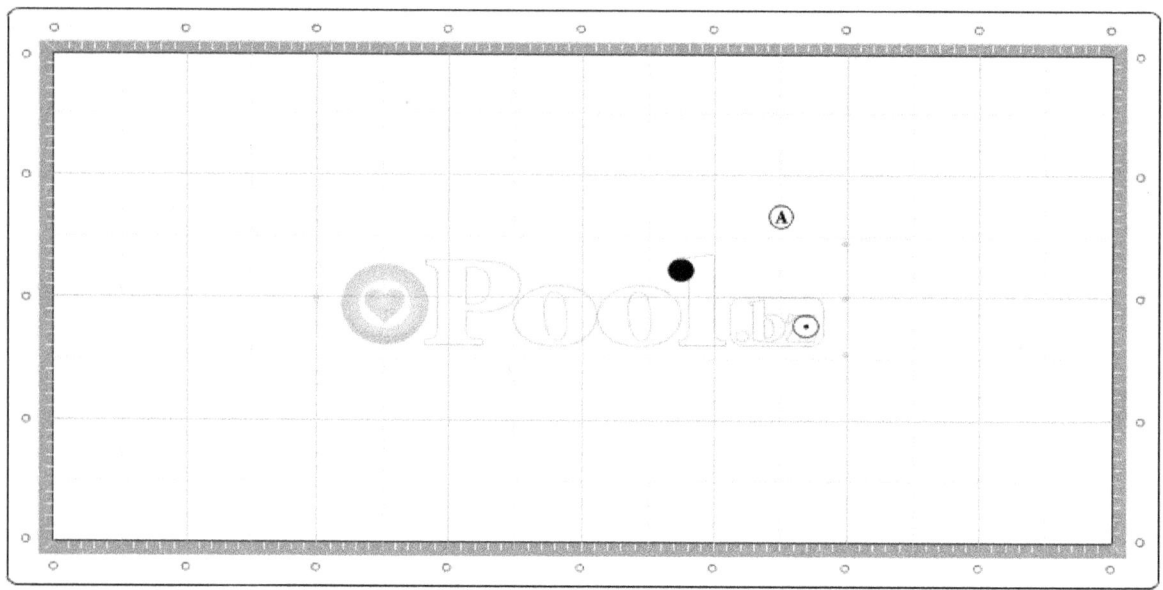

Notizen und Ideen:

## Schussmuster

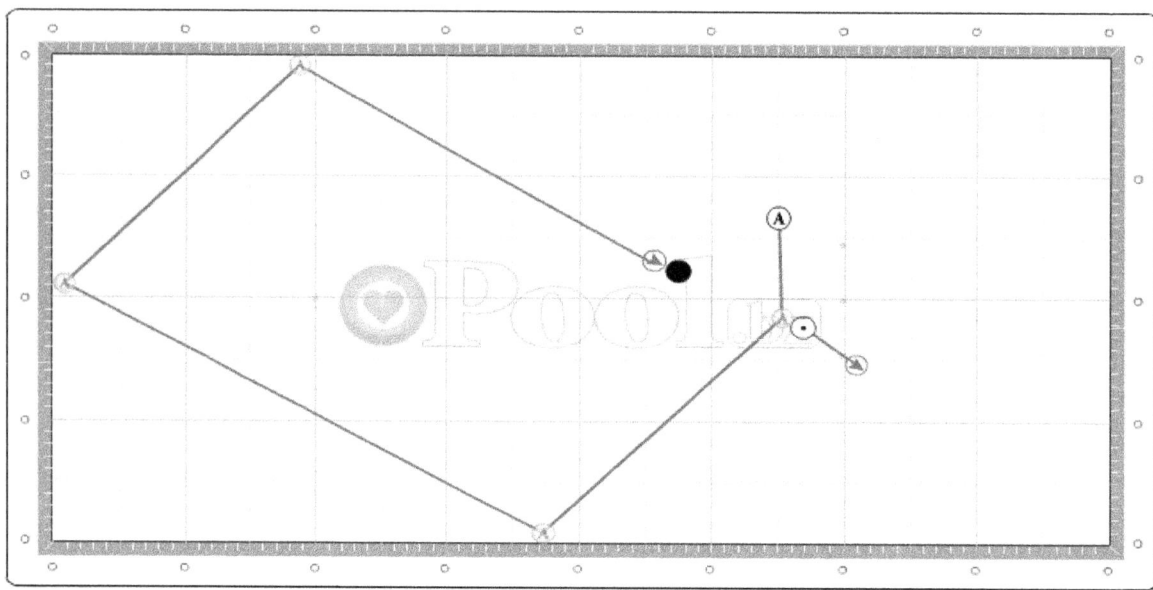

# B: Gruppe 2

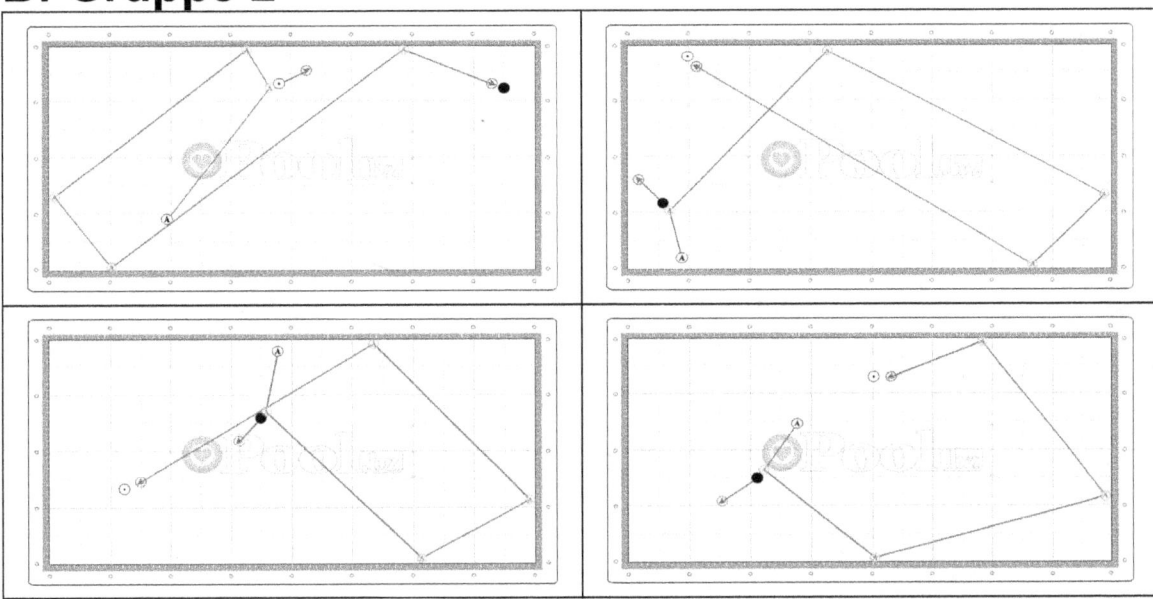

**Analyse:**

B:2a. _____

B:2b. _____

B:2c. _____

B:2d. _____

## B:2a – Konfiguration

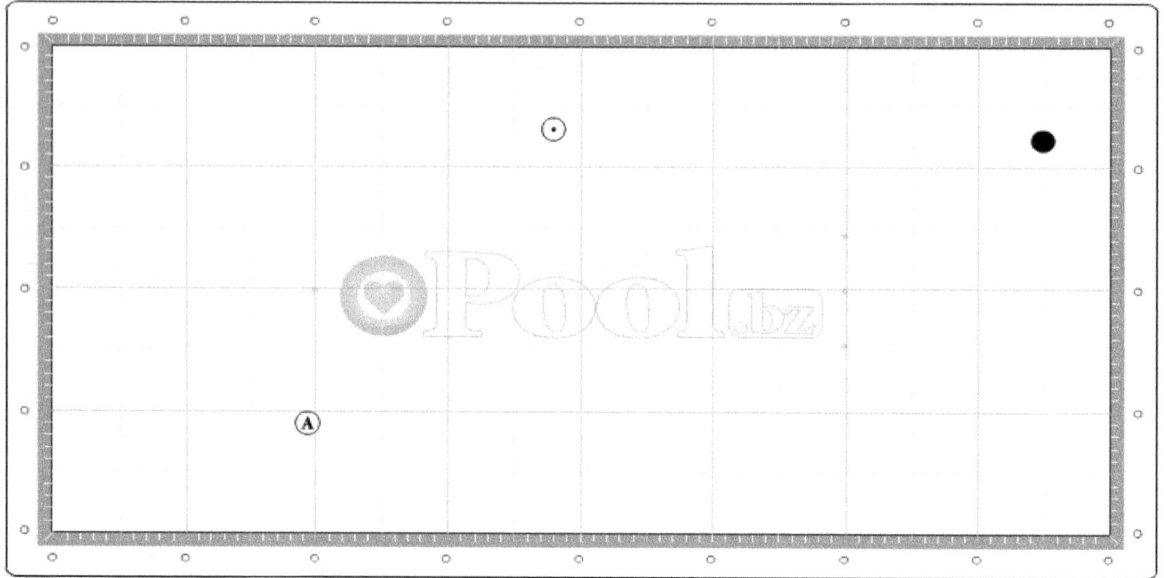

Notizen und Ideen:

## Schussmuster

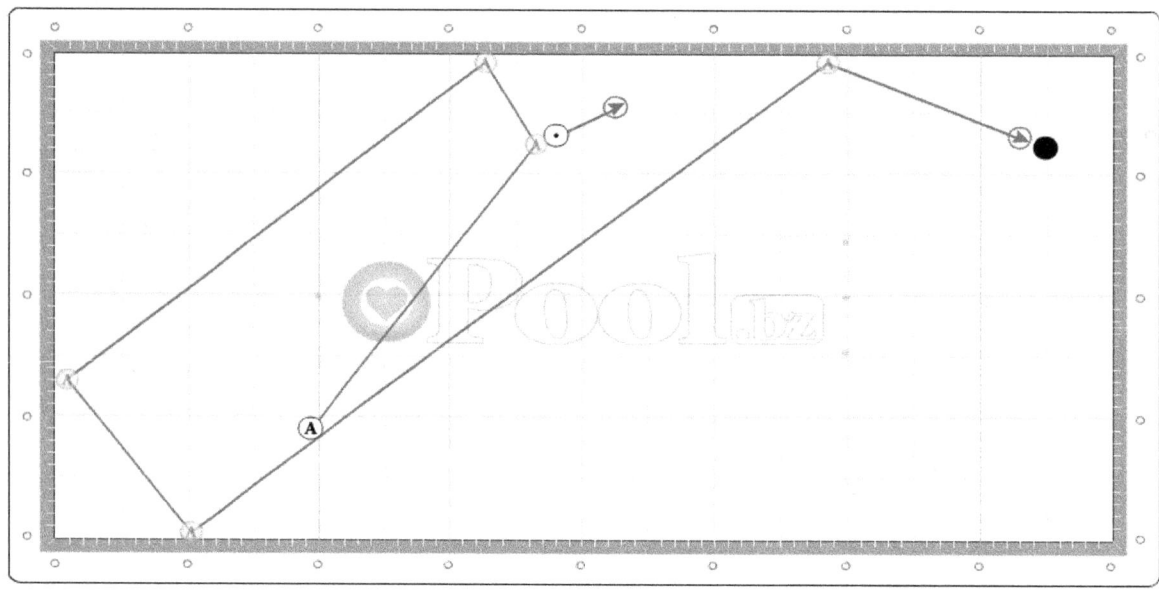

## B:2b – Konfiguration

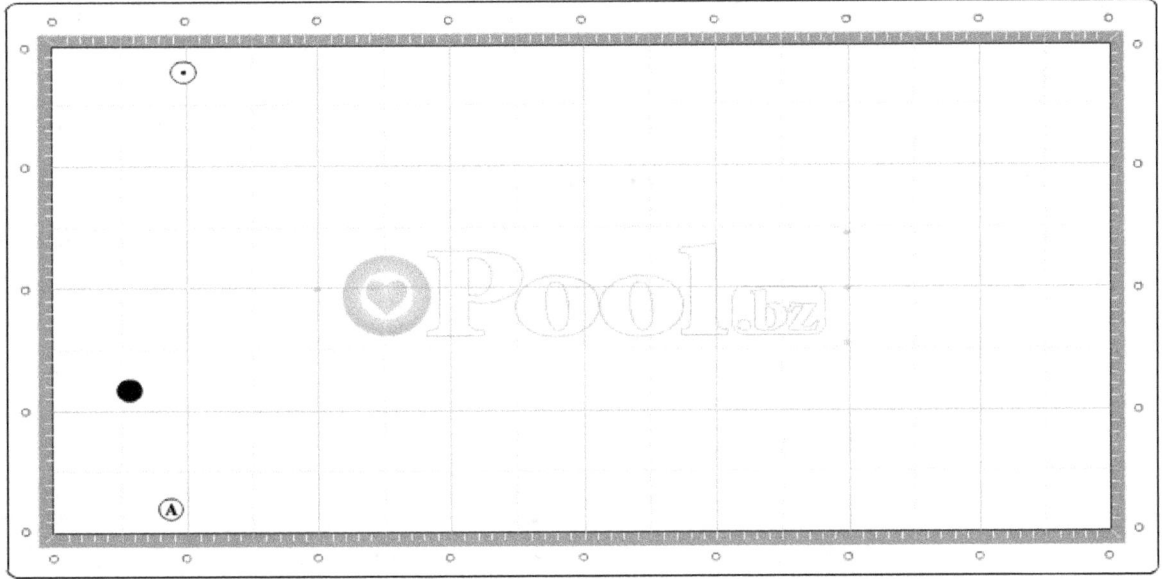

Notizen und Ideen:


## Schussmuster

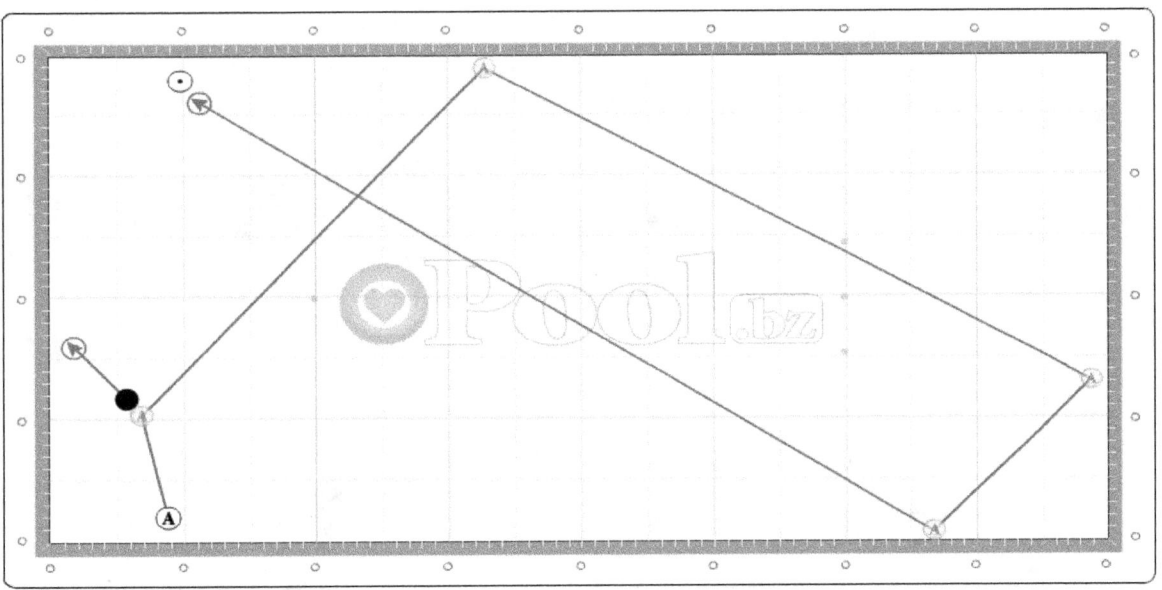

## B:2c – Konfiguration

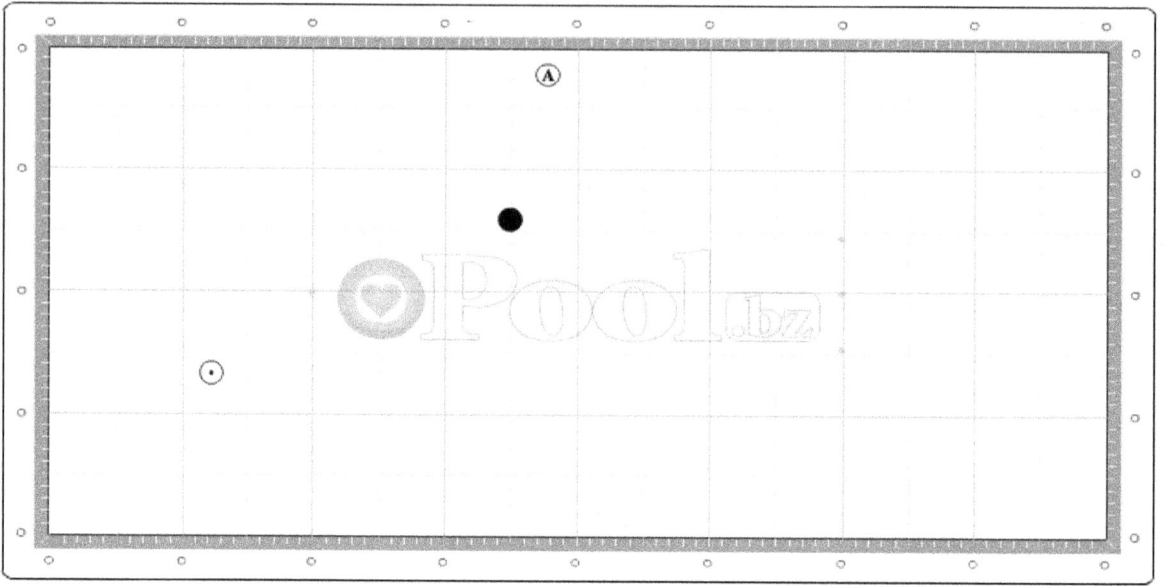

Notizen und Ideen:

## Schussmuster

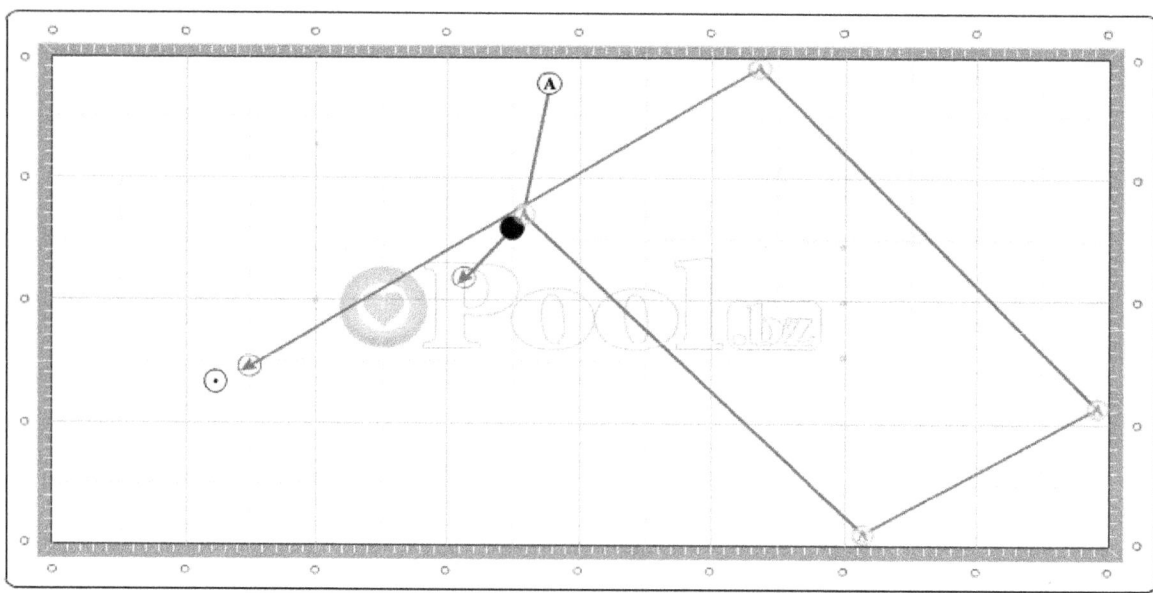

## B:2d – Konfiguration

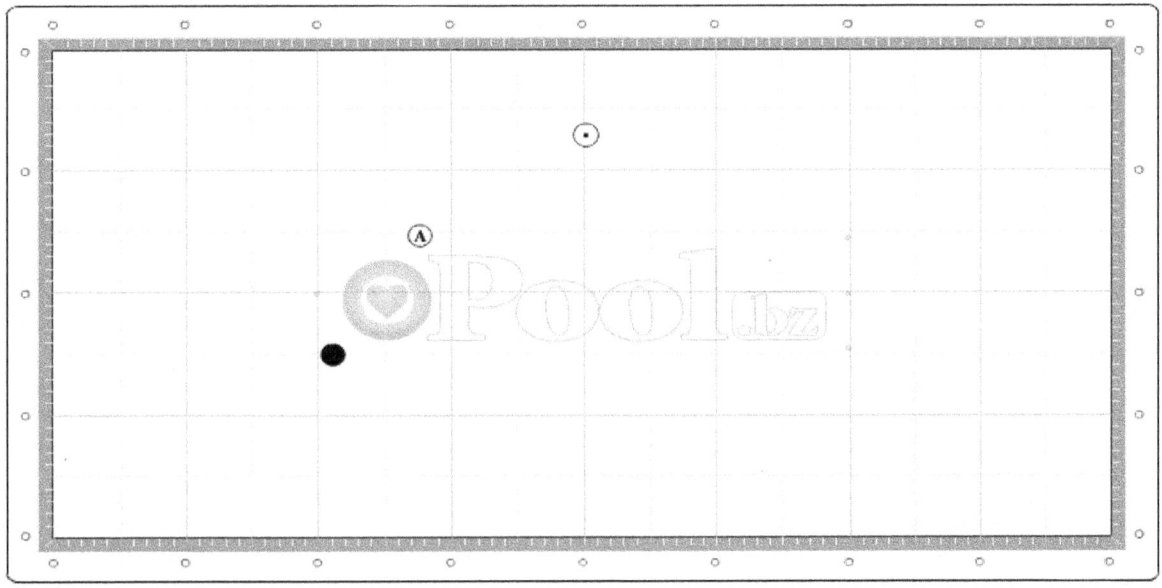

Notizen und Ideen:

## Schussmuster

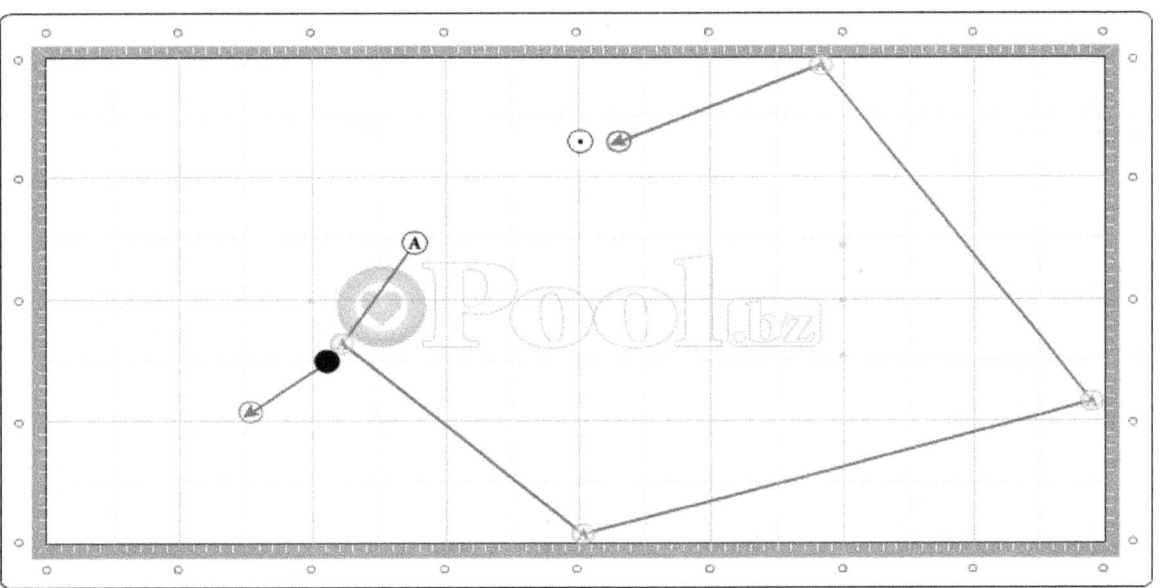

# B: Gruppe 3

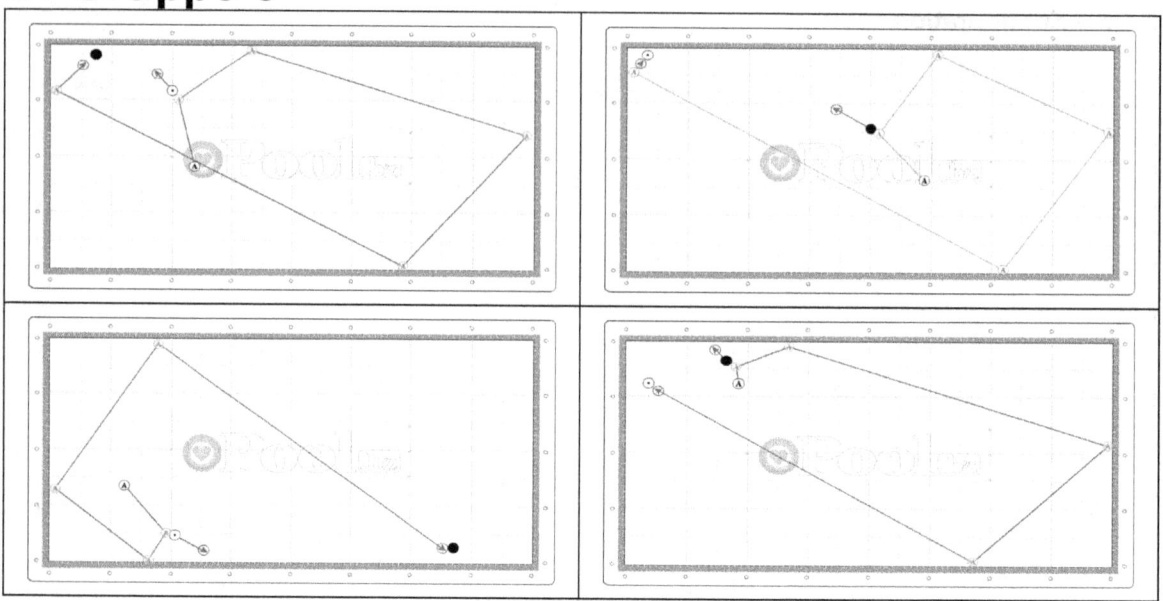

**Analyse**:

B:3a. _____

B:3b. _____

B:3c. _____

B:3d. _____

## B:3a – Konfiguration

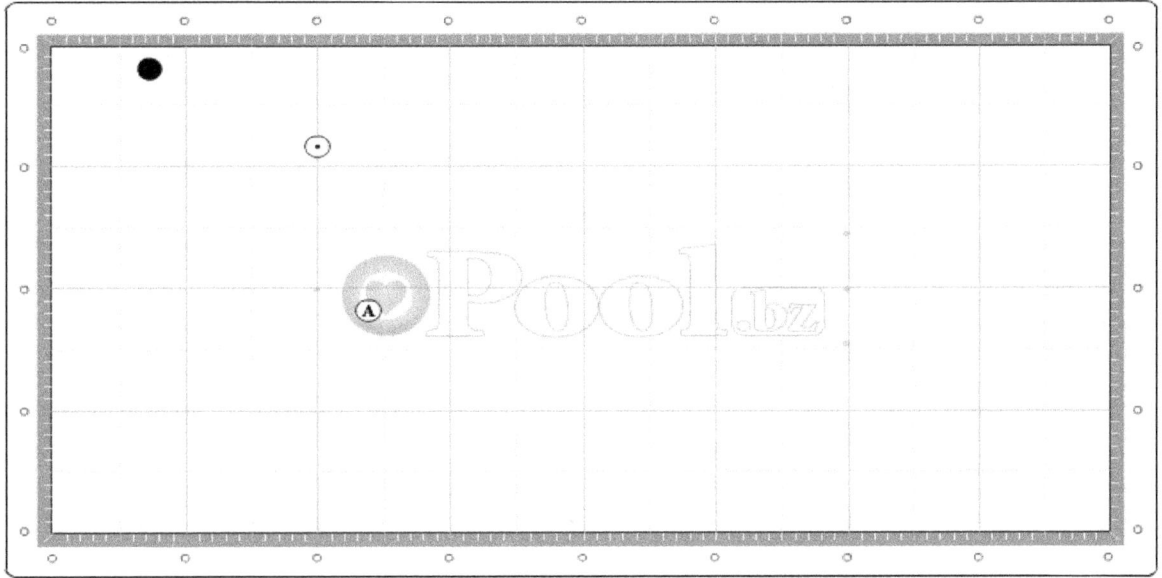

Notizen und Ideen:

## Schussmuster

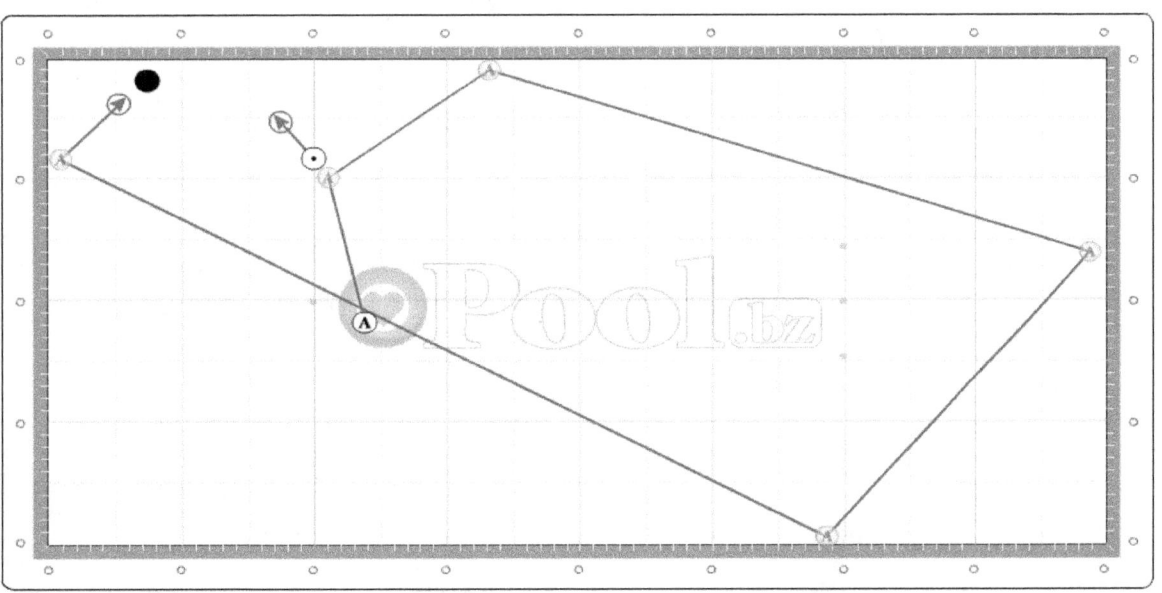

## B:3b – Konfiguration

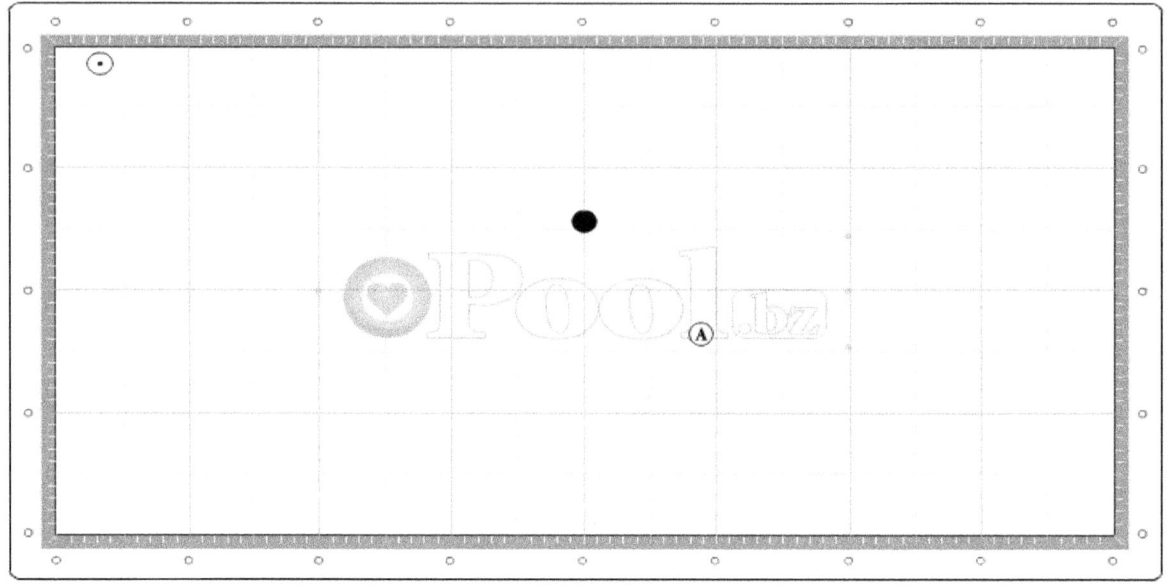

Notizen und Ideen:

## Schussmuster

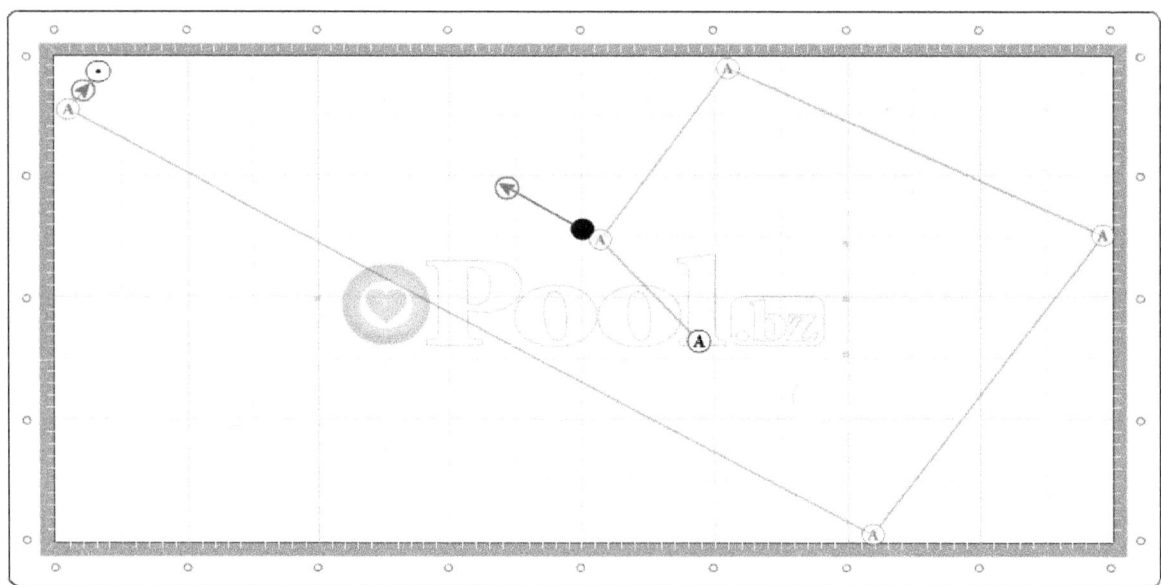

## B:3c – Konfiguration

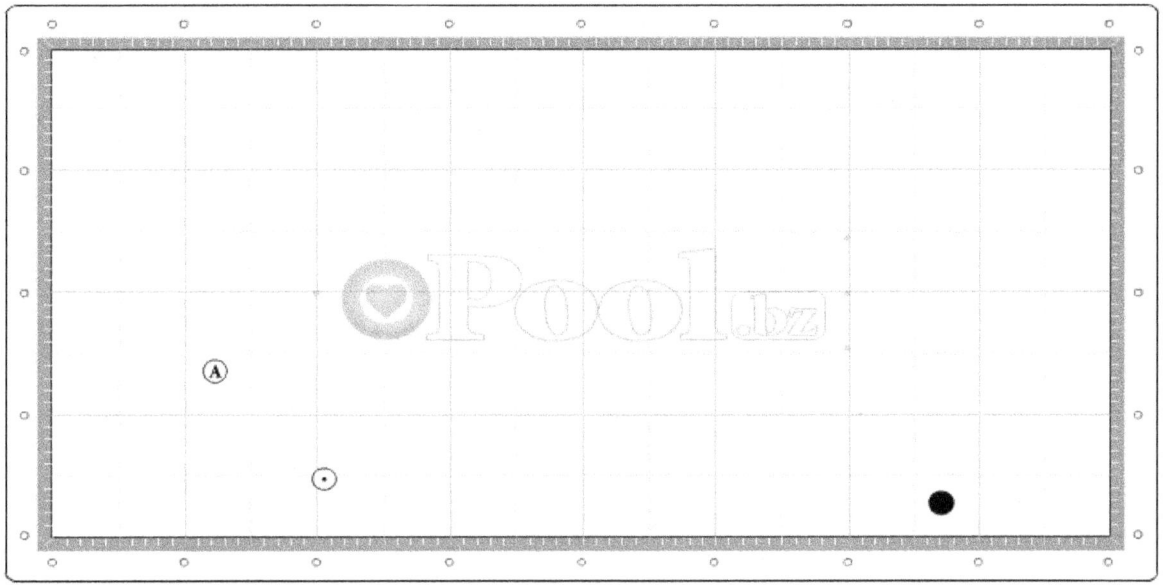

Notizen und Ideen:

## Schussmuster

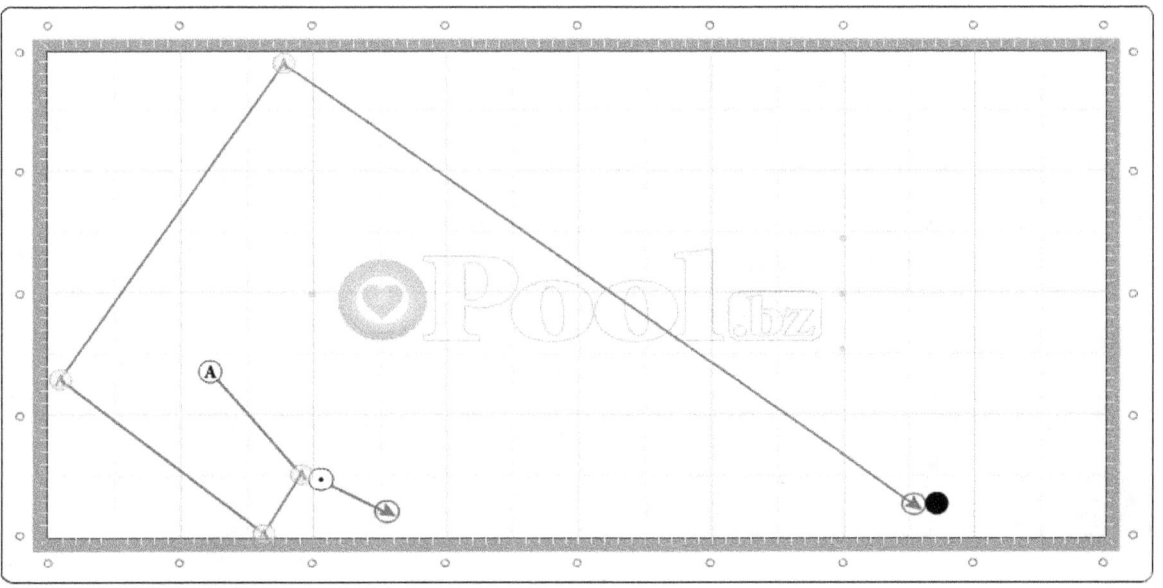

## B:3d – Konfiguration

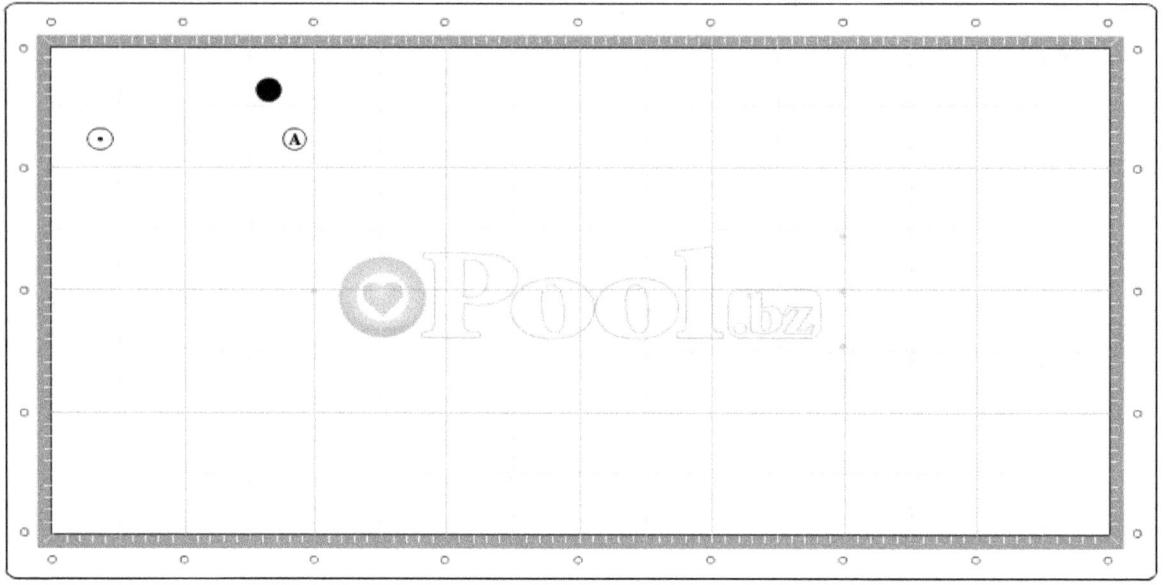

Notizen und Ideen:

## Schussmuster

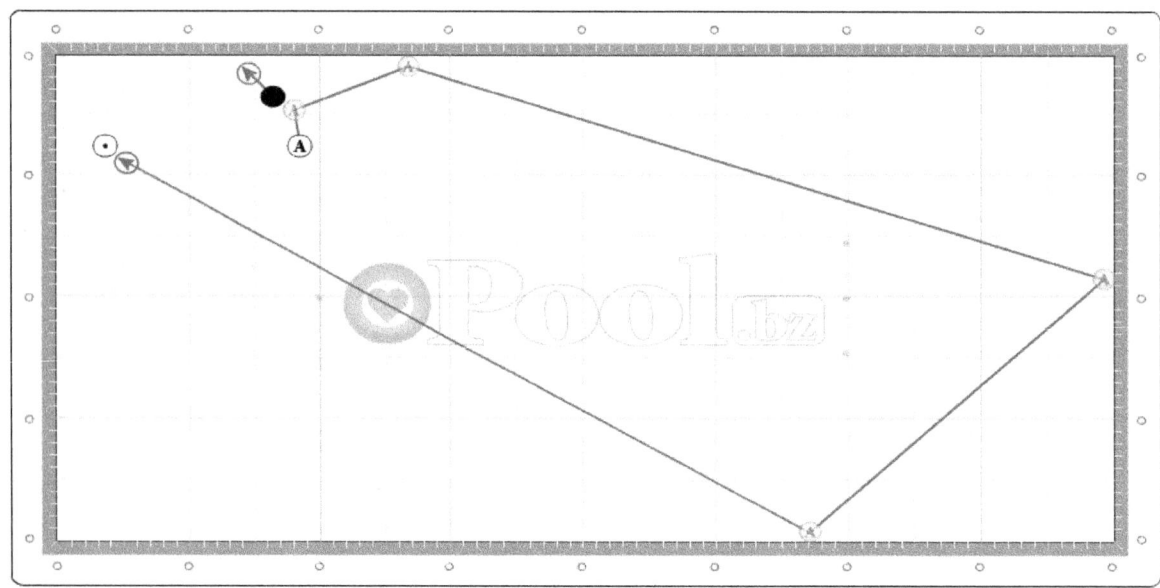

# B: Gruppe 4

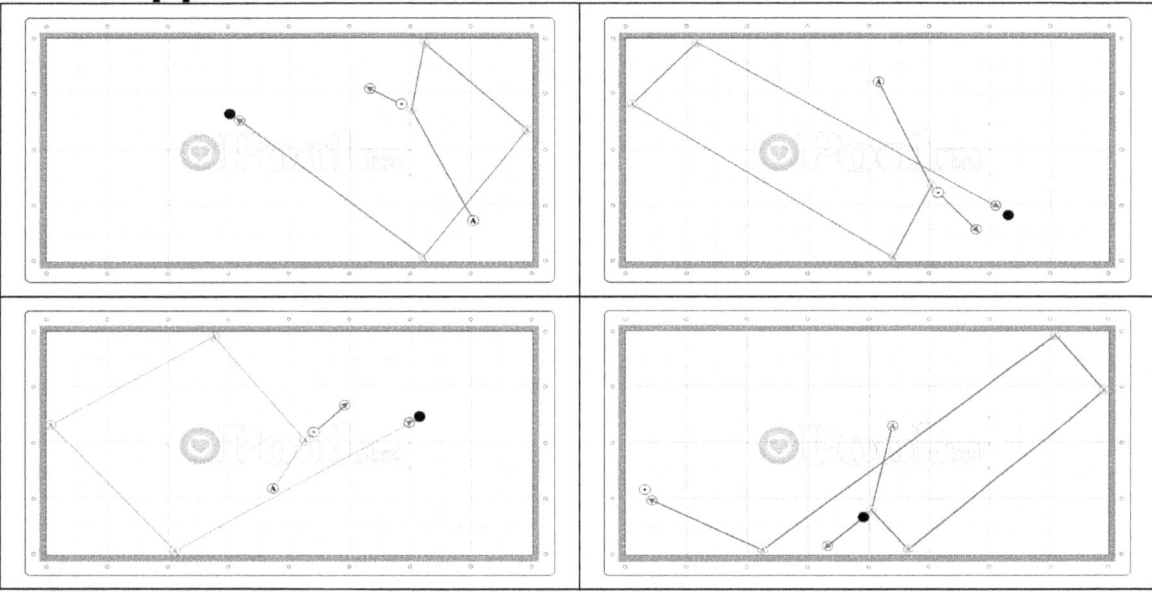

**Analyse:**

B:4a. _____

B:4b. _____

B:4c. _____

B:4d. _____

## B:4a – Konfiguration

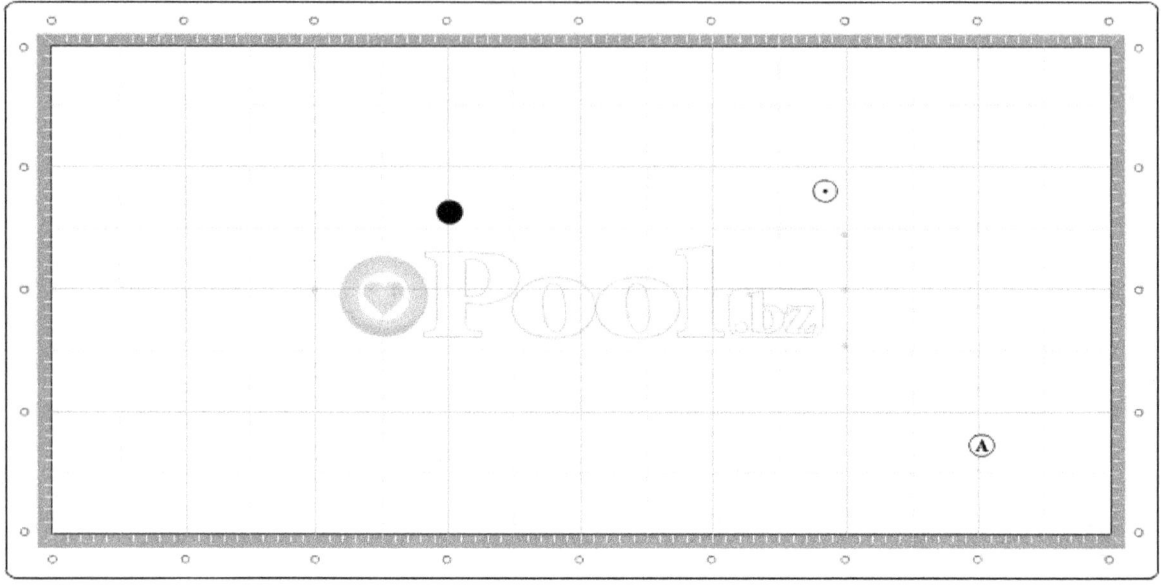

Notizen und Ideen:

## Schussmuster

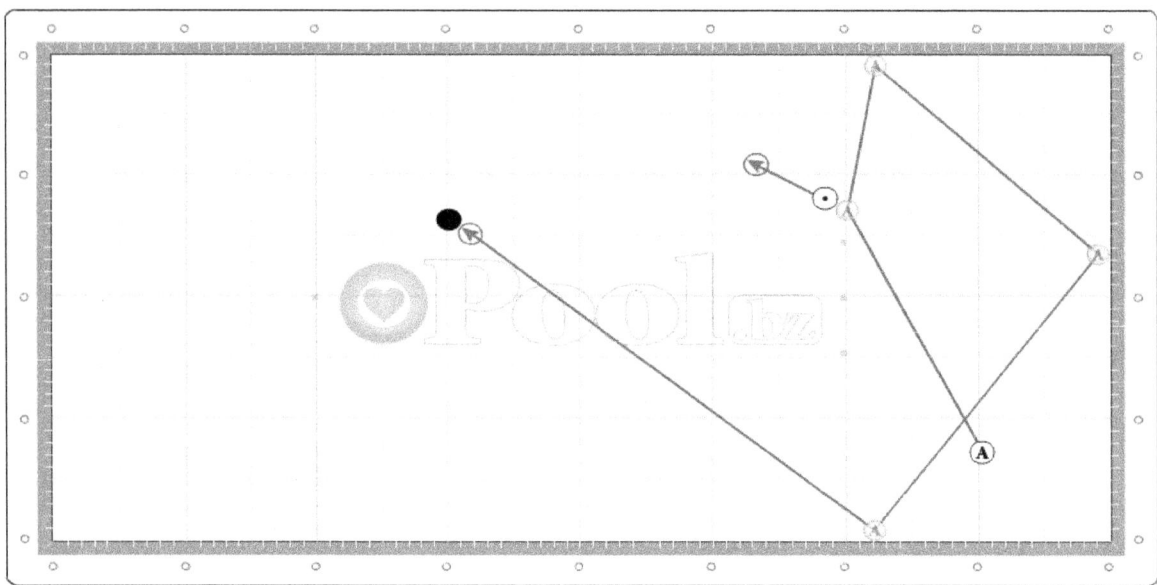

## B:4b – Konfiguration

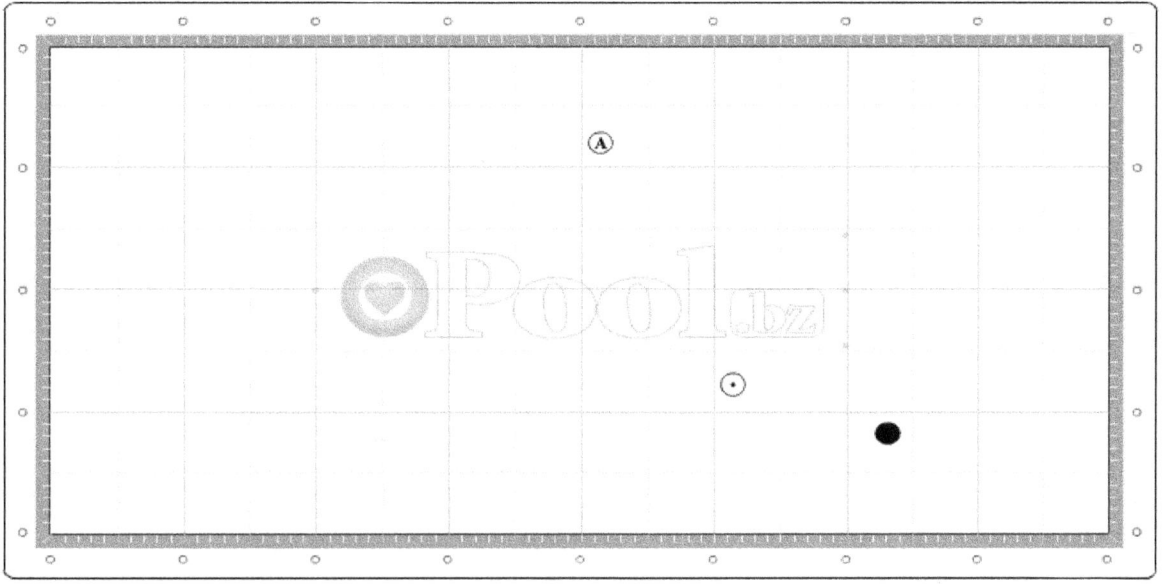

Notizen und Ideen:

## Schussmuster

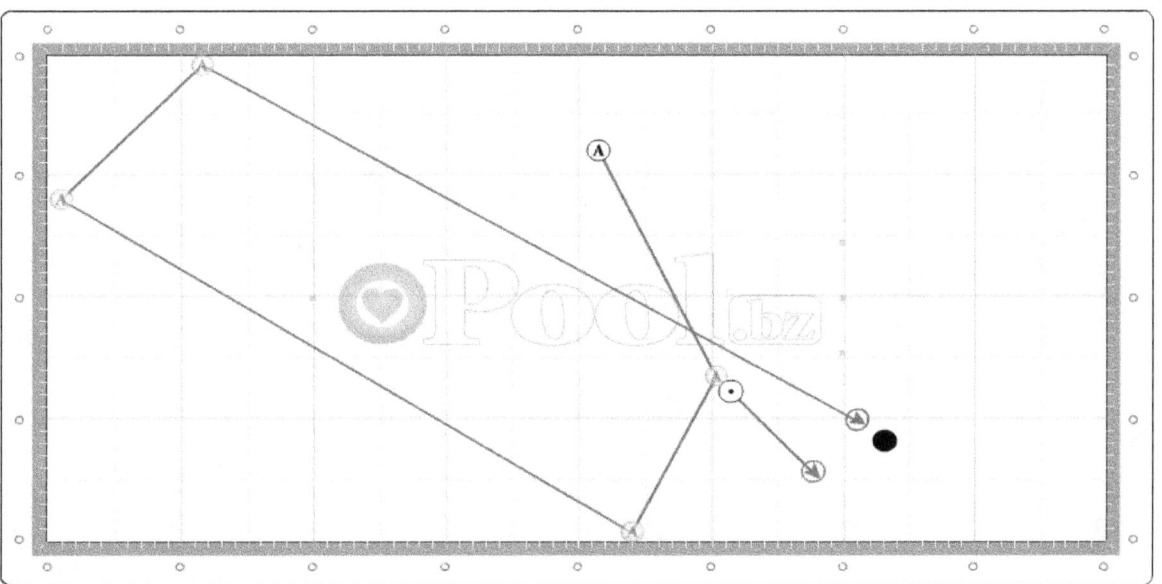

## B:4c – Konfiguration

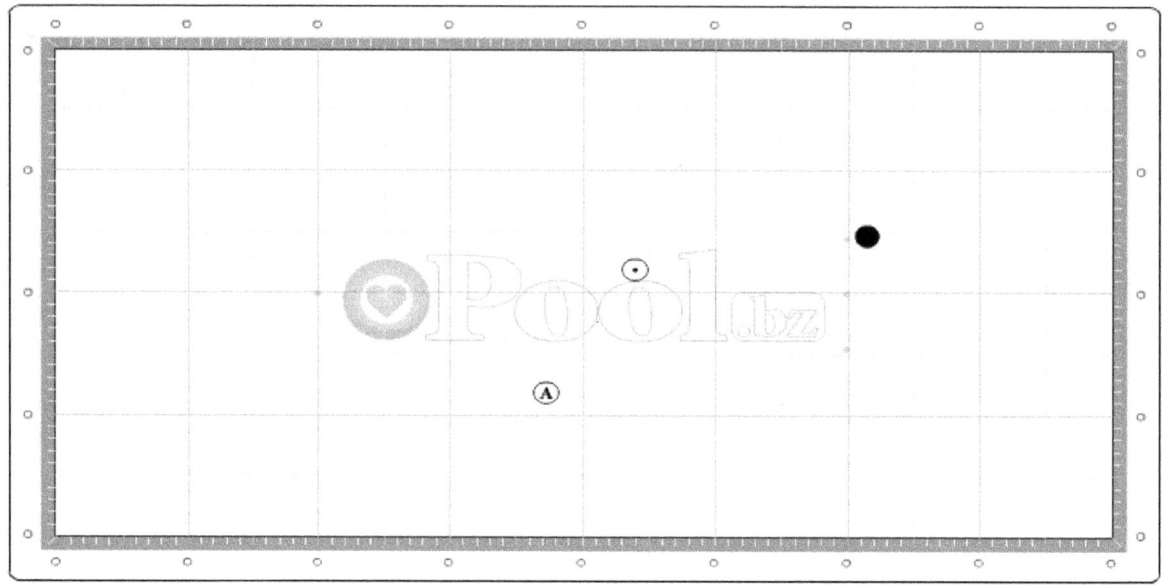

Notizen und Ideen:

## Schussmuster

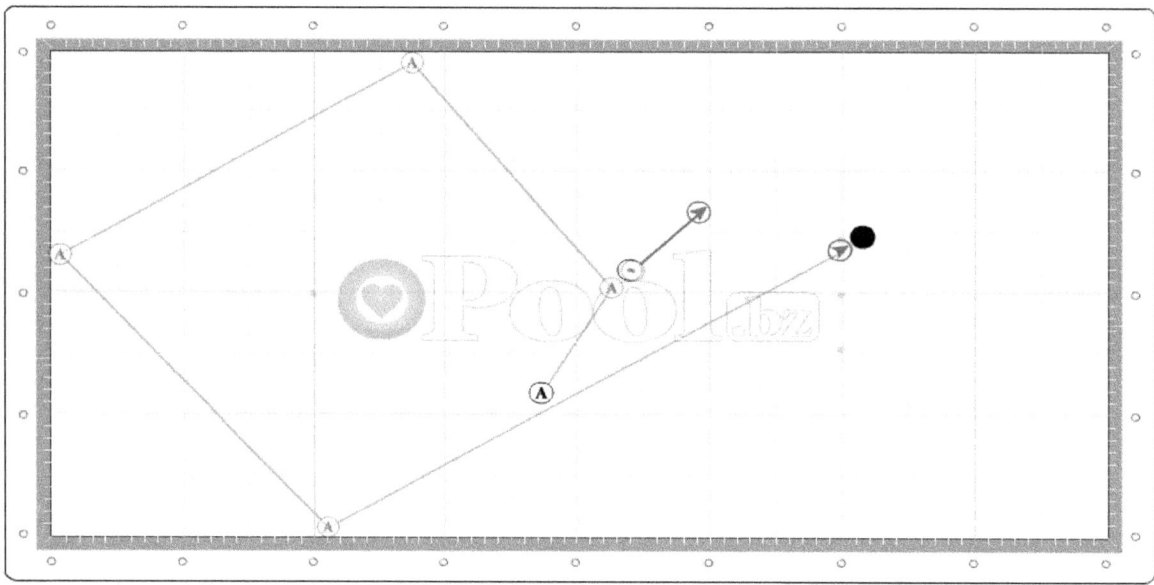

## B:4d – Konfiguration

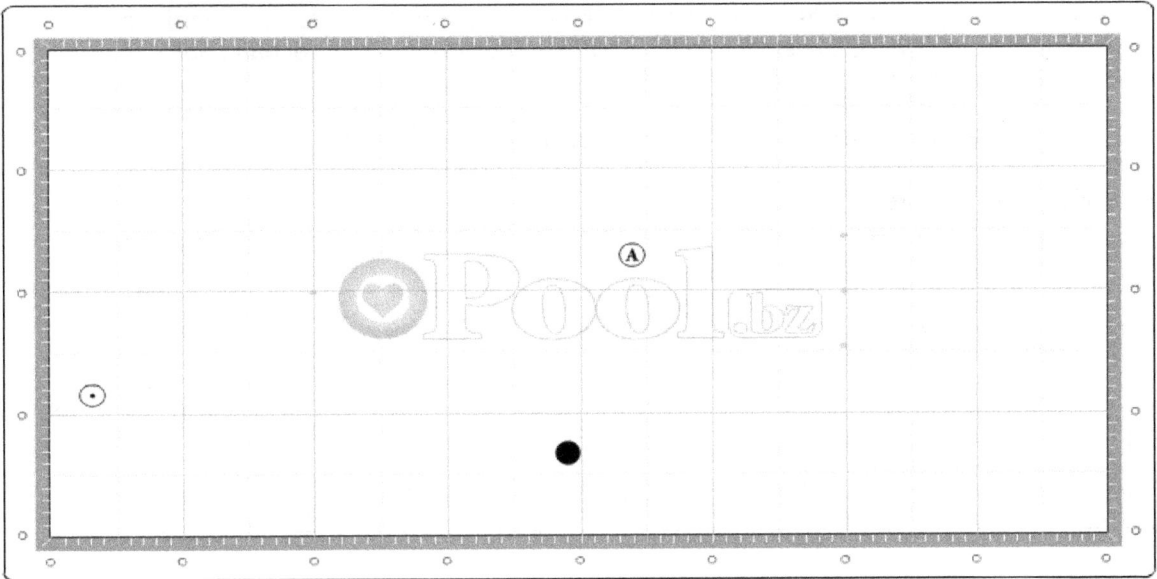

Notizen und Ideen:

## Schussmuster

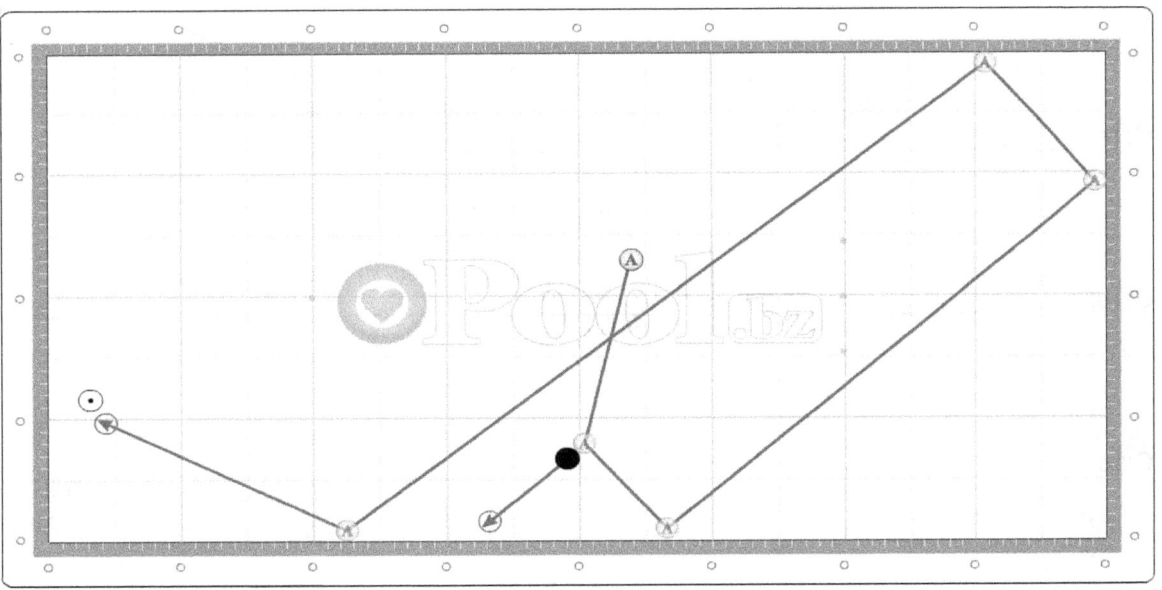

# C: Erweitertes Bein

In diesen Situationen kontaktiert der (CB) den ersten (OB) und startet den Standard um das Weltmuster herum. Der (CB) geht in die Home-Ecke. Dann kommen zwei band aus der Anfangsecke und berühren die anderen (OB).

Ⓐ (CB) (Ihre Billardkugel) - ⊙ (OB) (Gegner Billardkugel) - ● (OB) (rote Billardkugel)

## C: Gruppe 1

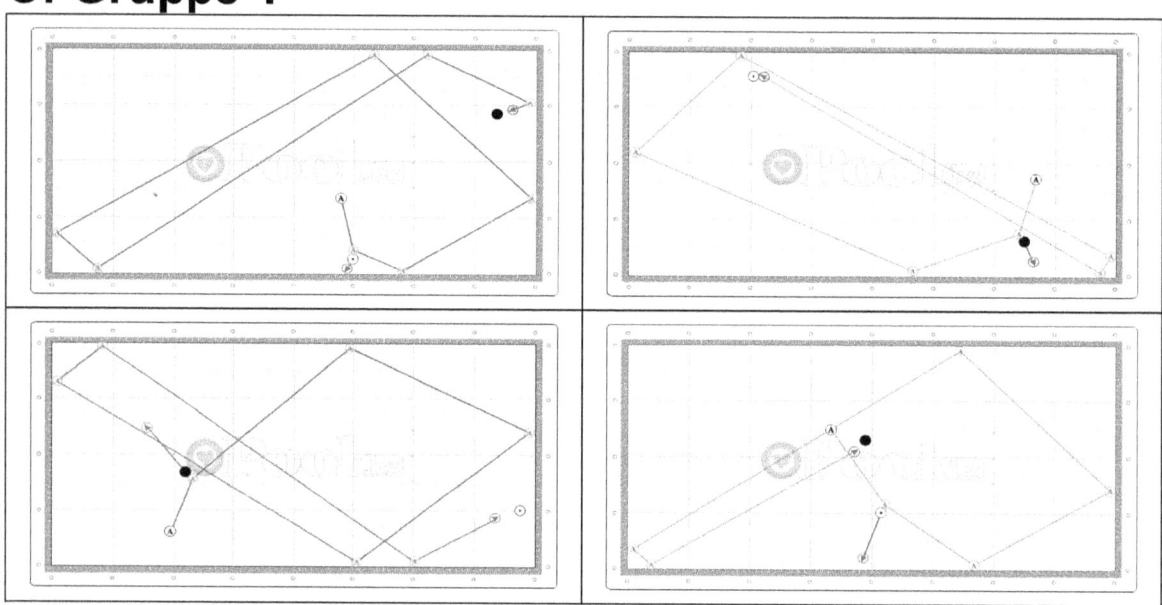

**Analyse**:

C:1a. _____

C:1b. _____

C:1c. _____

C:1d. _____

## C:1a – Konfiguration

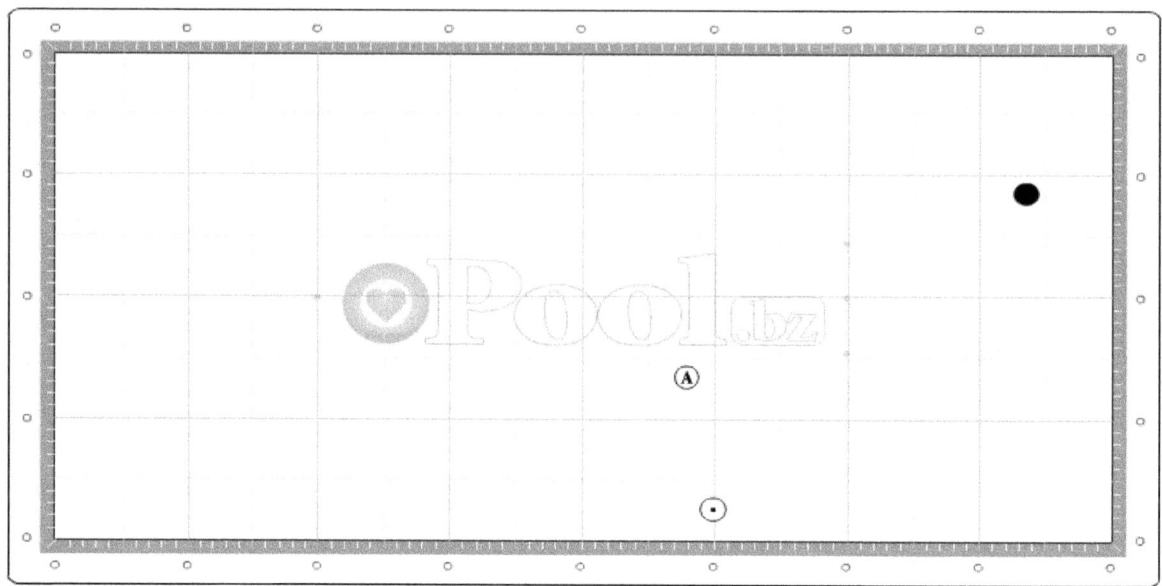

Notizen und Ideen:

## Schussmuster

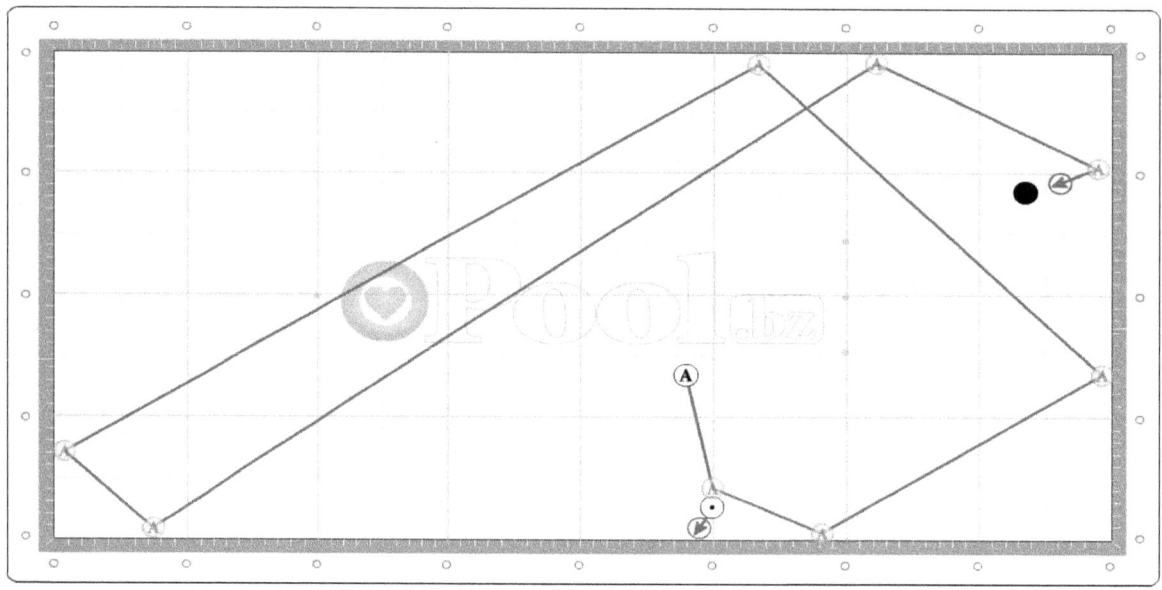

## C:1b – Konfiguration

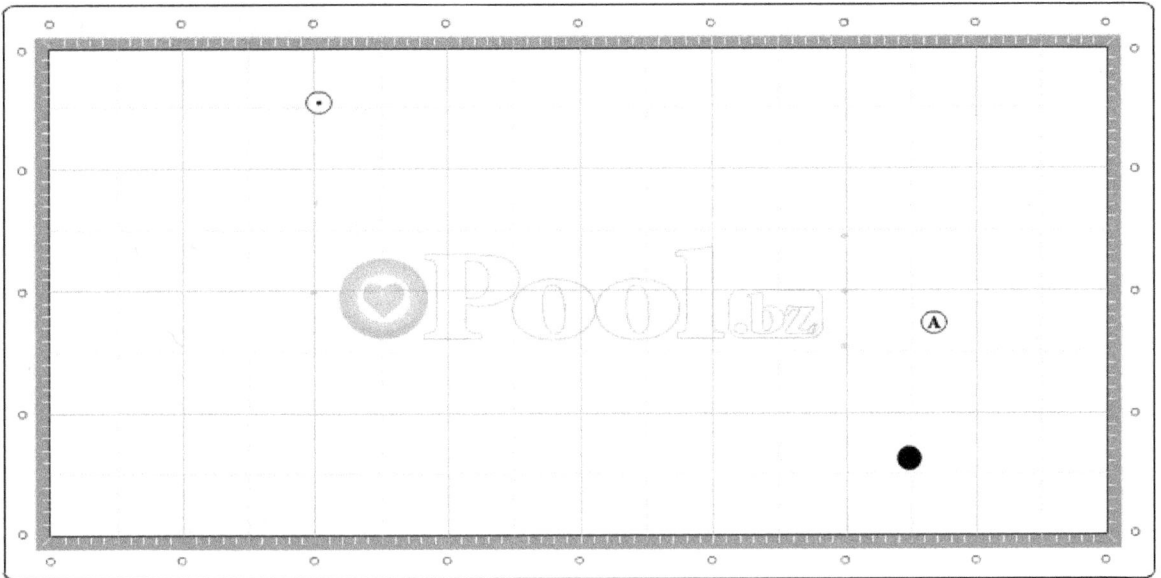

Notizen und Ideen:

## Schussmuster

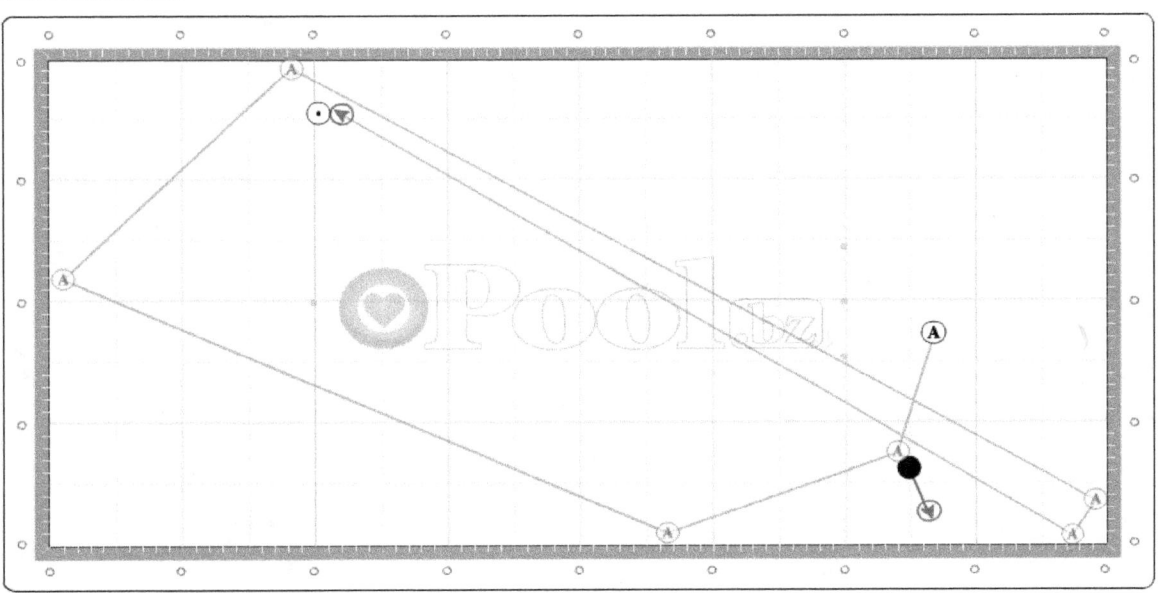

## C:1c – Konfiguration

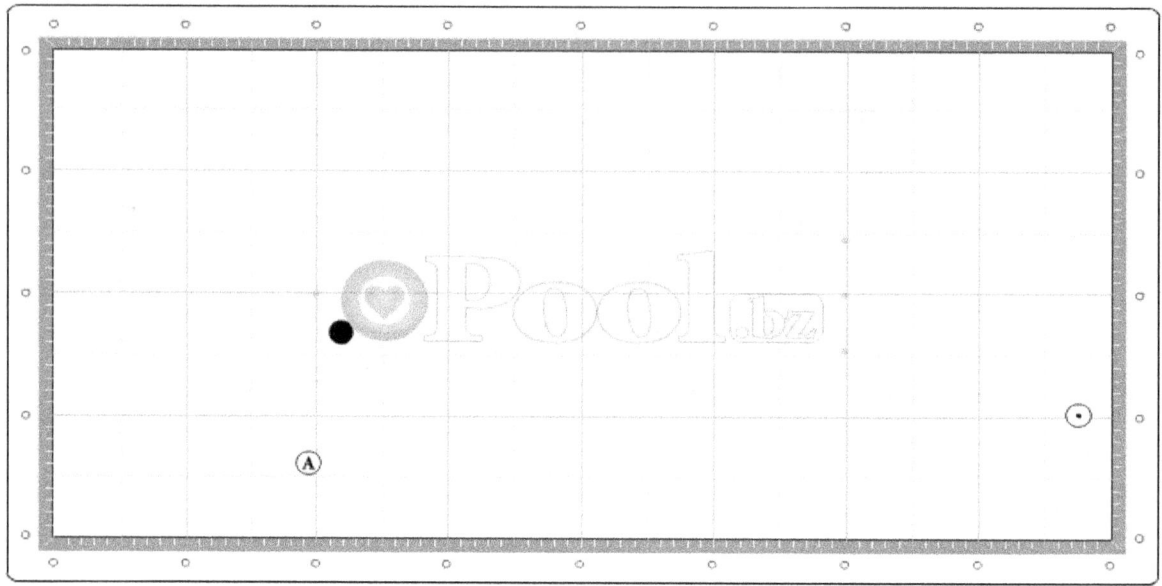

Notizen und Ideen:

## Schussmuster

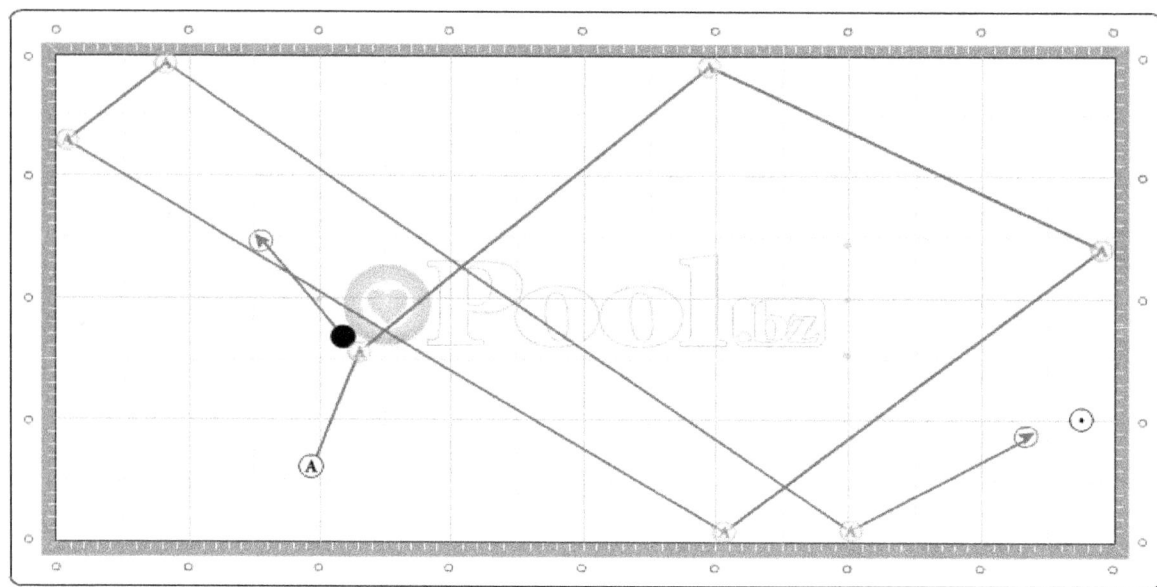

## C:1d – Konfiguration

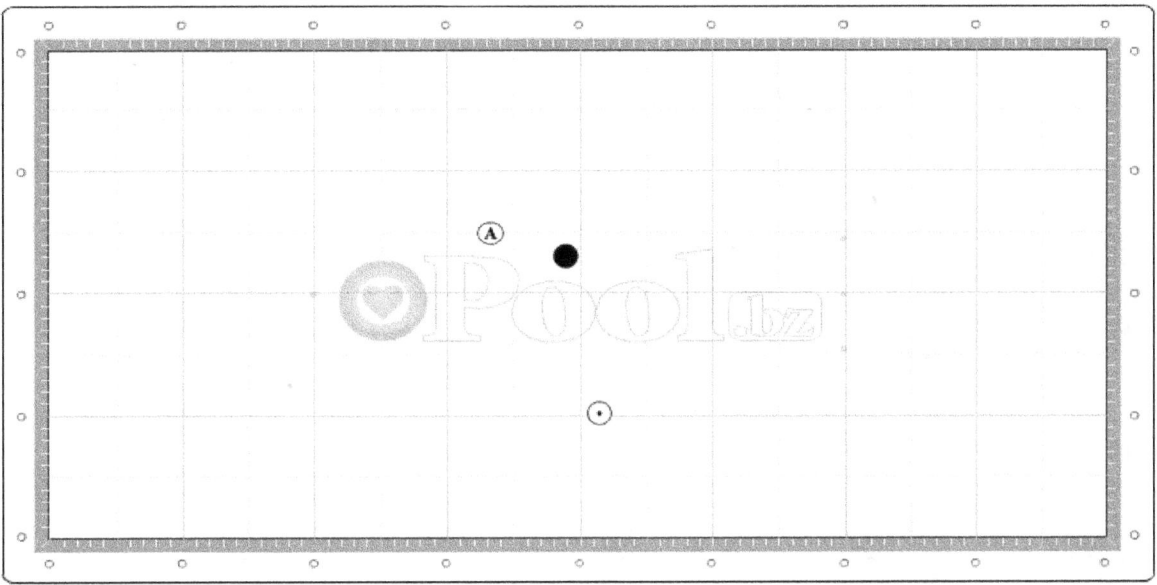

Notizen und Ideen:

## Schussmuster

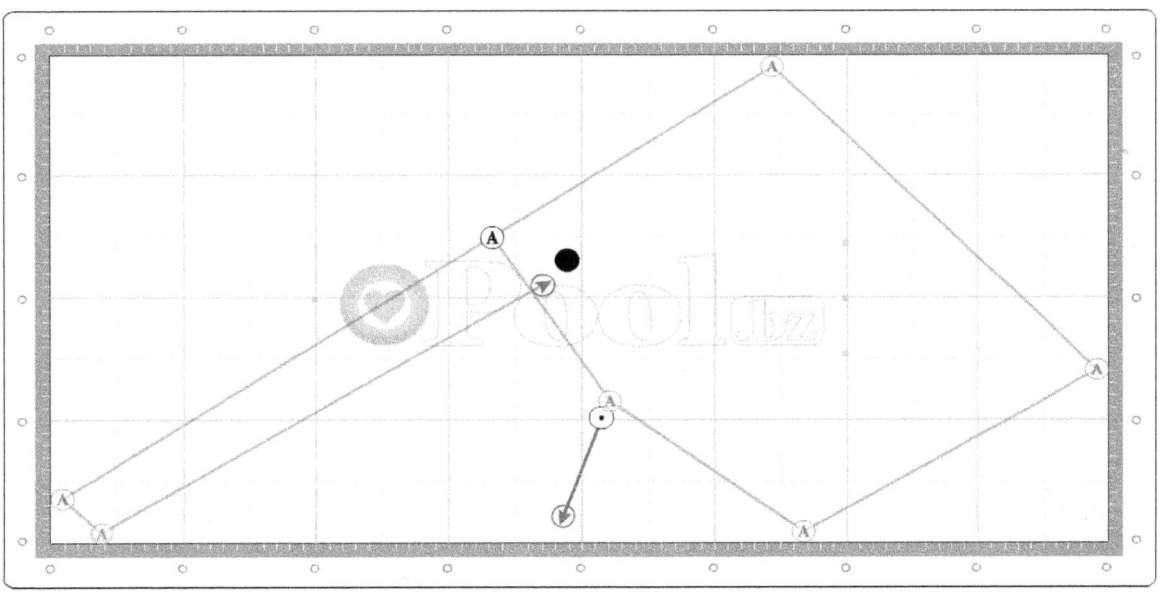

# C: Gruppe 2

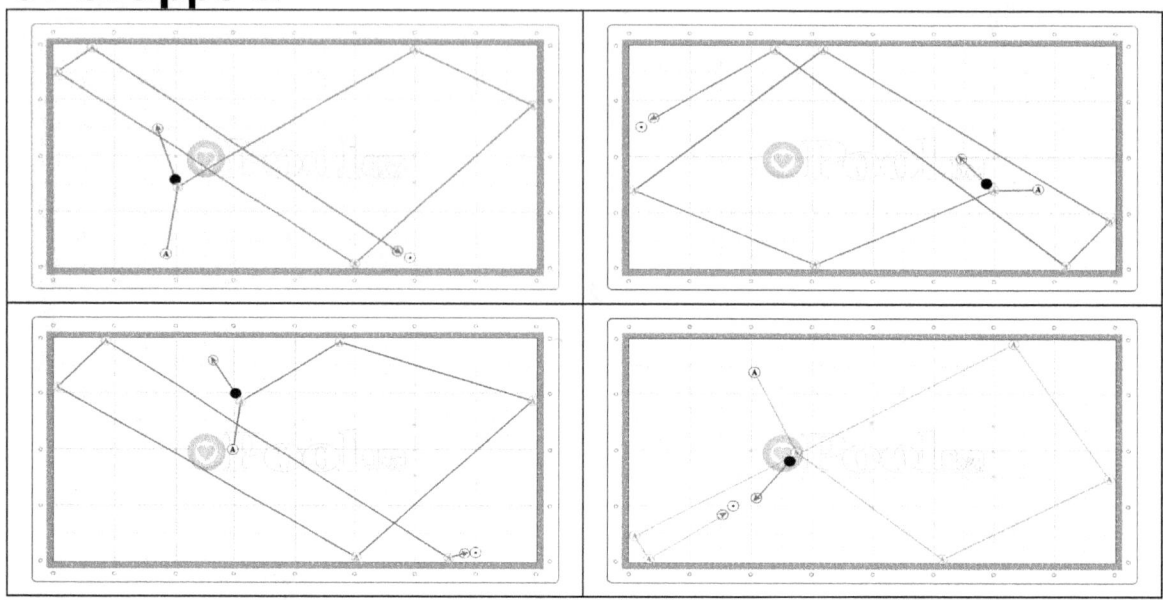

**Analyse**:

C:2a. _____

C:2b. _____

C:2c. _____

C:2d. _____

## C:2a – Konfiguration

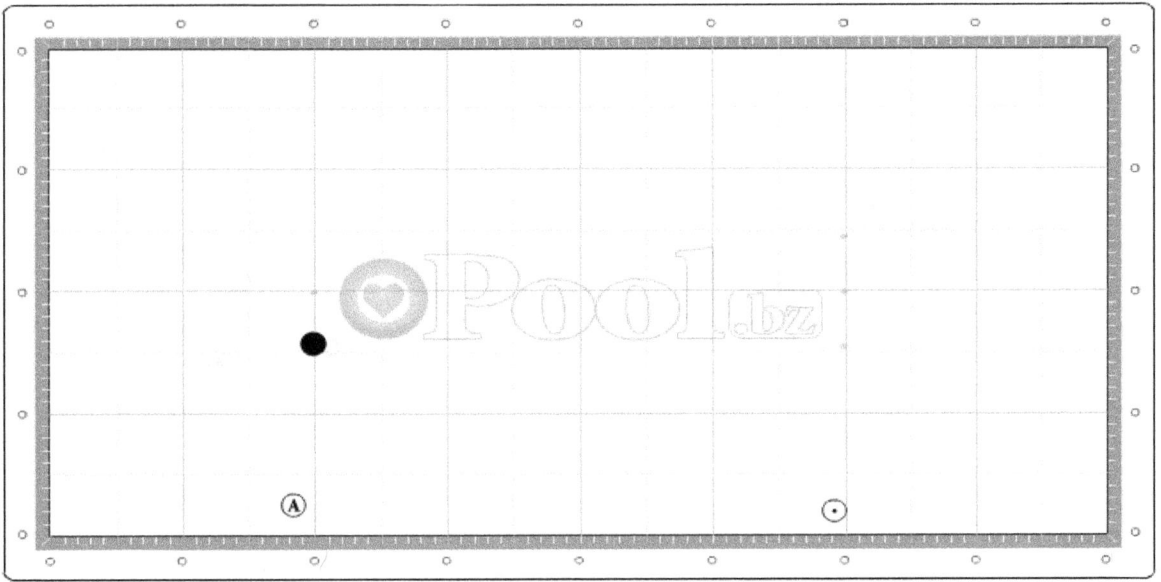

Notizen und Ideen:

## Schussmuster

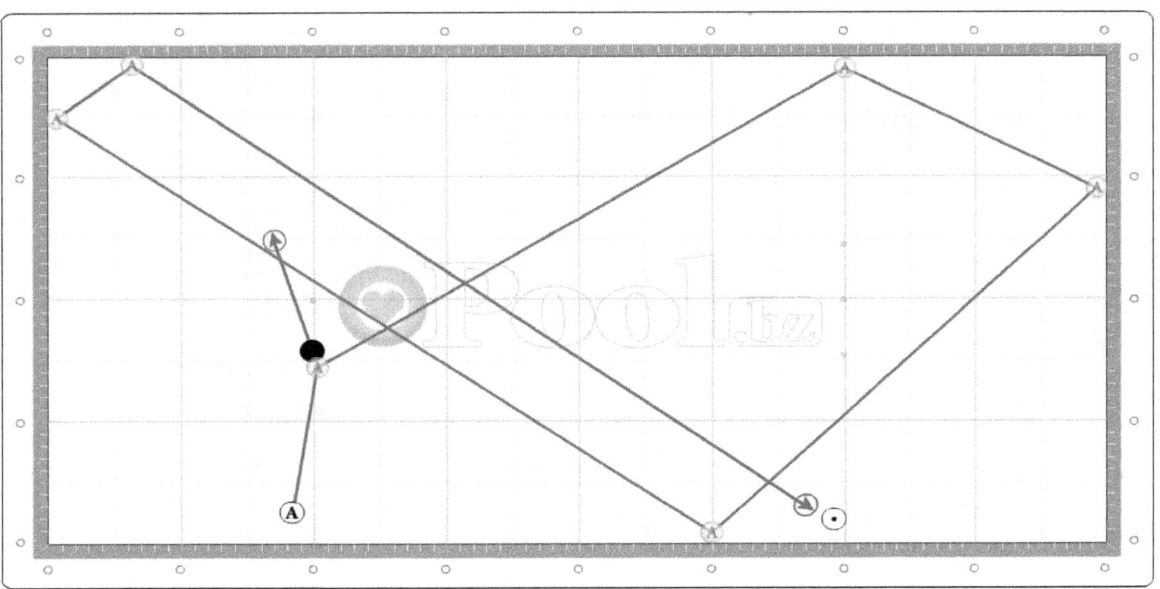

## C:2b – Konfiguration

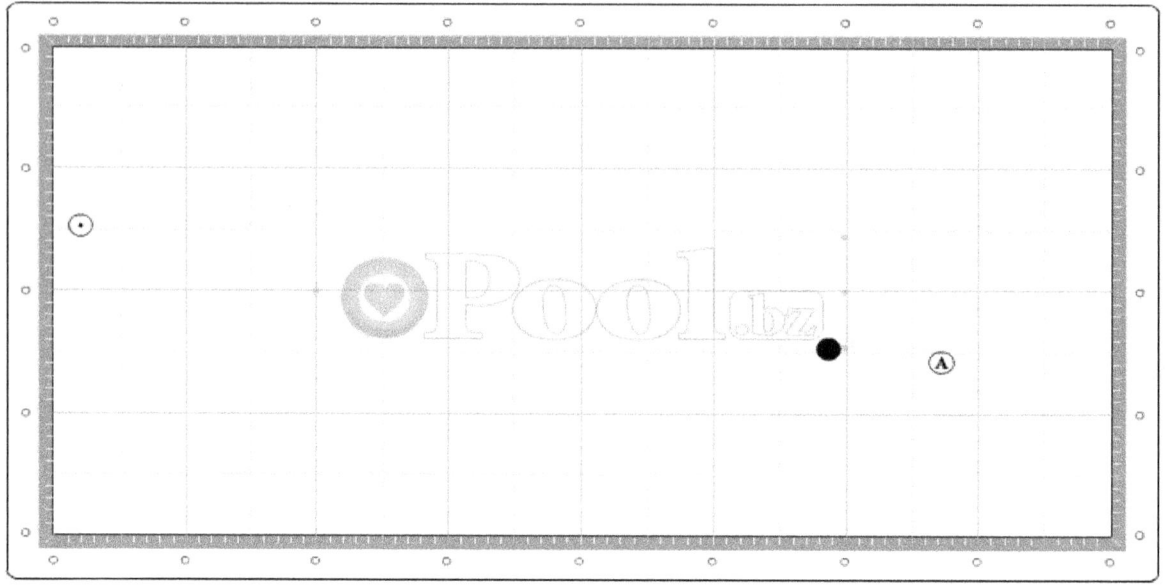

Notizen und Ideen:

## Schussmuster

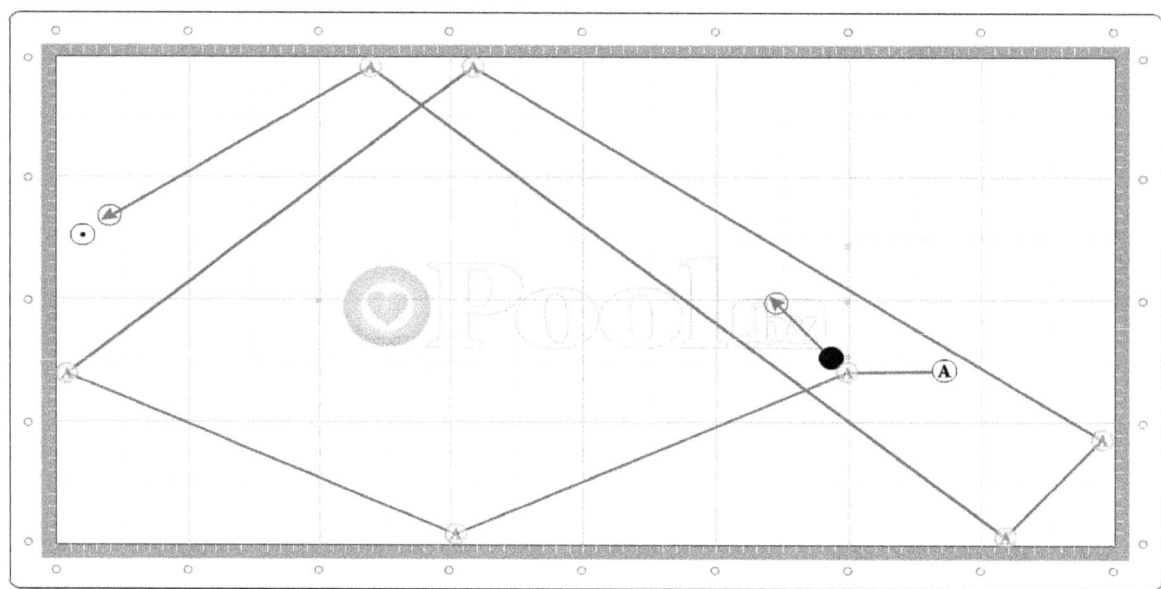

## C:2c – Konfiguration

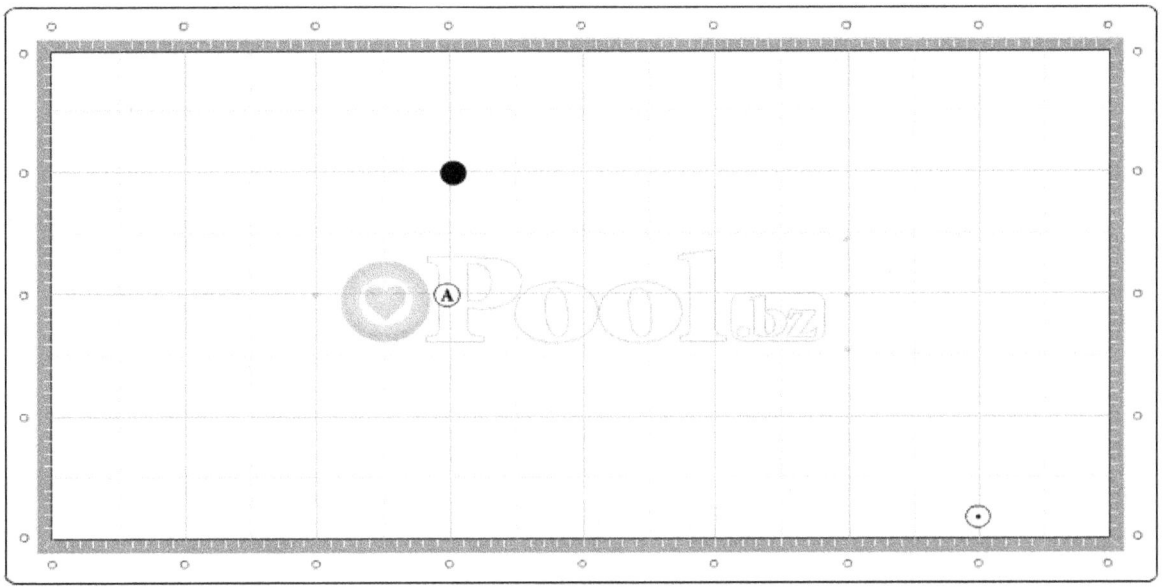

Notizen und Ideen:

## Schussmuster

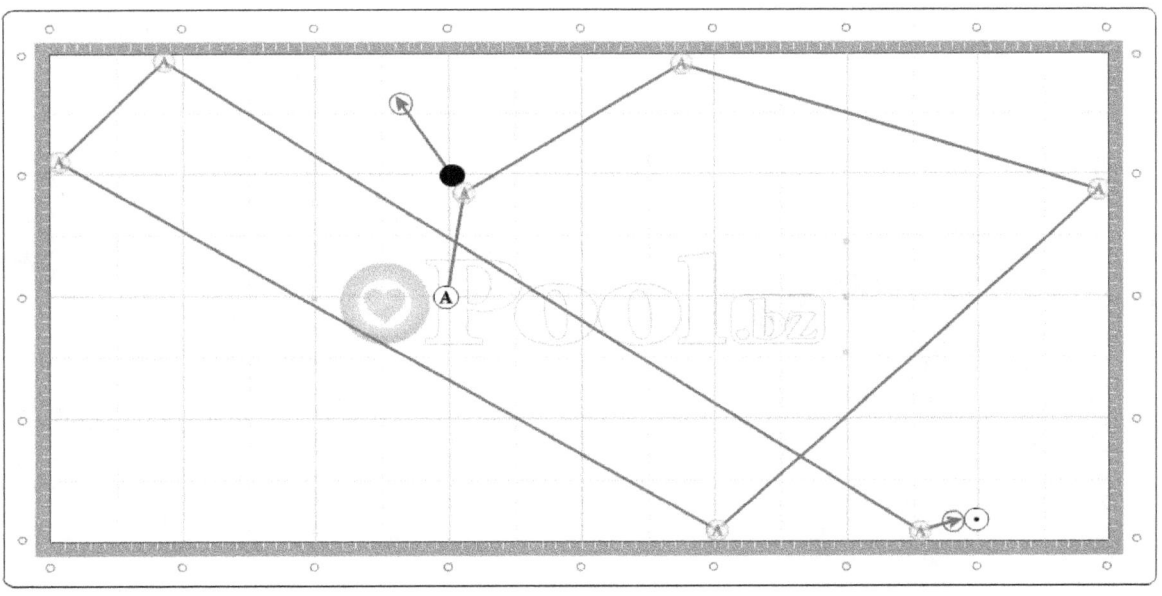

## C:2d – Konfiguration

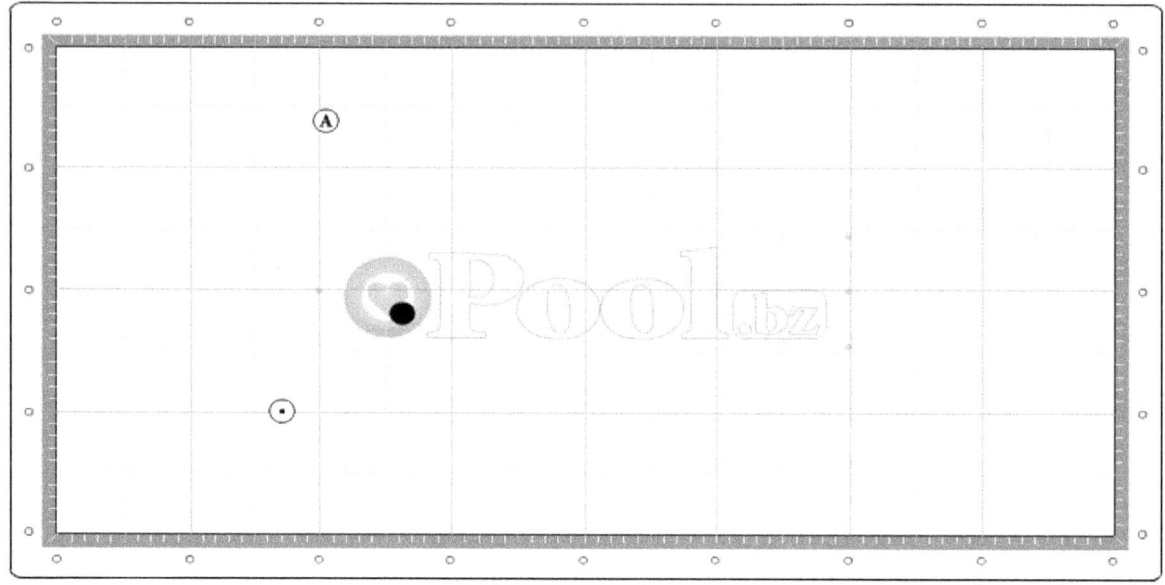

Notizen und Ideen:

## Schussmuster

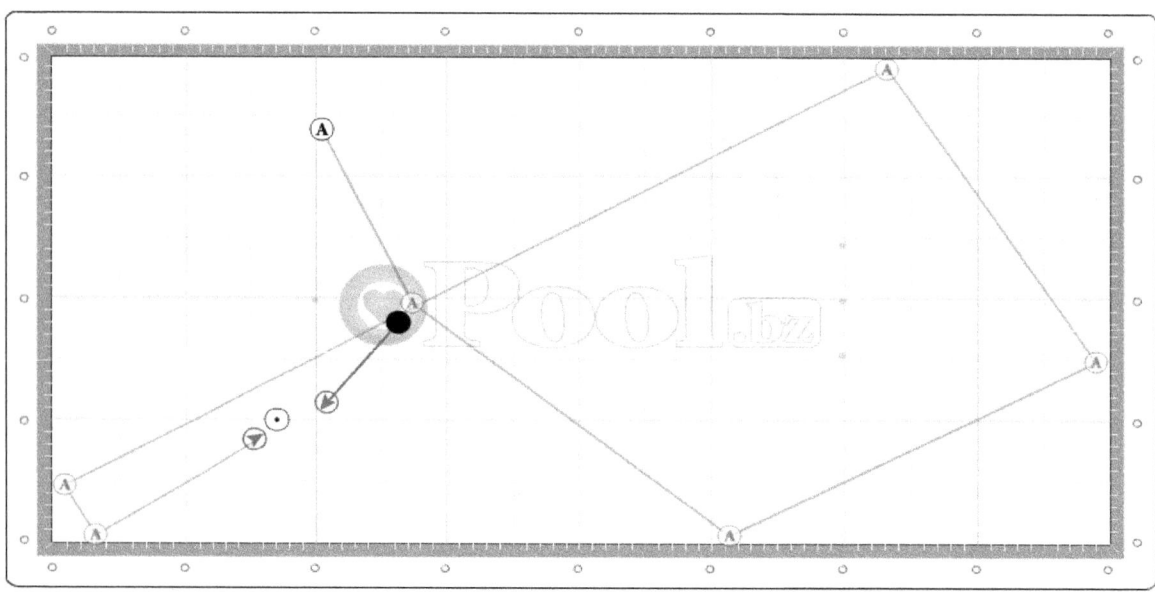

# C: Gruppe 3

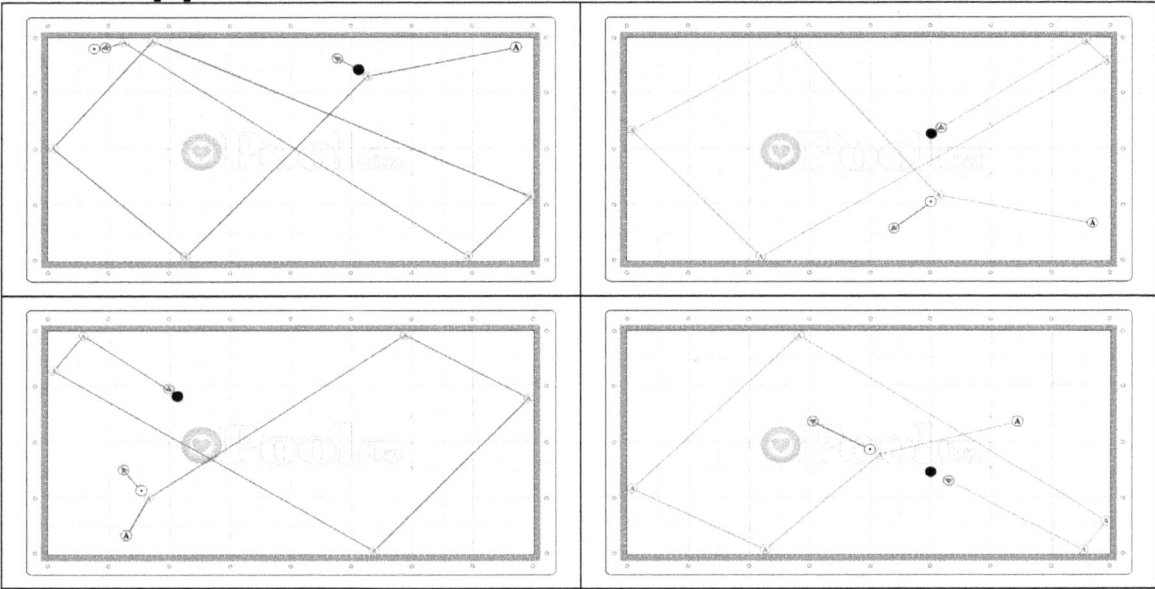

**Analyse:**

C:3a. _____

C:3b. _____

C:3c. _____

C:3d. _____

## C:3a – Konfiguration

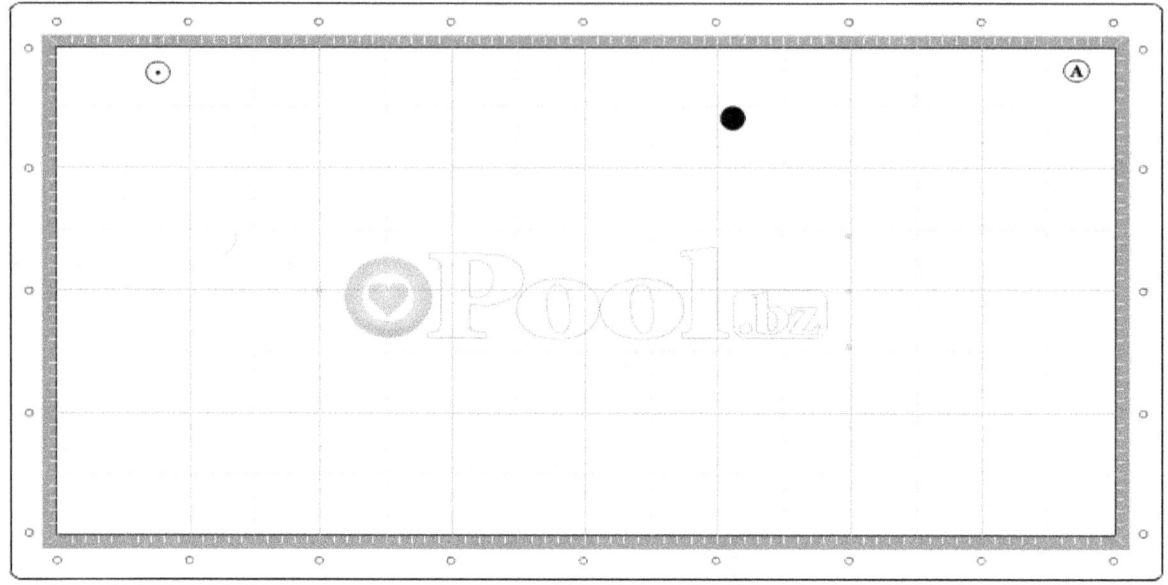

Notizen und Ideen:

## Schussmuster

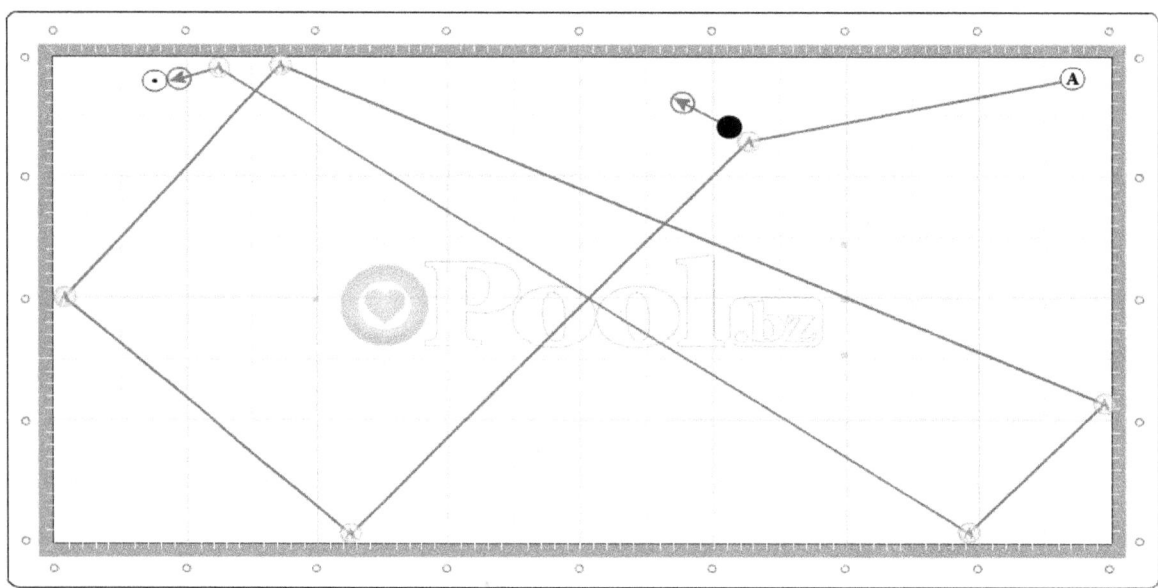

## C:3b – Konfiguration

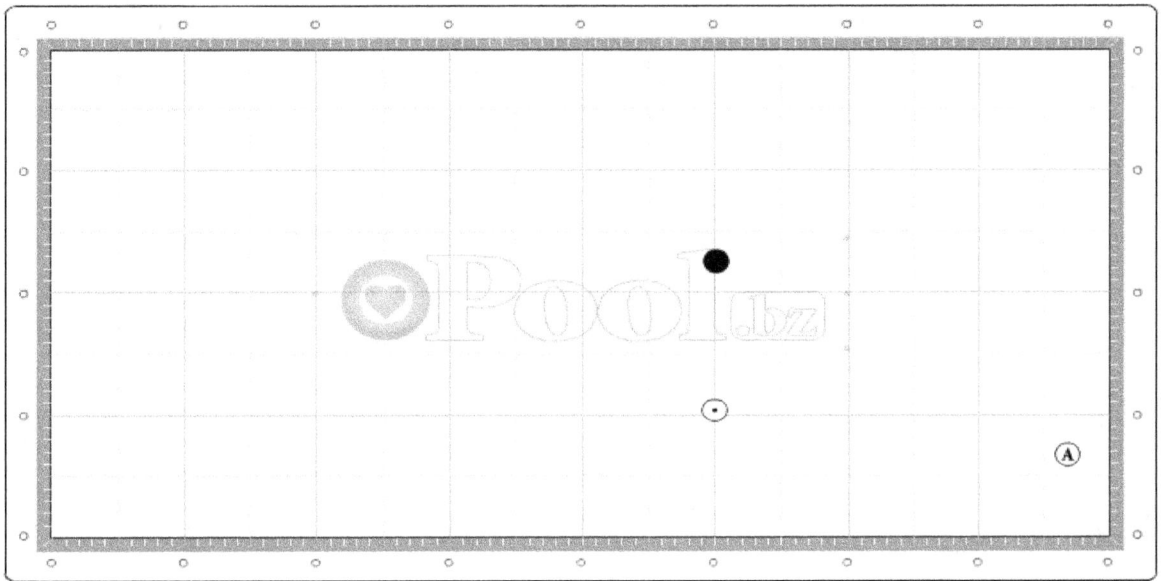

Notizen und Ideen:

## Schussmuster

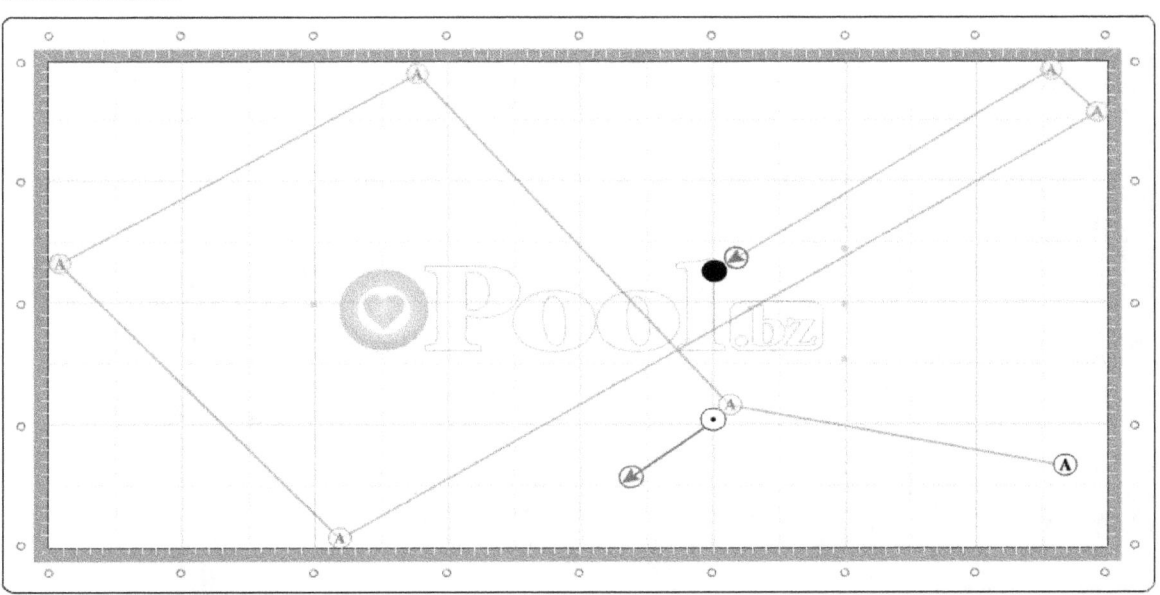

## C:3c – Konfiguration

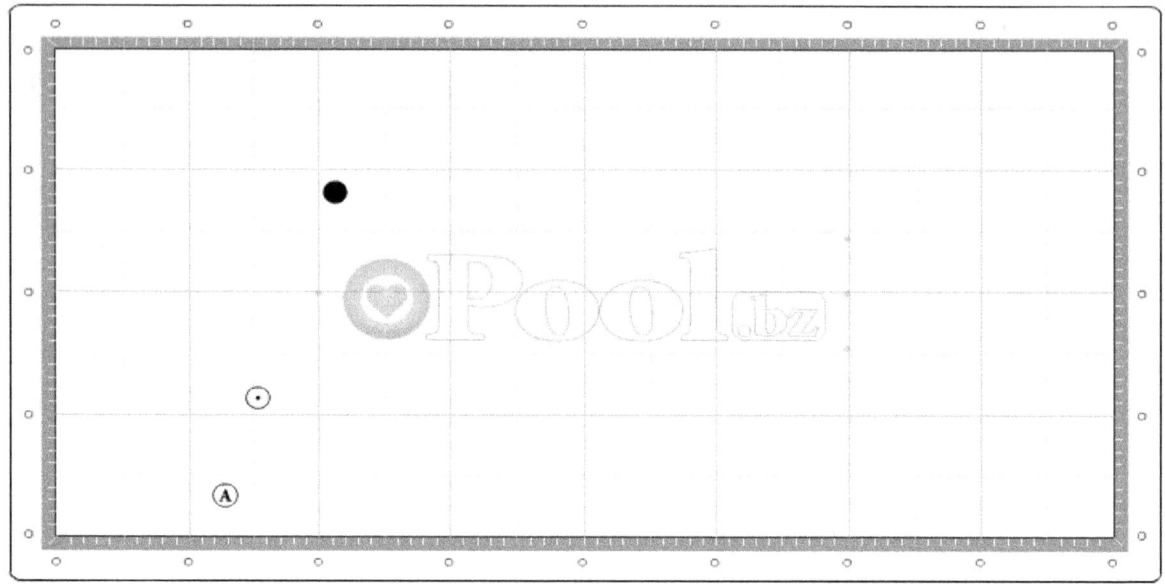

Notizen und Ideen:

## Schussmuster

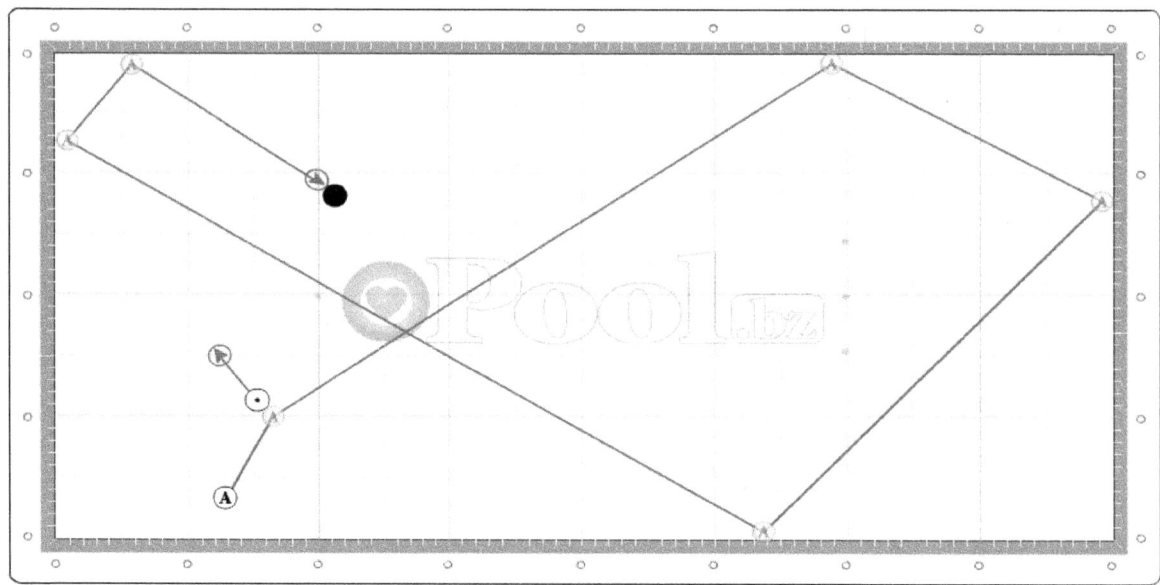

## C:3d – Konfiguration

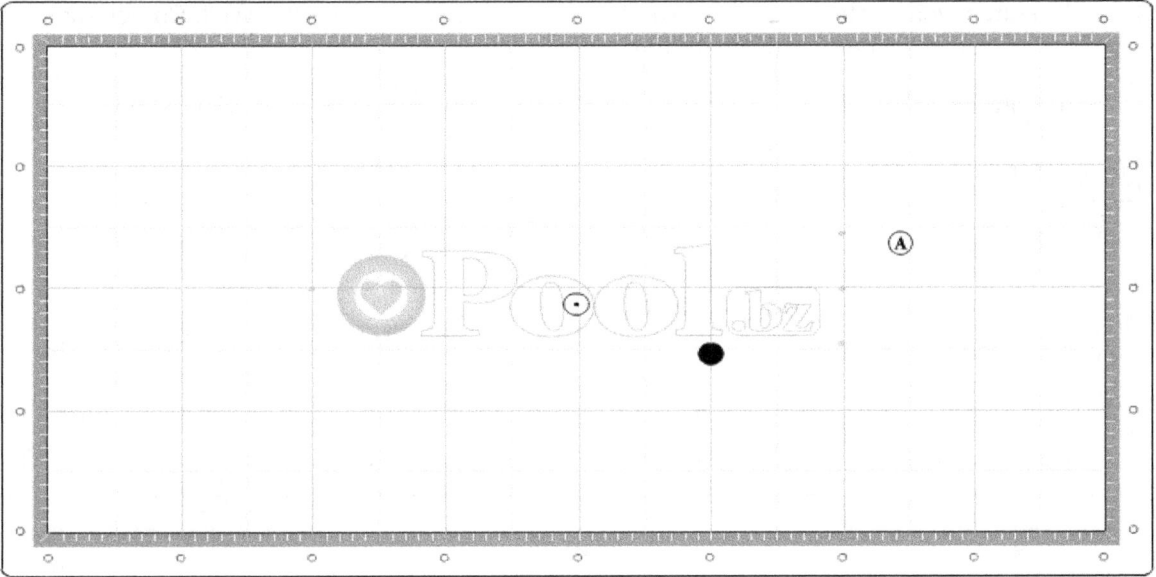

Notizen und Ideen:

## Schussmuster

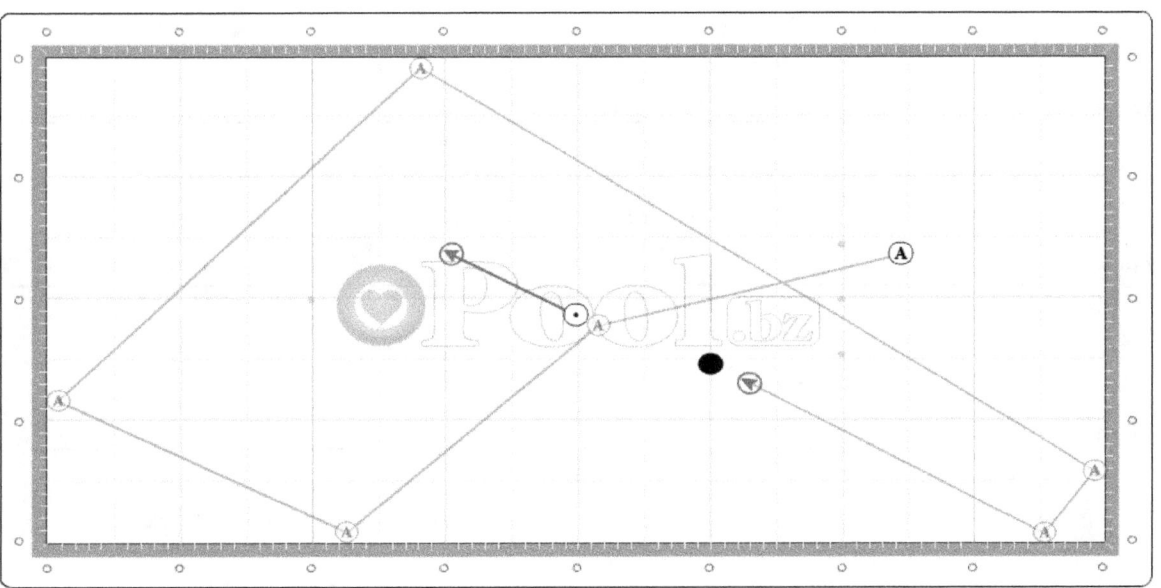

# D: Großer Ball in der Home-Ecke

Das (CB) kommt vom ersten (OB) und folgt dem grundlegenden Muster der Welt. Da der andere (OB) in der Ecke ist, ist das Ziel (OB) größer.

Ⓐ (CB) (Ihre Billardkugel) - ⊙ (OB) (Gegner Billardkugel) - ● (OB) (rote Billardkugel)

## D: Gruppe 1

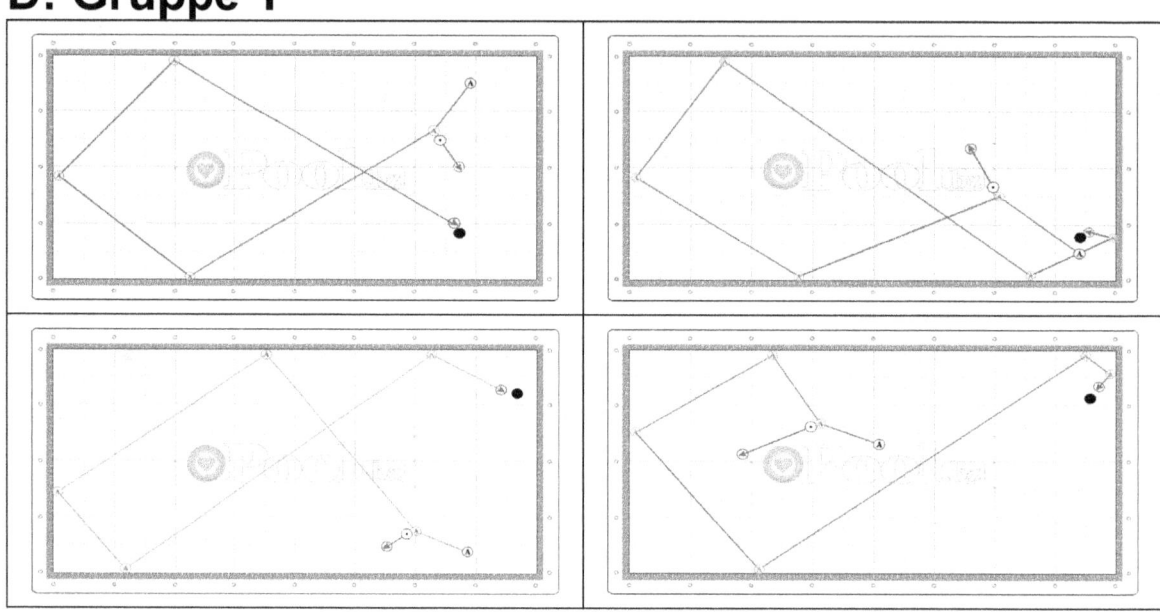

**Analyse**:

D:1a. _____

D:1b. _____

D:1c. _____

D:1d. _____

## D:1a – Konfiguration

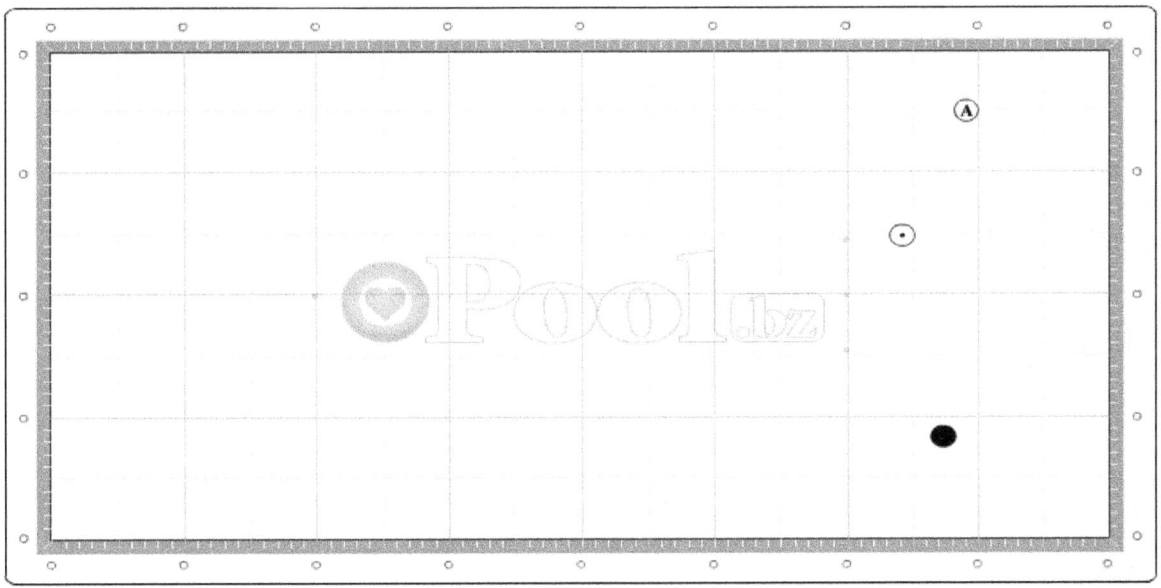

Notizen und Ideen:

## Schussmuster

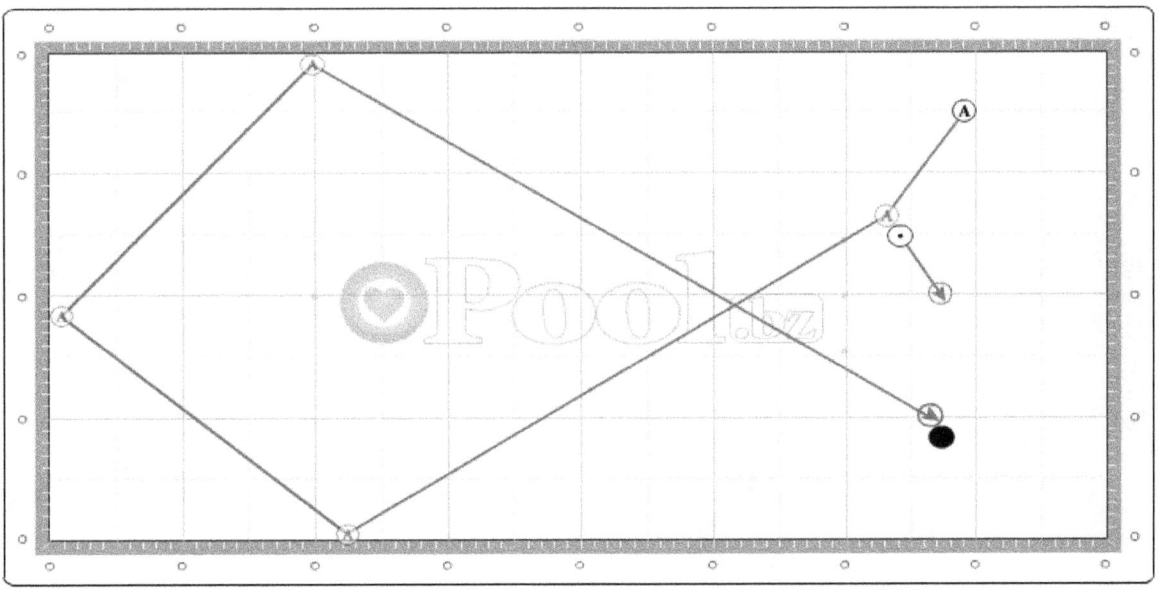

## D:1b – Konfiguration

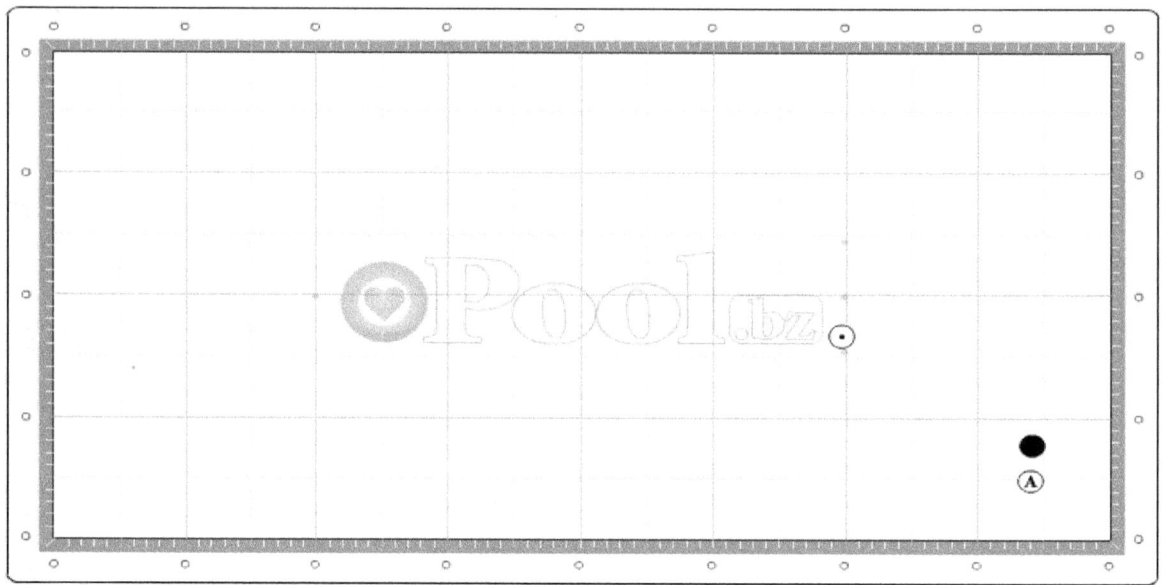

Notizen und Ideen:

## Schussmuster

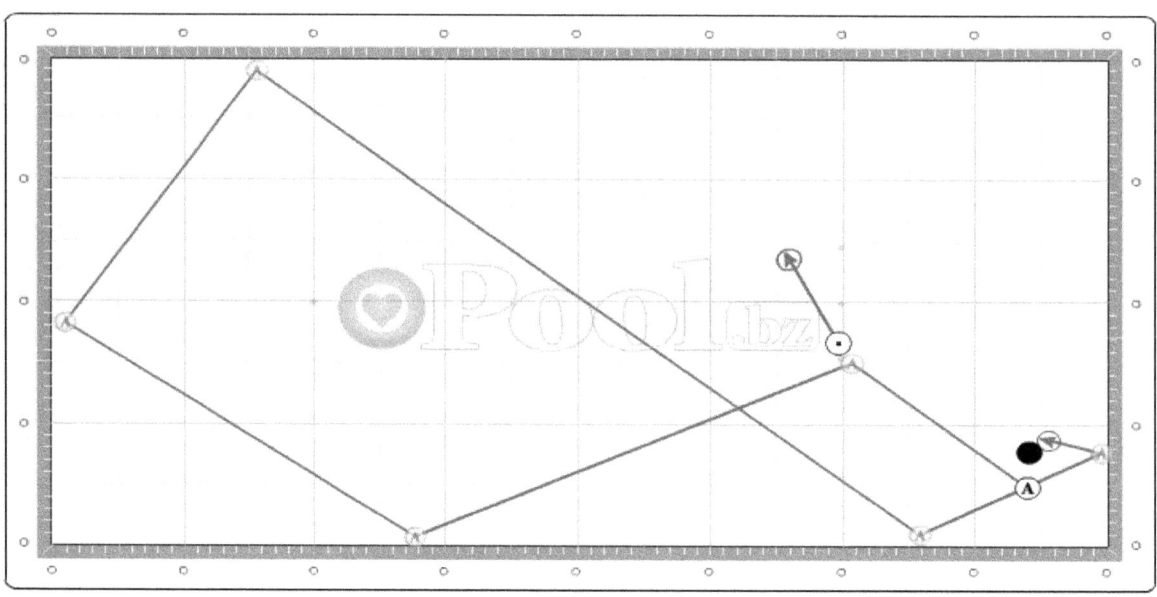

## D:1c – Konfiguration

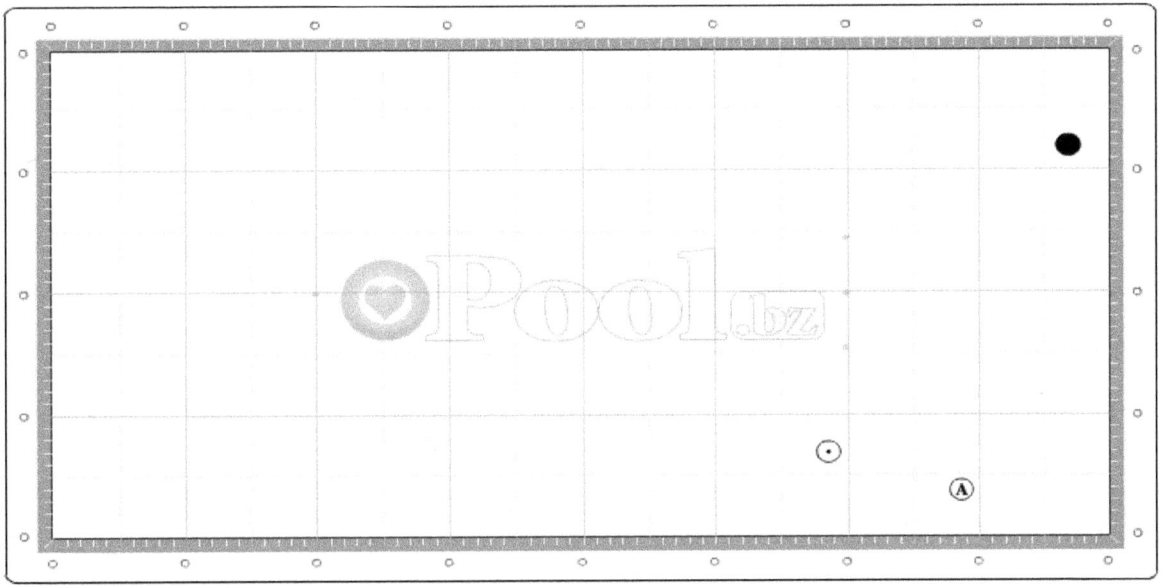

Notizen und Ideen:

## Schussmuster

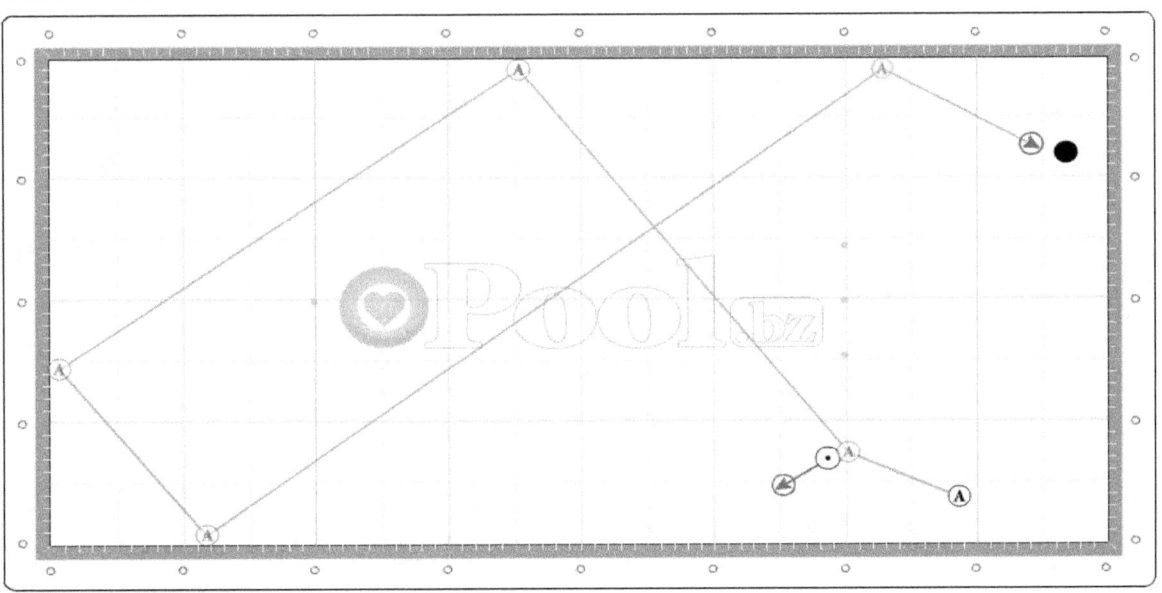

## D:1d – Konfiguration

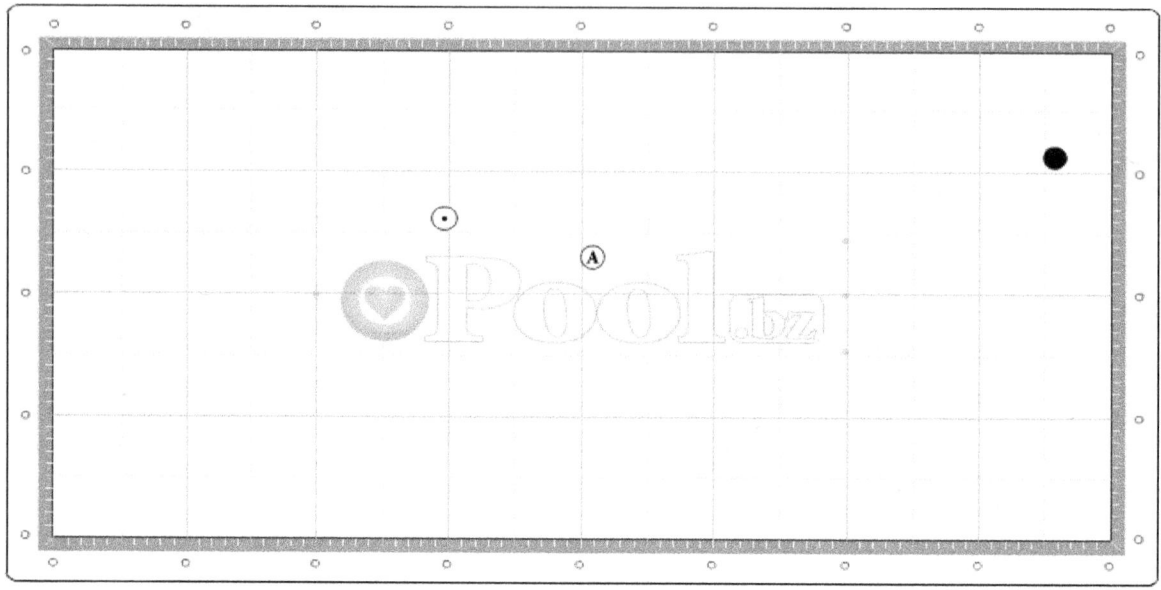

Notizen und Ideen:


## Schussmuster

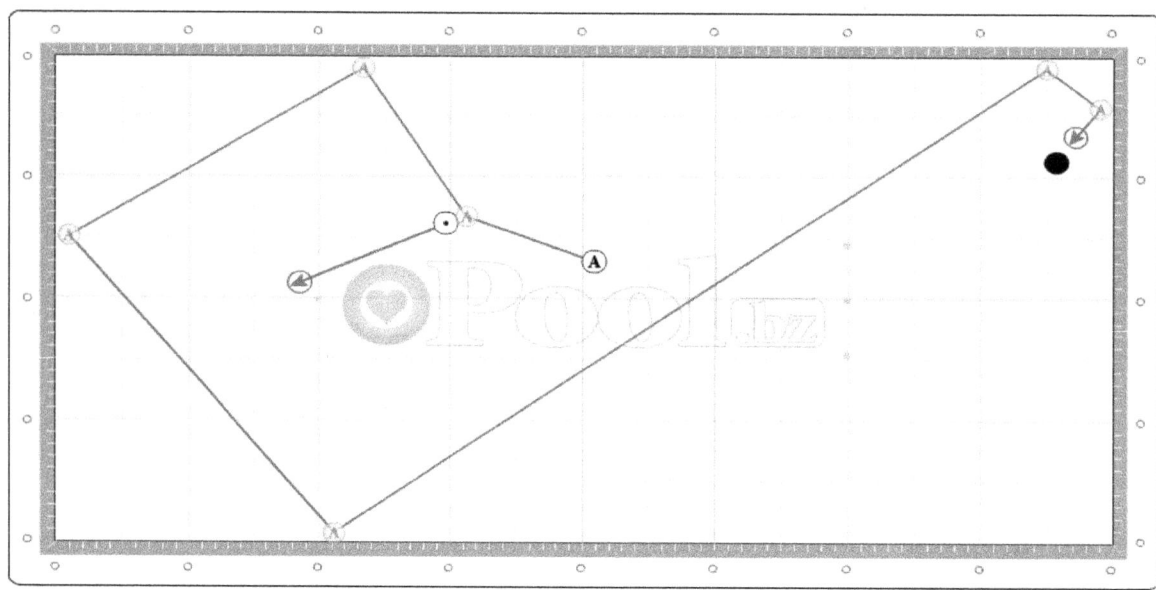

# D: Gruppe 2

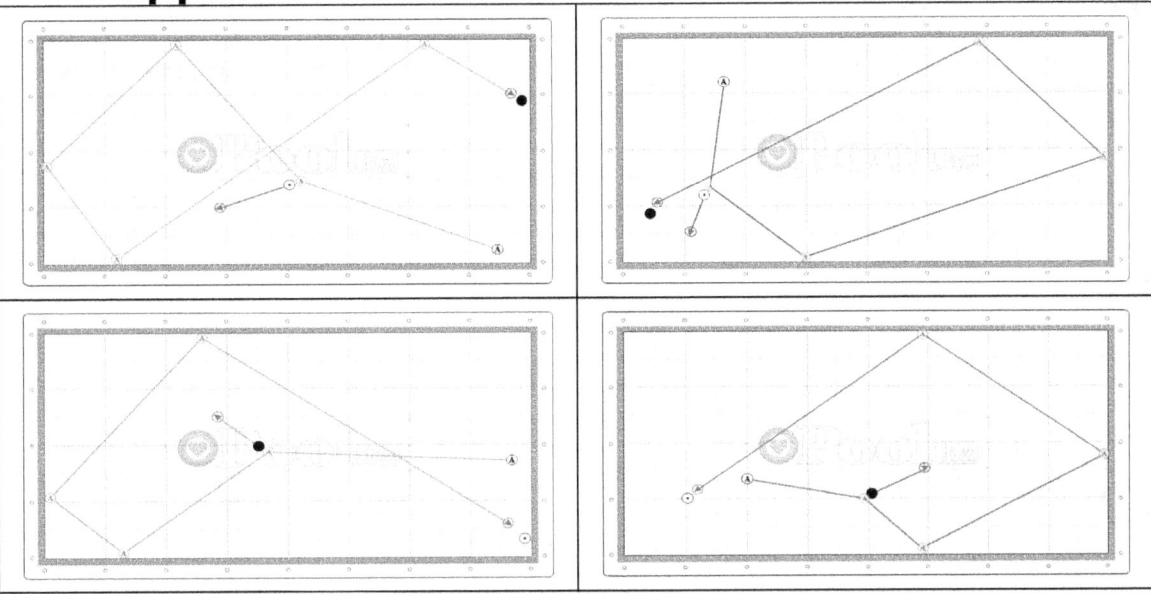

**Analyse:**

D:2a. _____

D:2b. _____

D:2c. _____

D:2d. _____

## D:2a – Konfiguration

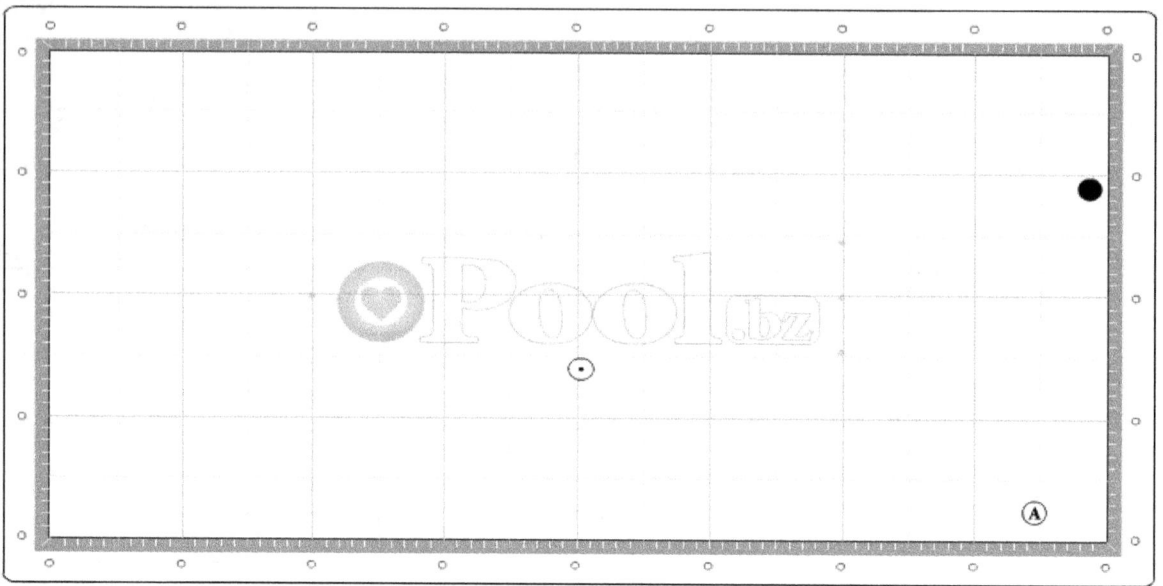

Notizen und Ideen:

## Schussmuster

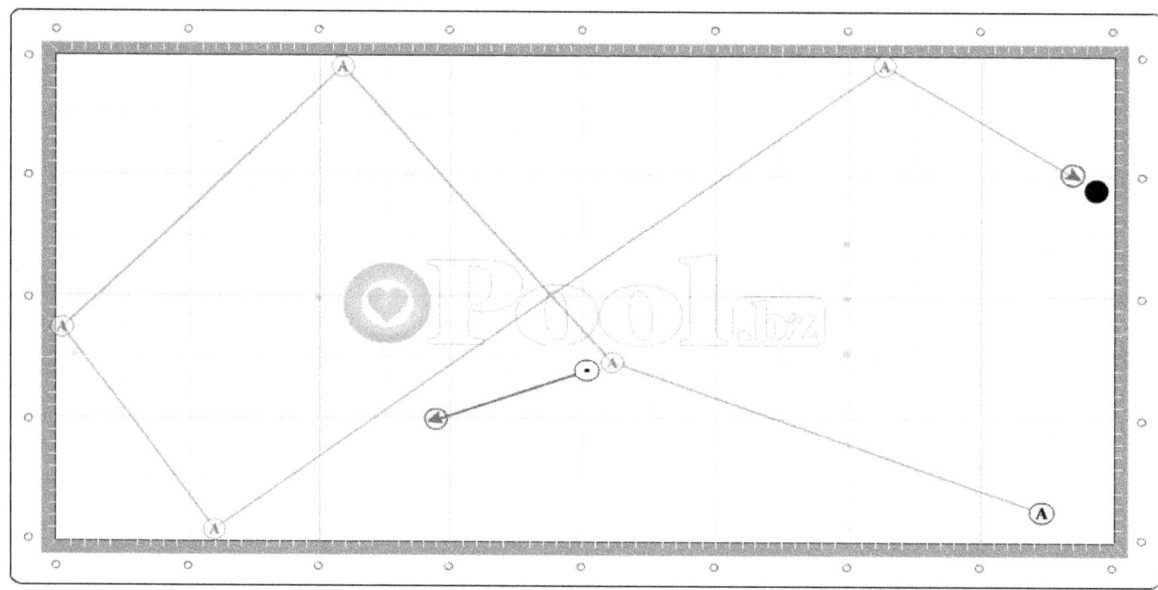

## D:2b – Konfiguration

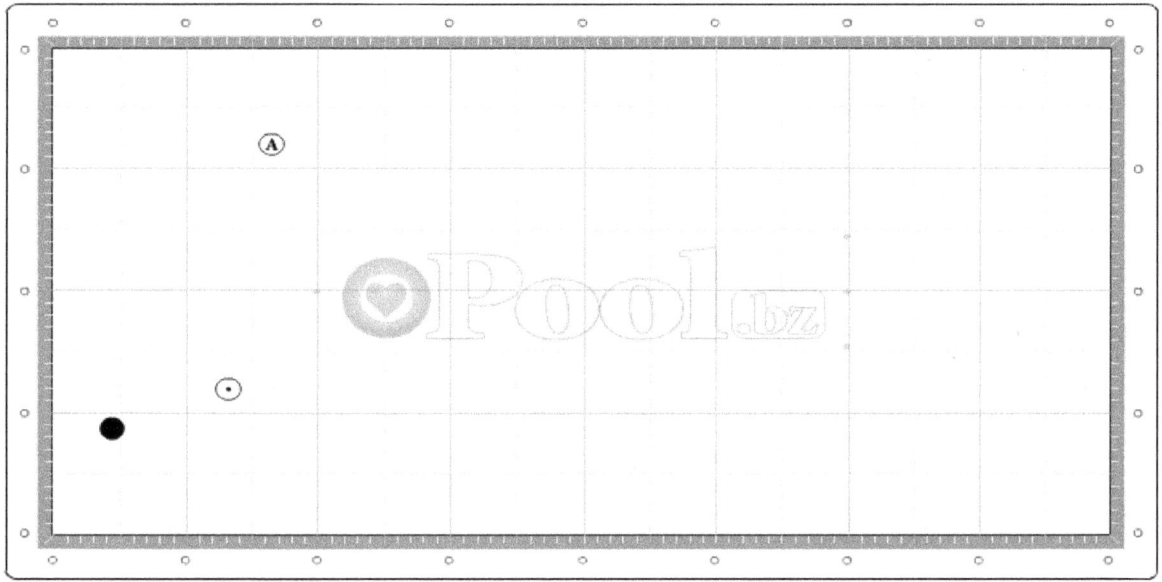

Notizen und Ideen:

## Schussmuster

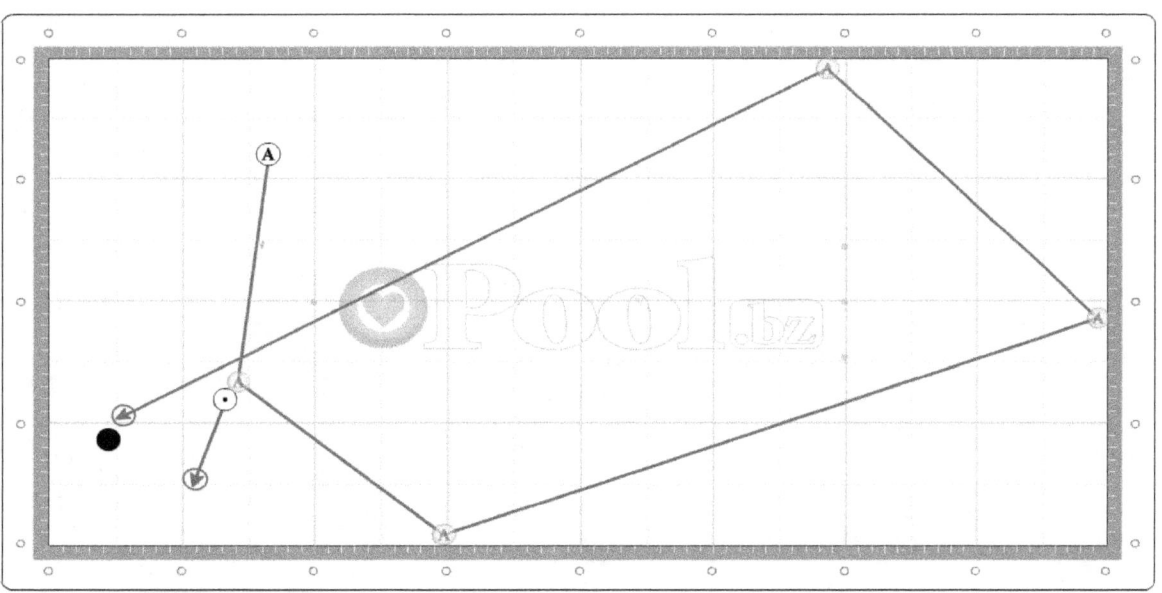

## D:2c – Konfiguration

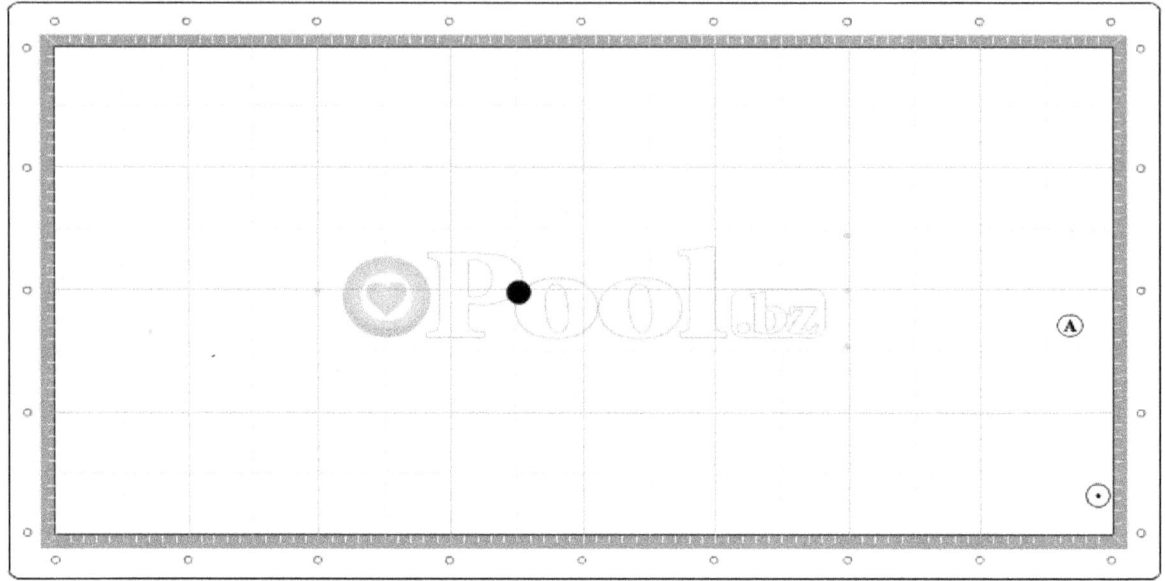

Notizen und Ideen:

## Schussmuster

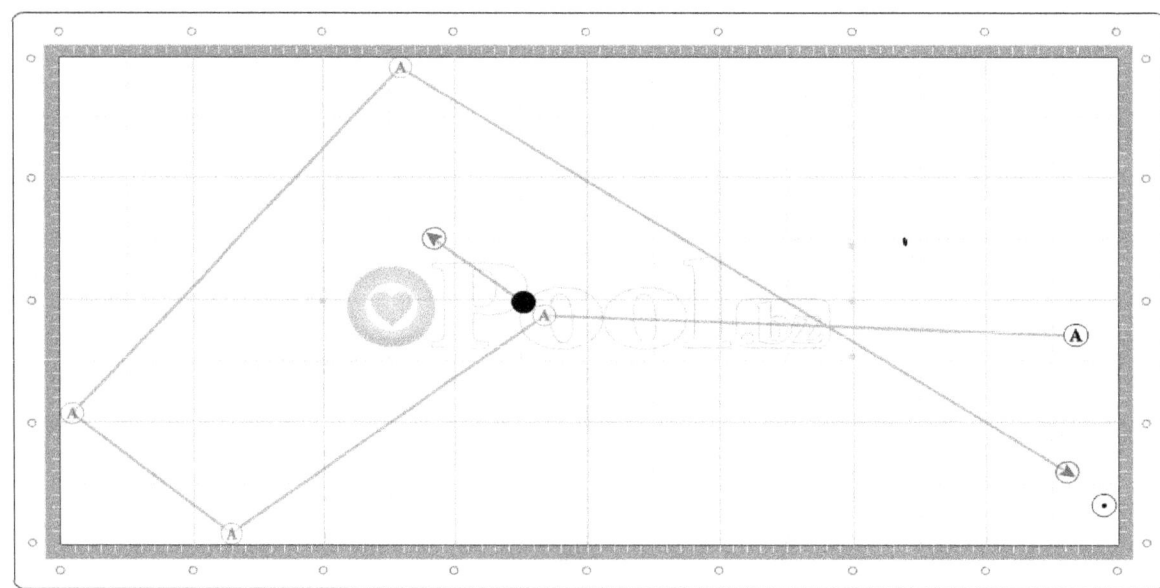

## D:2d – Konfiguration

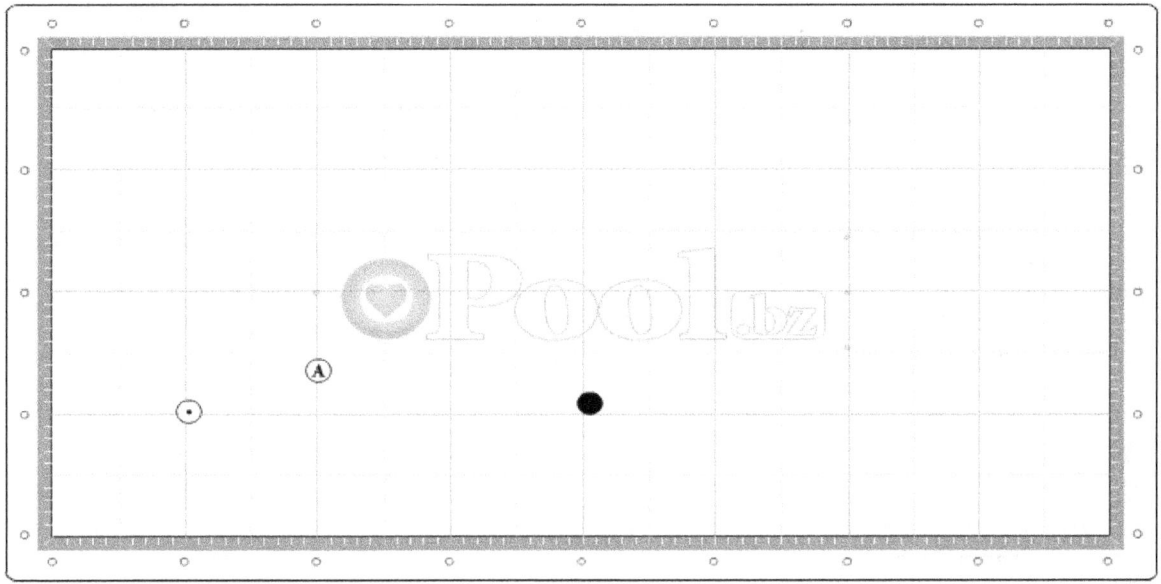

Notizen und Ideen:

## Schussmuster

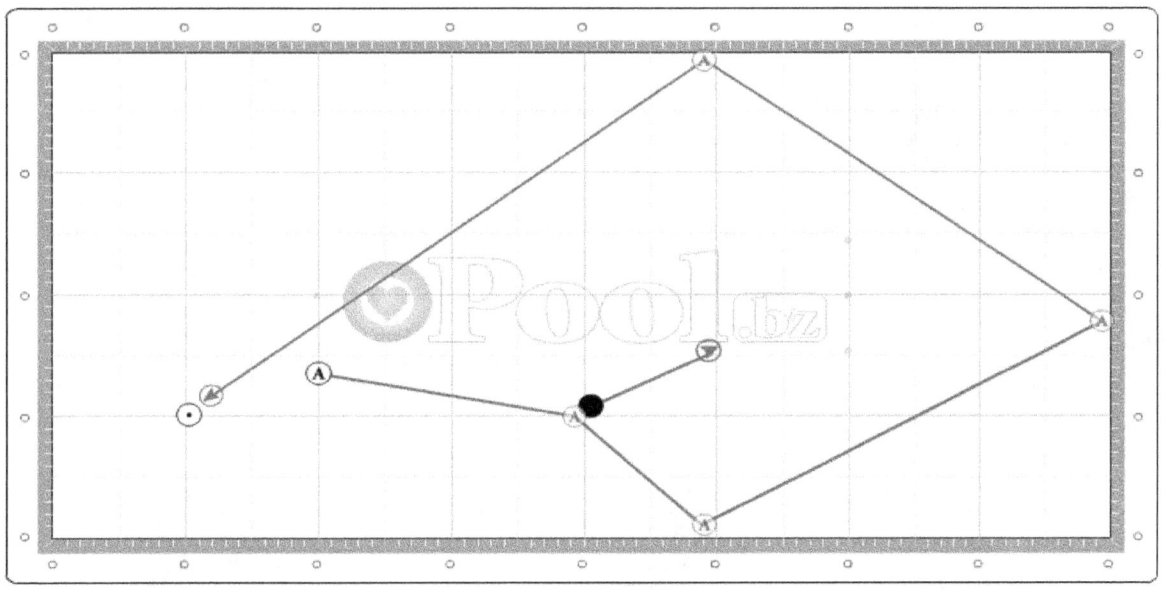

# D: Gruppe 3

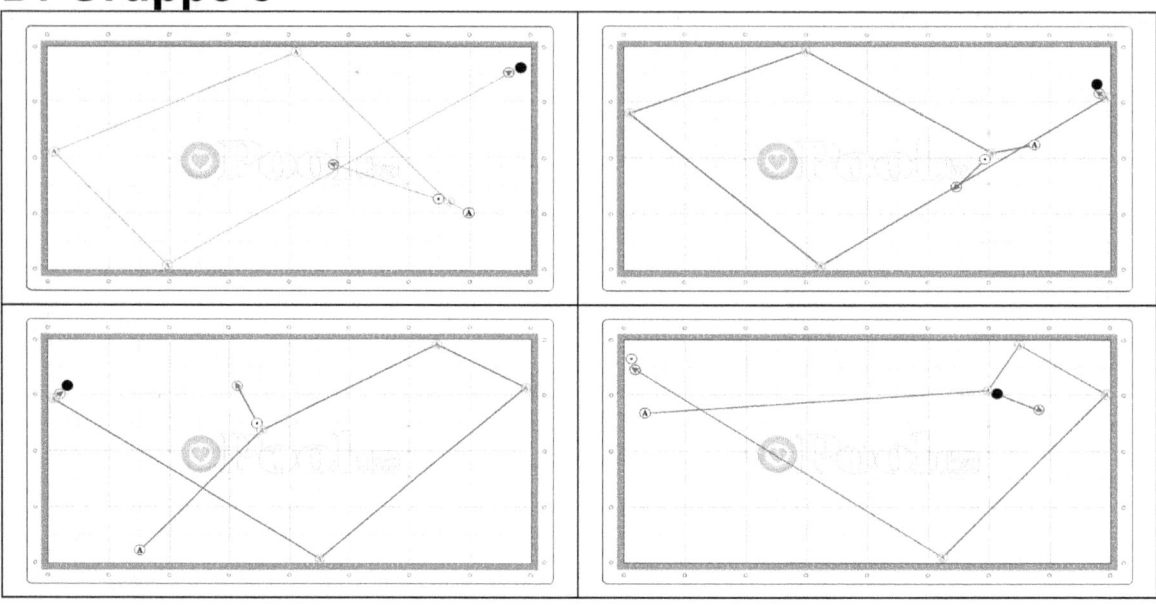

**Analyse**:

D:3a. _____

D:3b. _____

D:3c. _____

D:3d. _____

## D:3a – Konfiguration

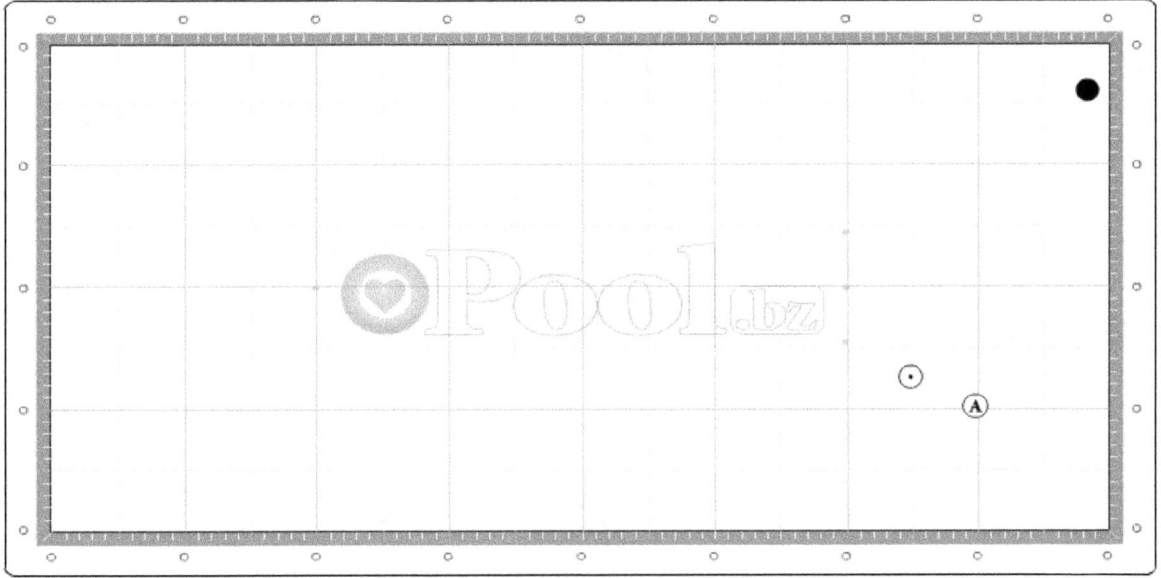

Notizen und Ideen:

## Schussmuster

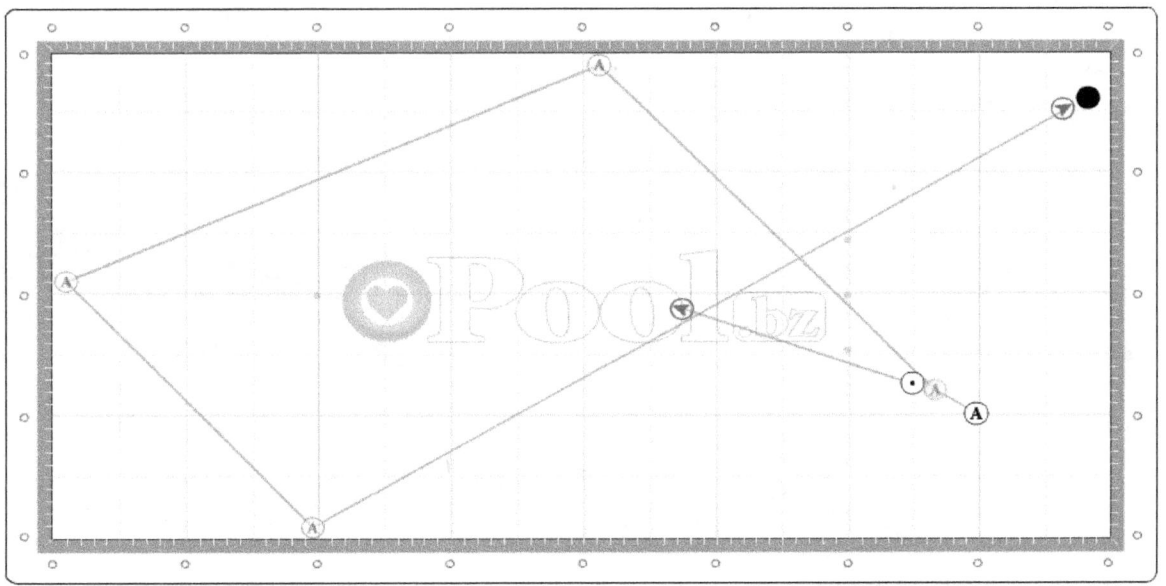

## D:3b – Konfiguration

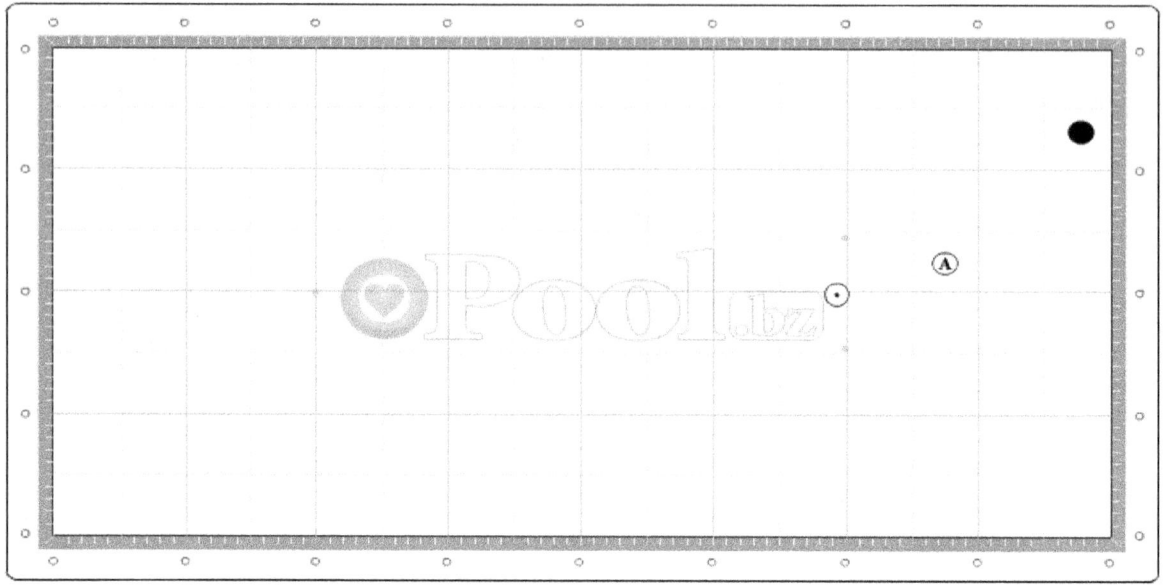

Notizen und Ideen:

## Schussmuster

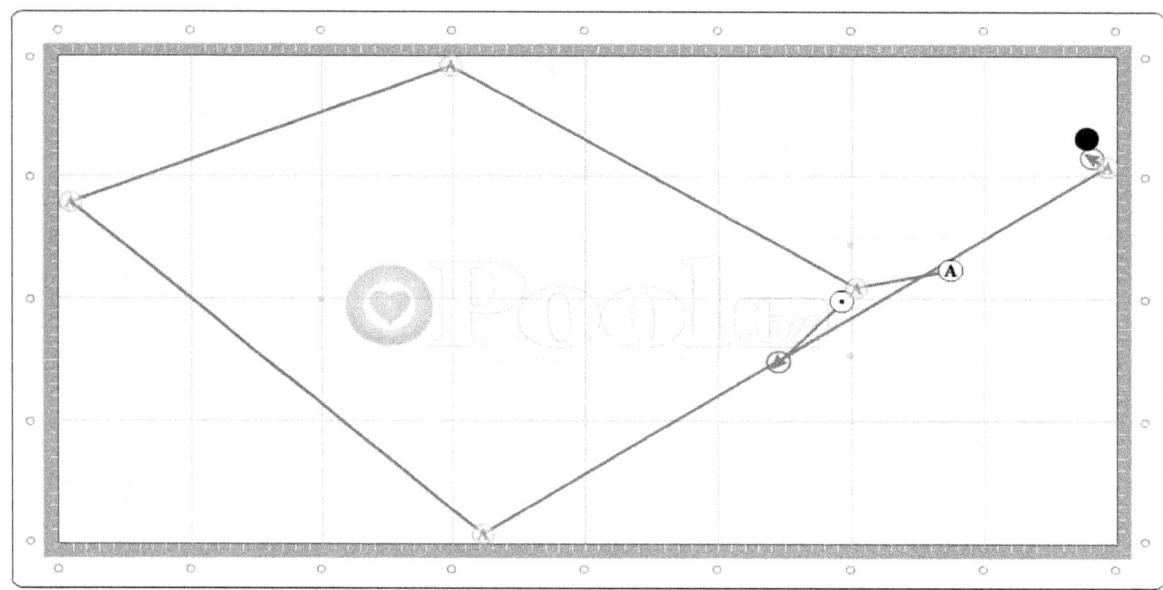

## D:3c – Konfiguration

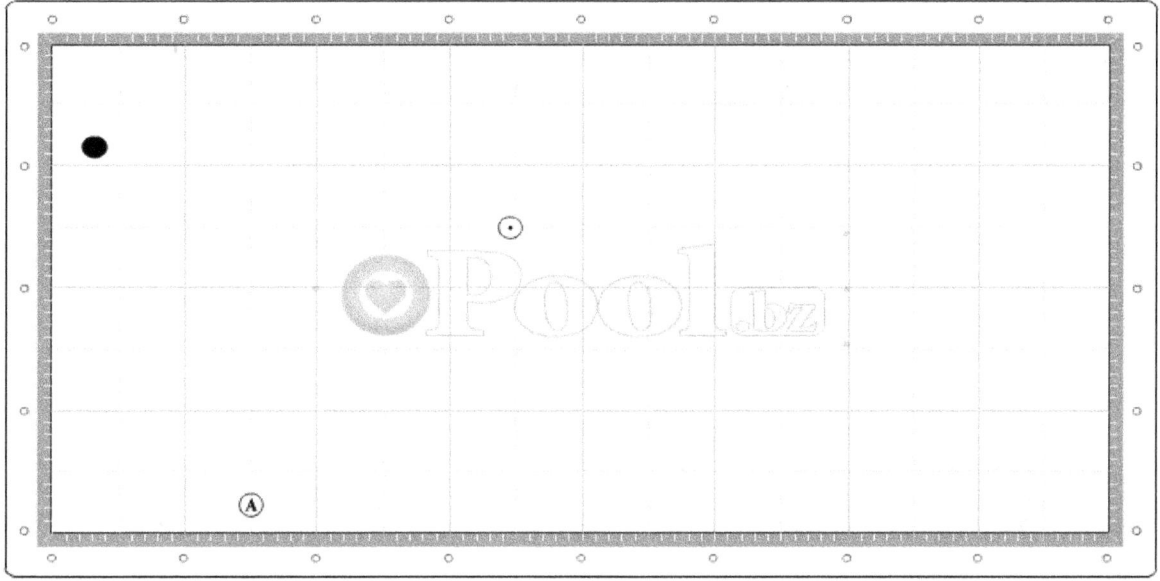

Notizen und Ideen:

## Schussmuster

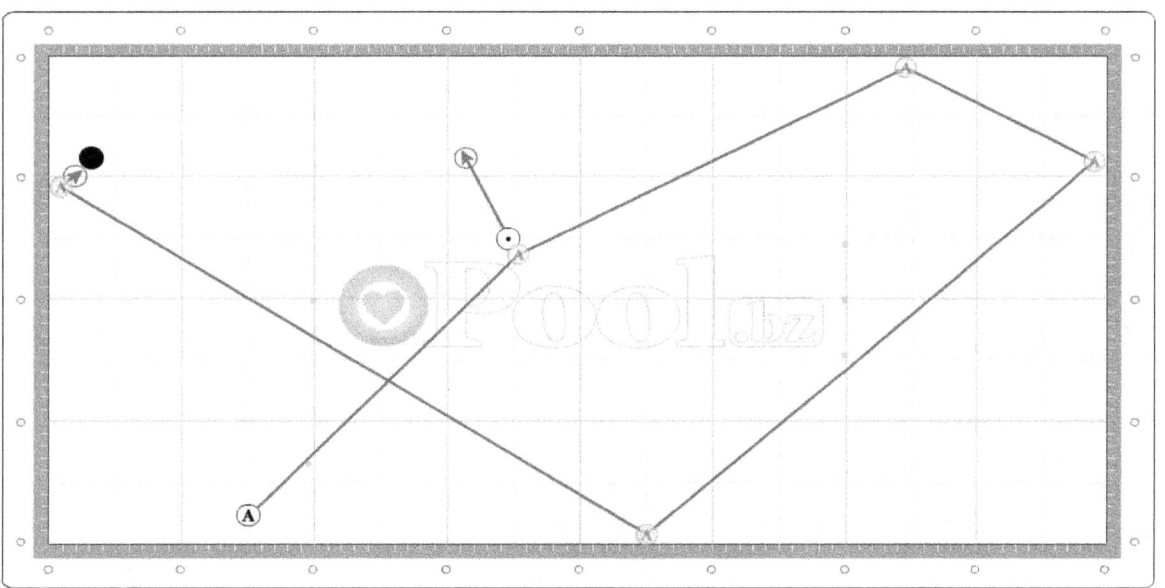

## D:3d – Konfiguration

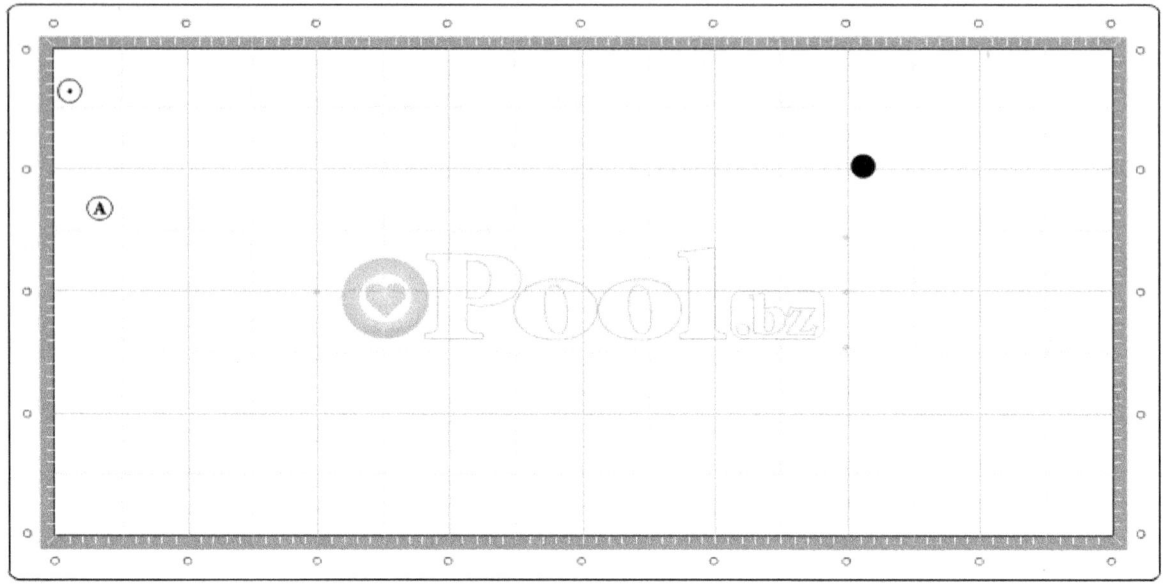

Notizen und Ideen:

## Schussmuster

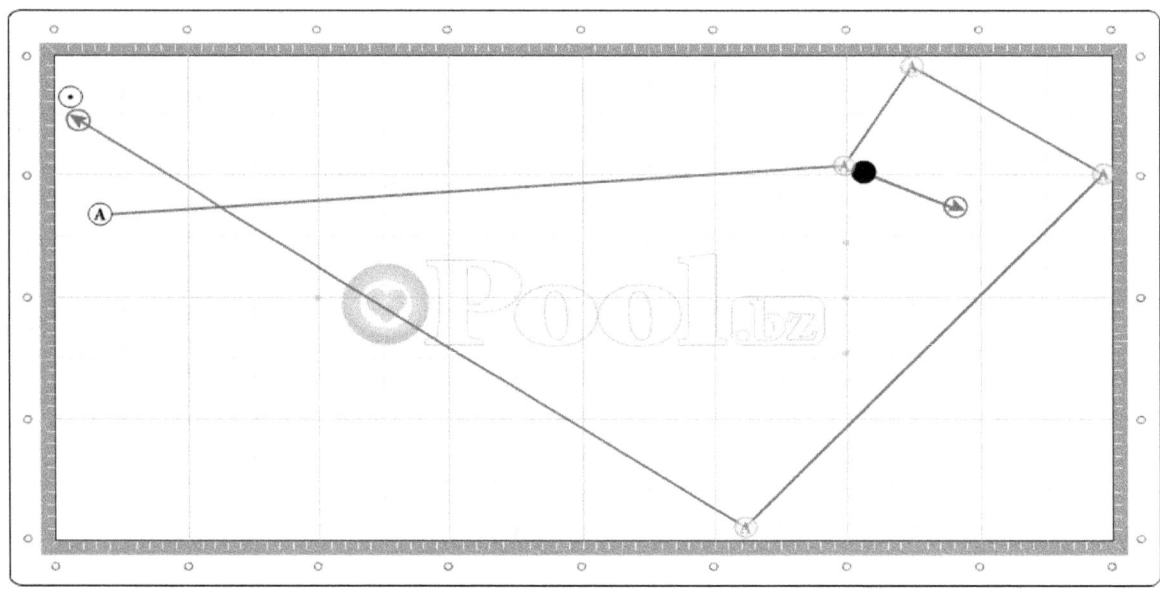

# D: Gruppe 4

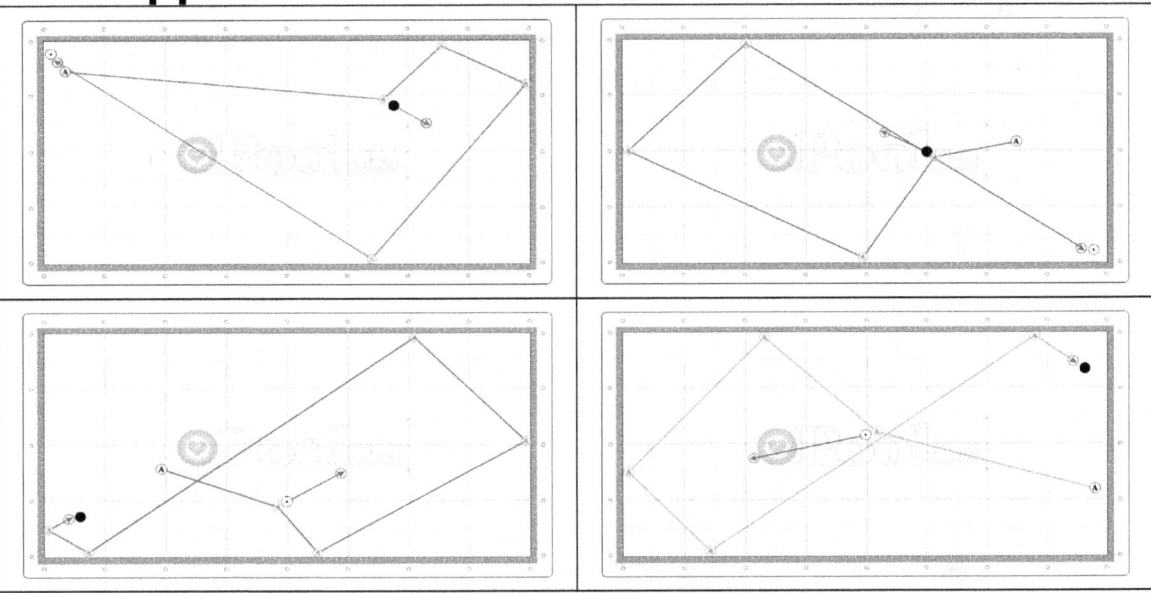

**Analyse:**

D:4a. _____

D:4b. _____

D:4c. _____

D:4d. _____

## D:4a – Konfiguration

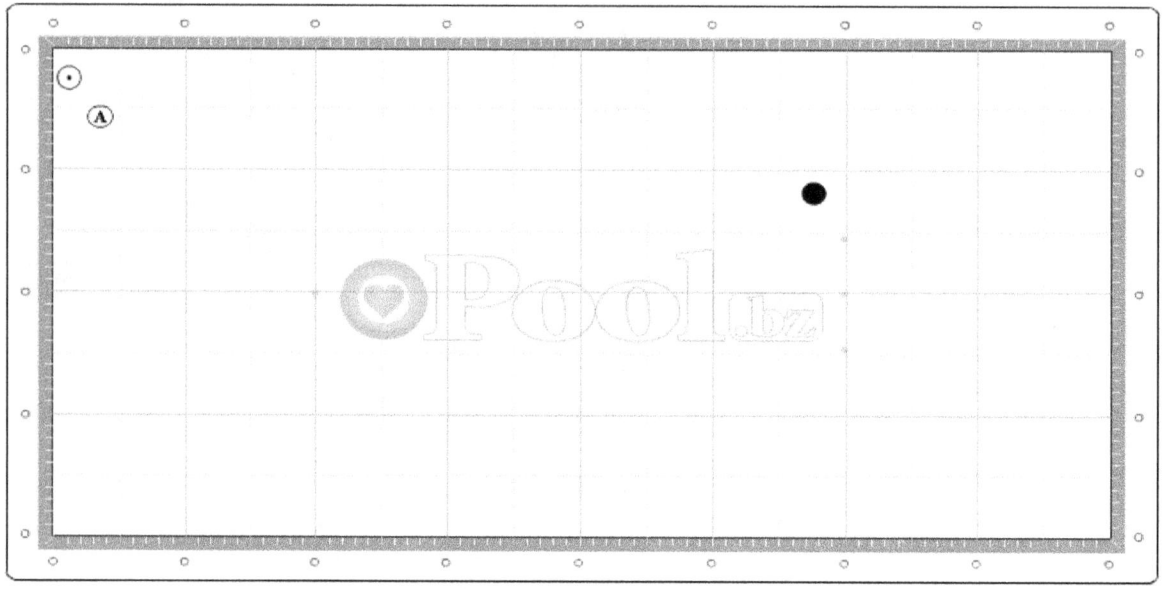

Notizen und Ideen:

## Schussmuster

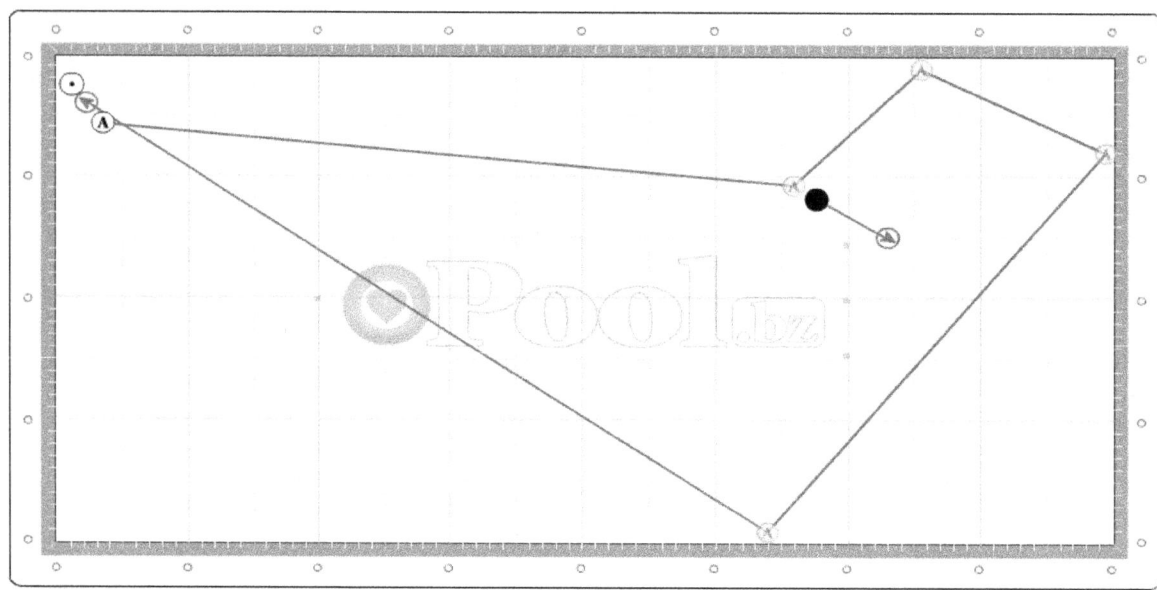

## D:4b – Konfiguration

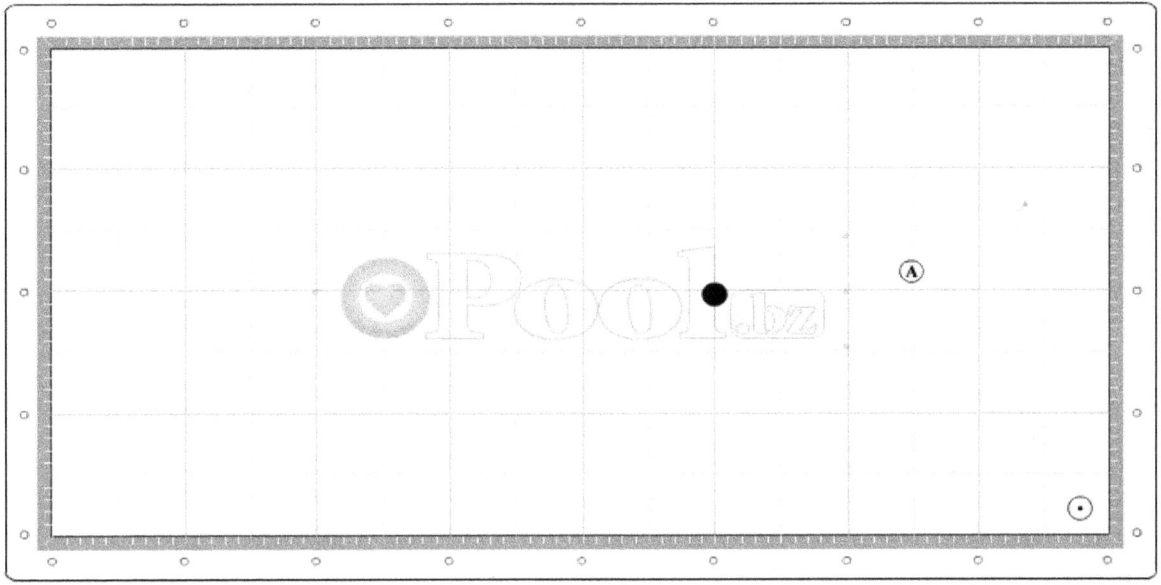

Notizen und Ideen:

## Schussmuster

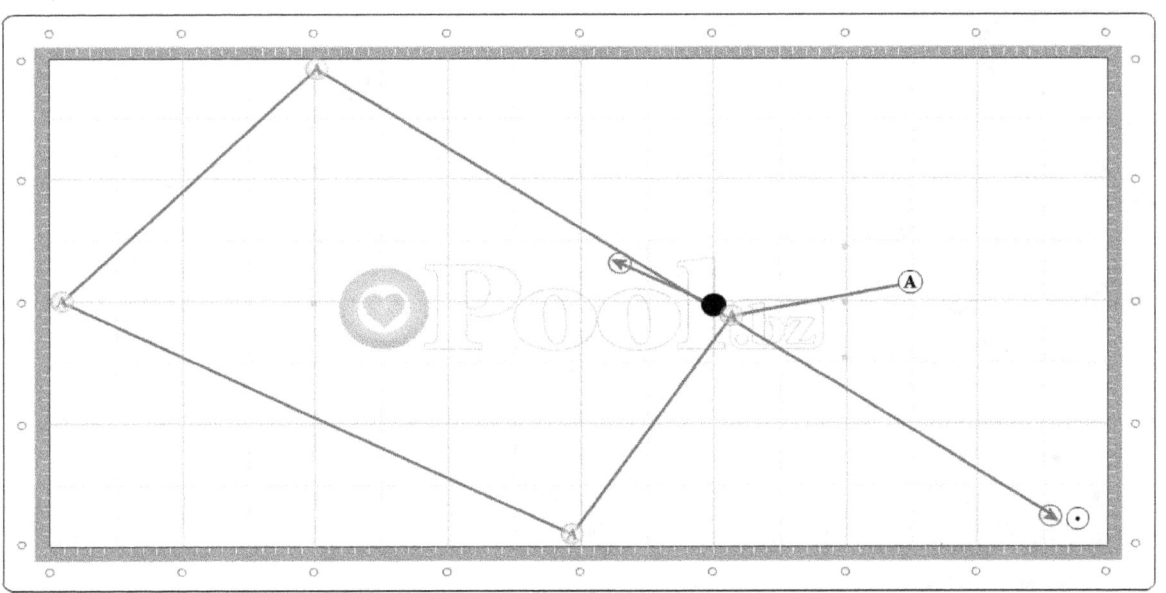

## D:4c – Konfiguration

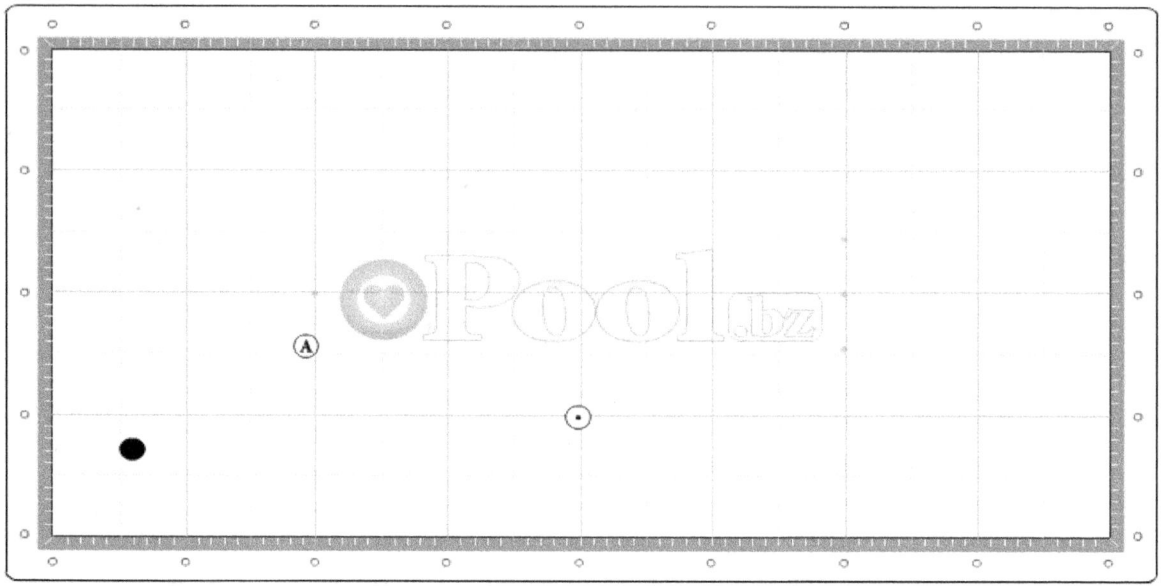

Notizen und Ideen:

## Schussmuster

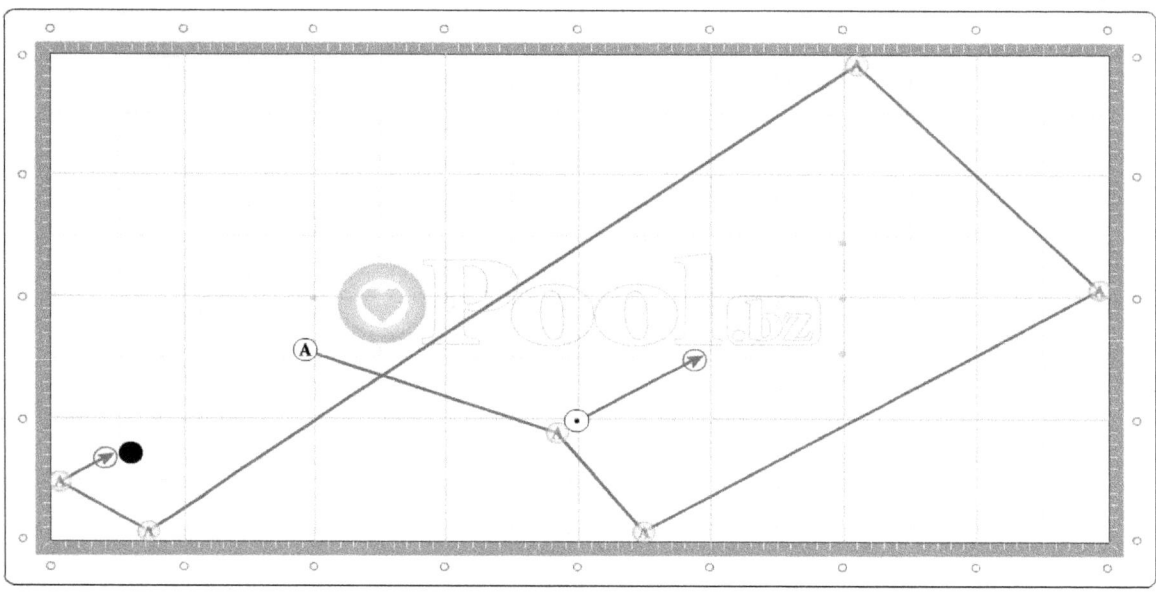

## D:4d – Konfiguration

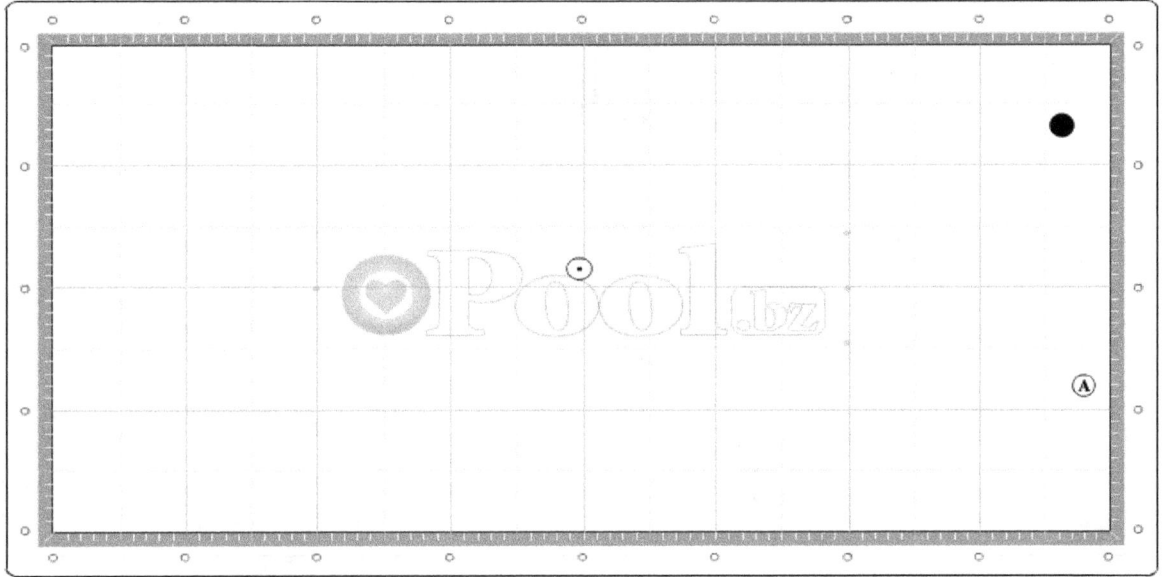

Notizen und Ideen:

## Schussmuster

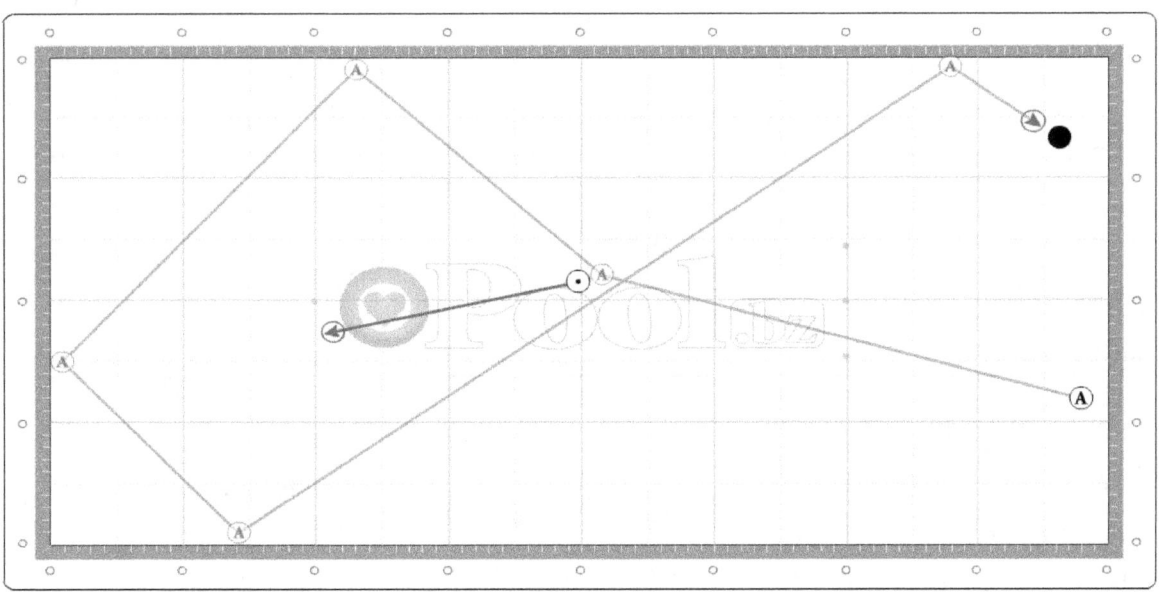

# D: Gruppe 5

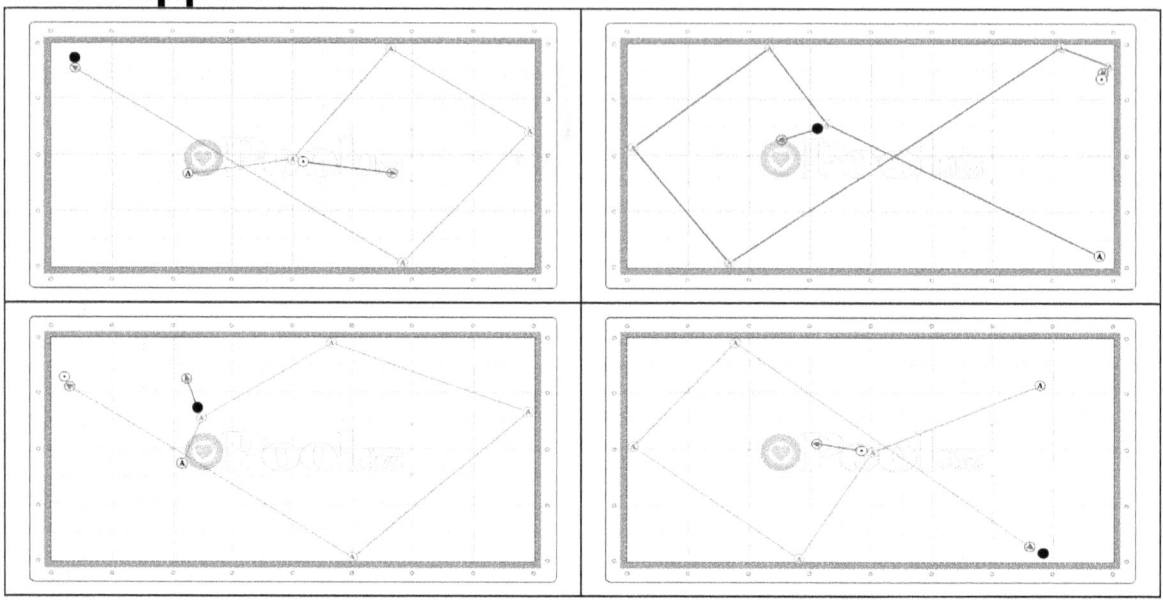

**Analyse:**

D:5a. _____

D:5b. _____

D:5c. _____

D:5d. _____

## D:5a – Konfiguration

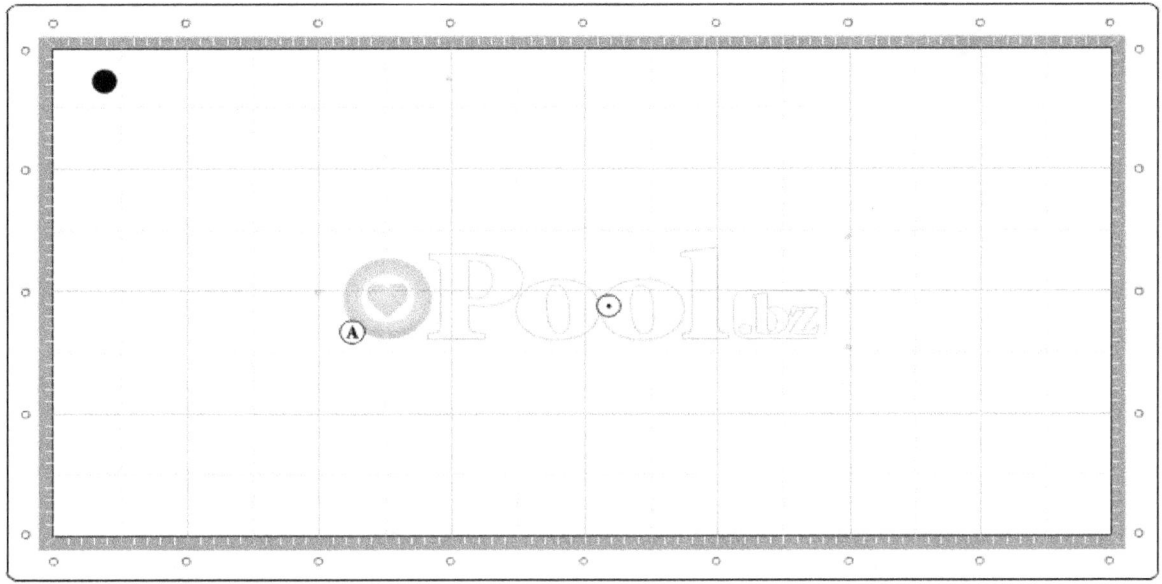

Notizen und Ideen:

## Schussmuster

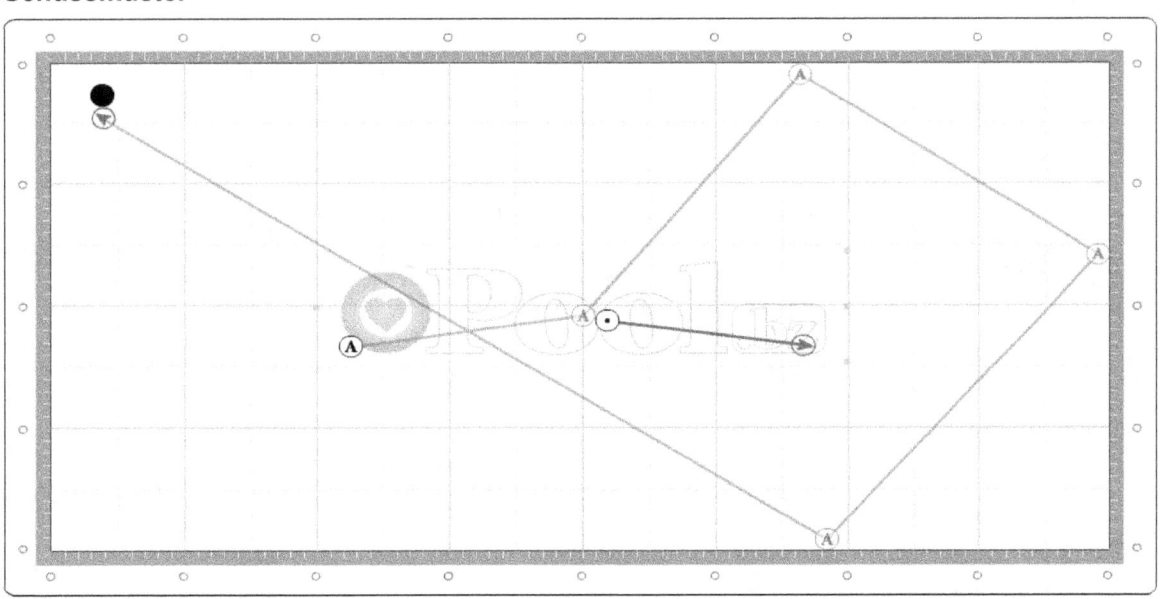

## D:5b – Konfiguration

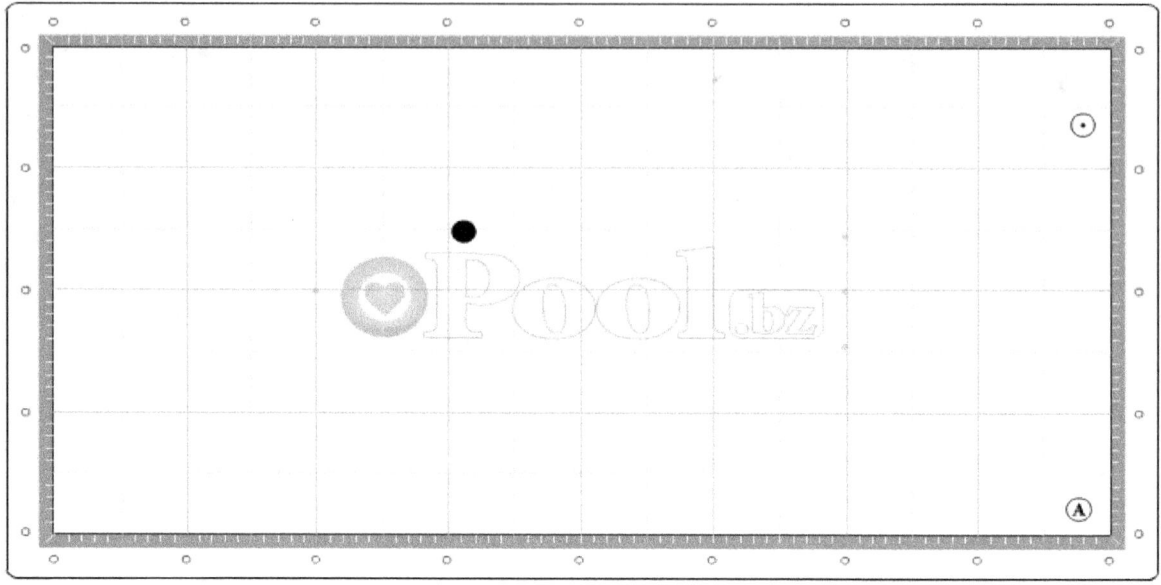

Notizen und Ideen:


## Schussmuster

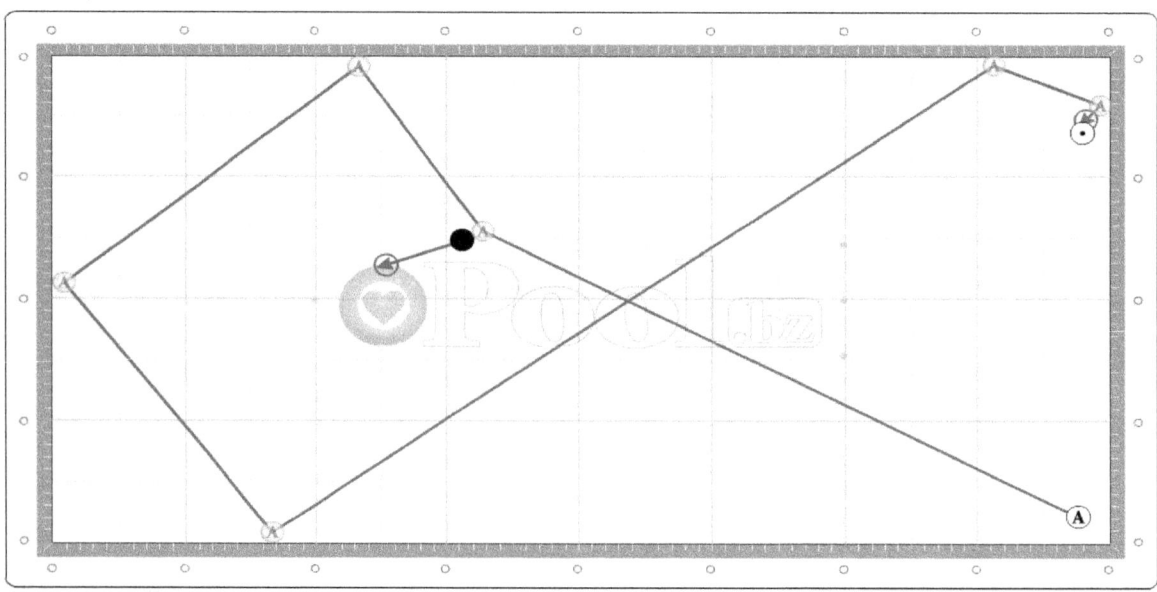

## D:5c – Konfiguration

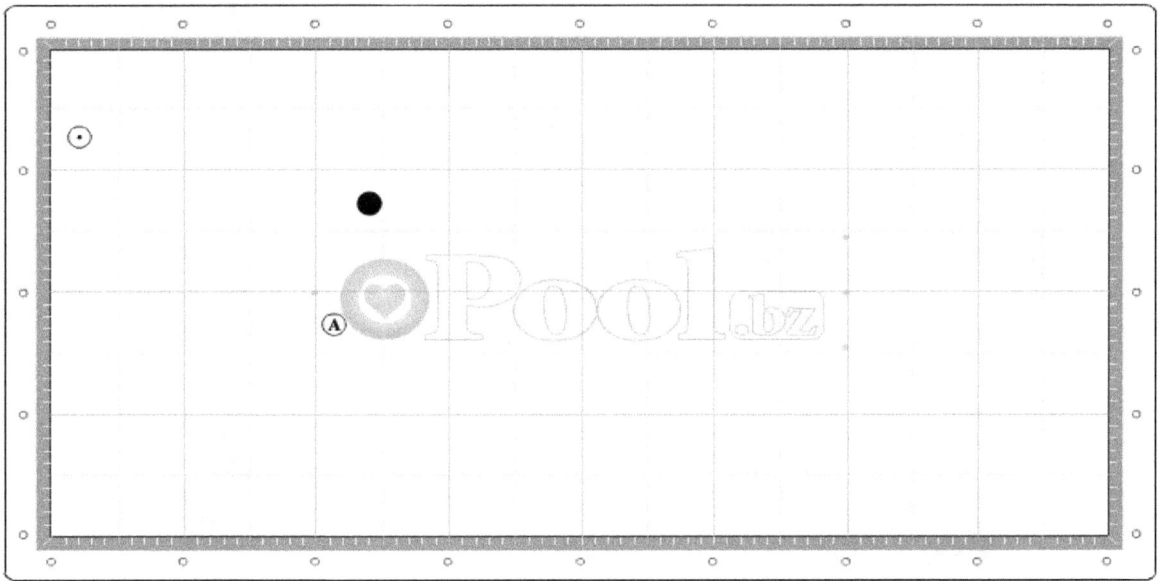

Notizen und Ideen:

## Schussmuster

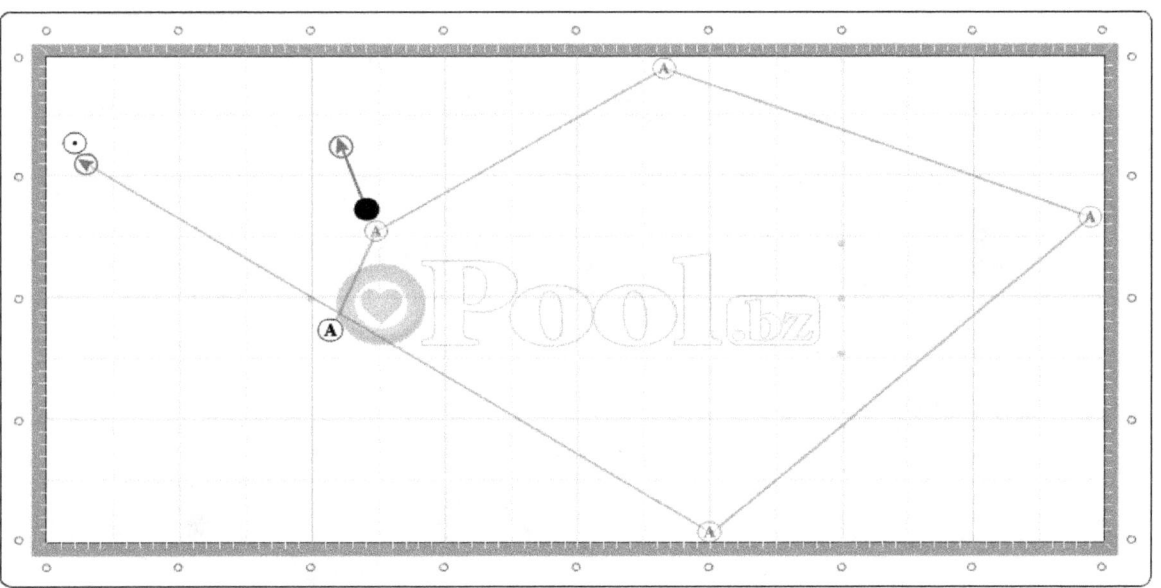

## D:5d – Konfiguration

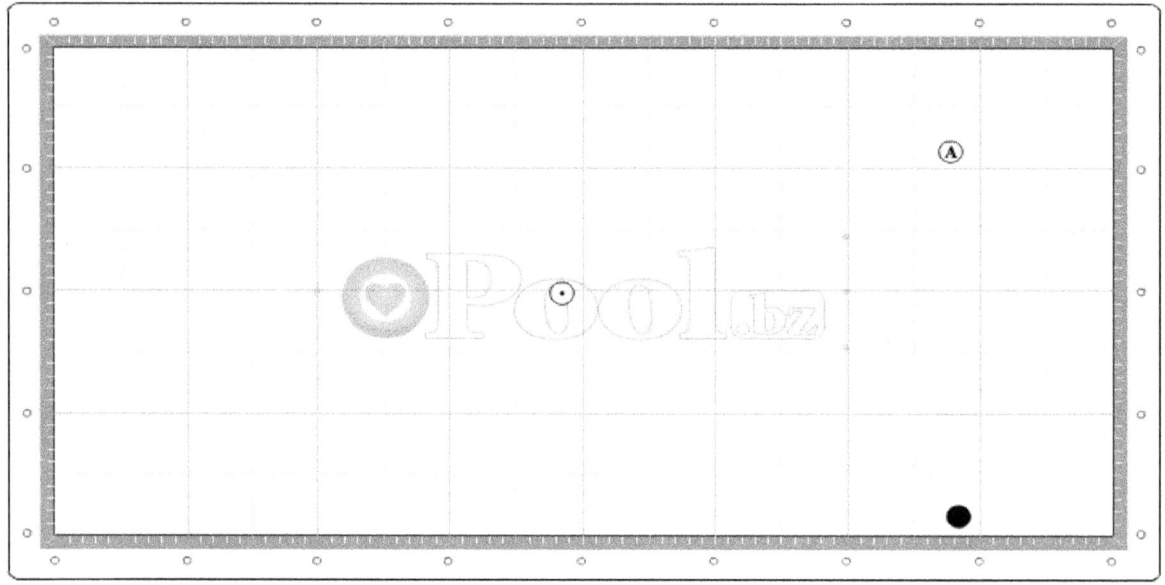

Notizen und Ideen:

## Schussmuster

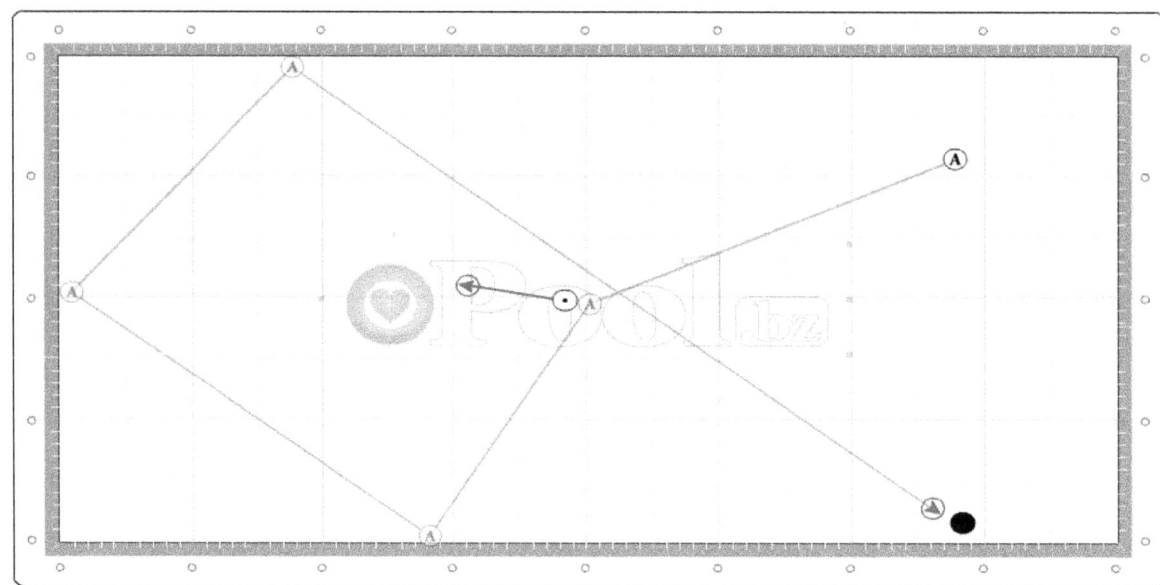

# D: Gruppe 6

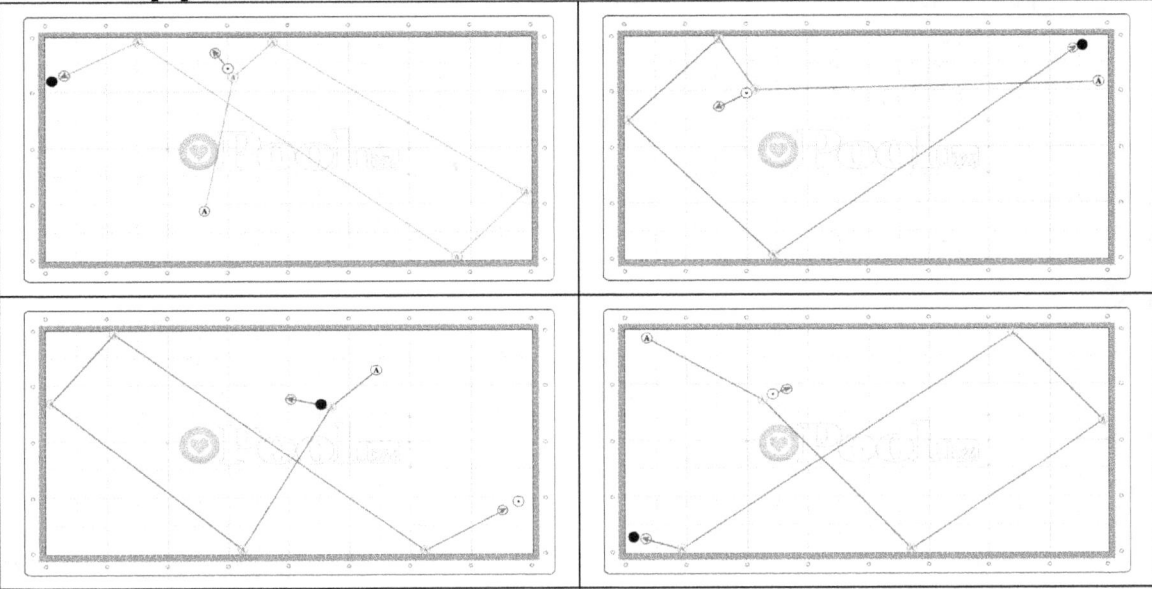

**Analyse**:

D:6a. _____

D:6b. _____

D:6c. _____

D:6d. _____

## D:6a – Konfiguration

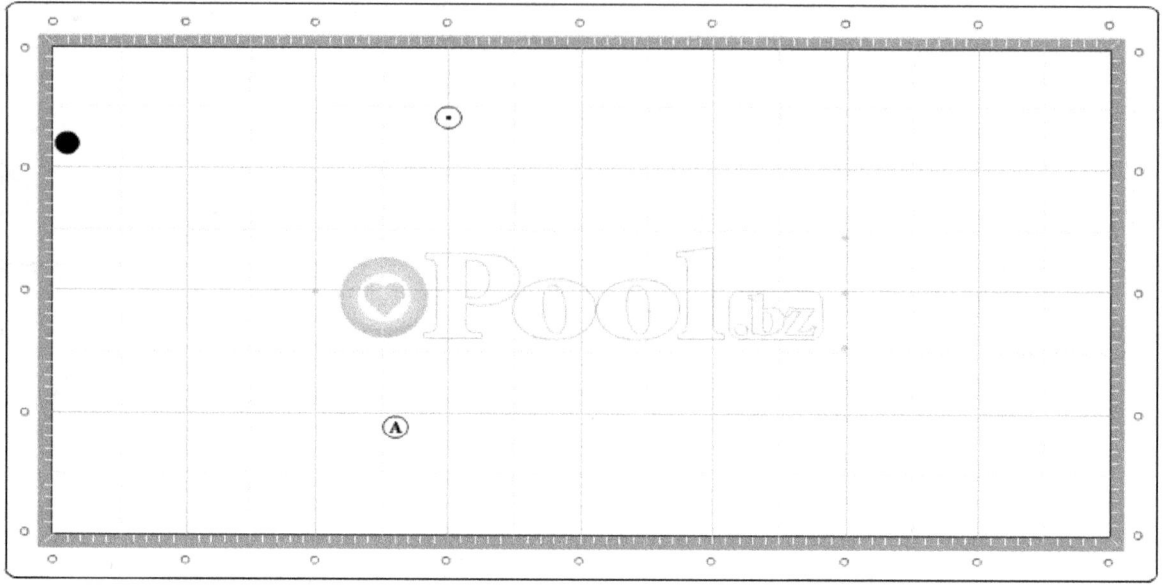

Notizen und Ideen:

## Schussmuster

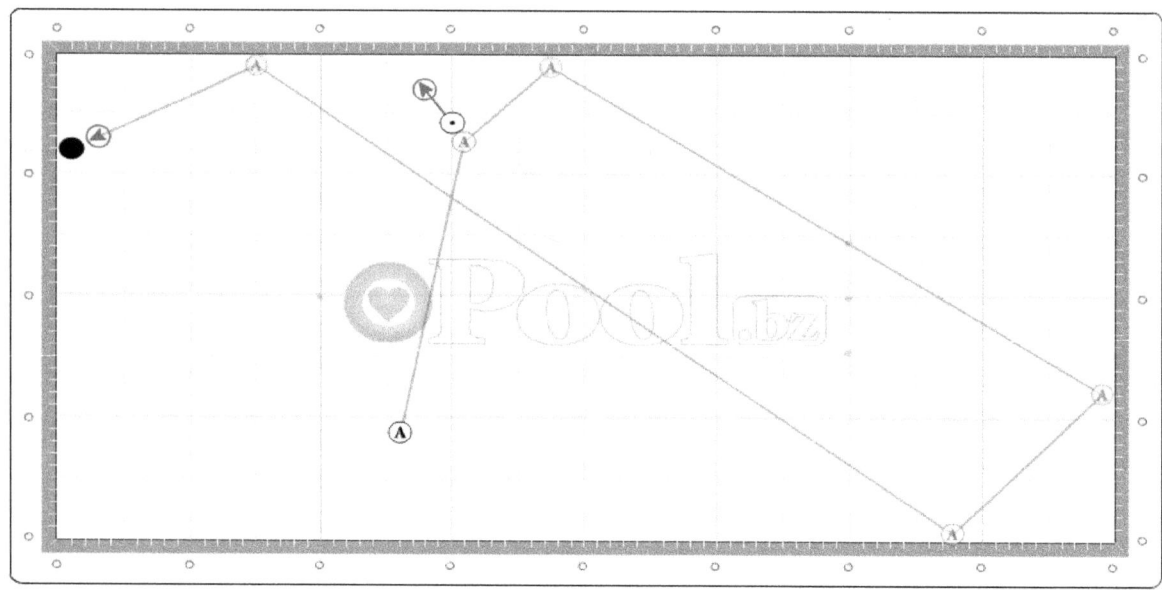

## D:6b – Konfiguration

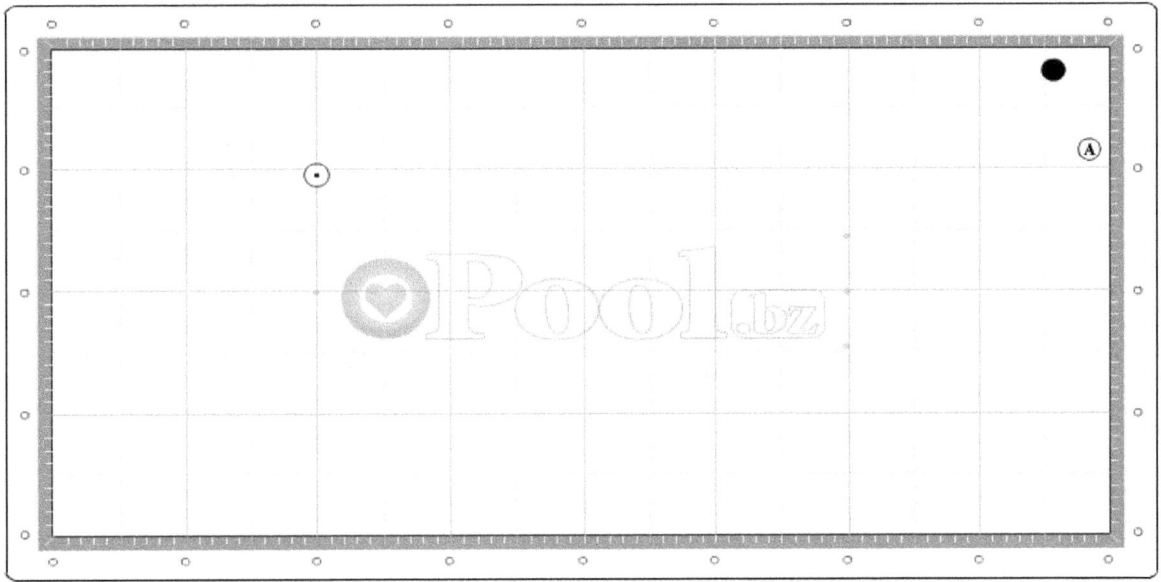

Notizen und Ideen:

## Schussmuster

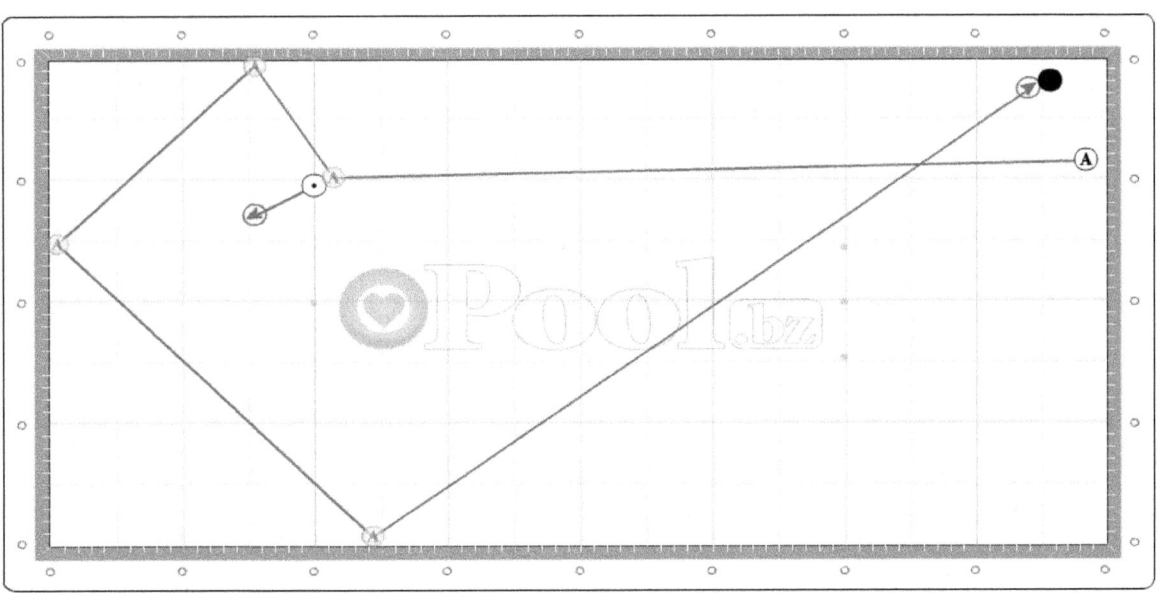

## D:6c – Konfiguration

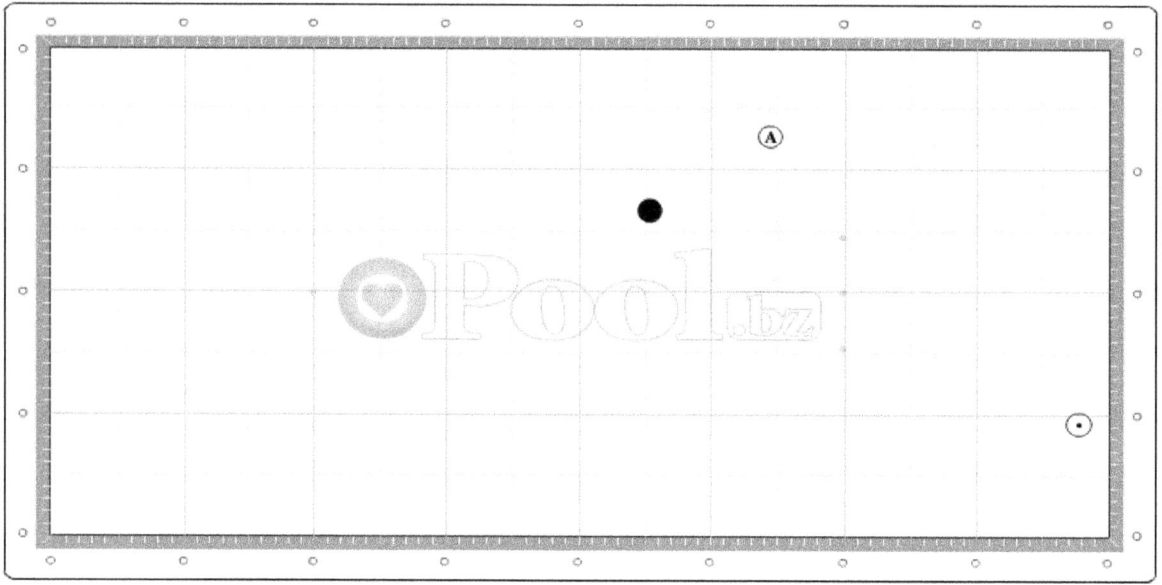

Notizen und Ideen:

## Schussmuster

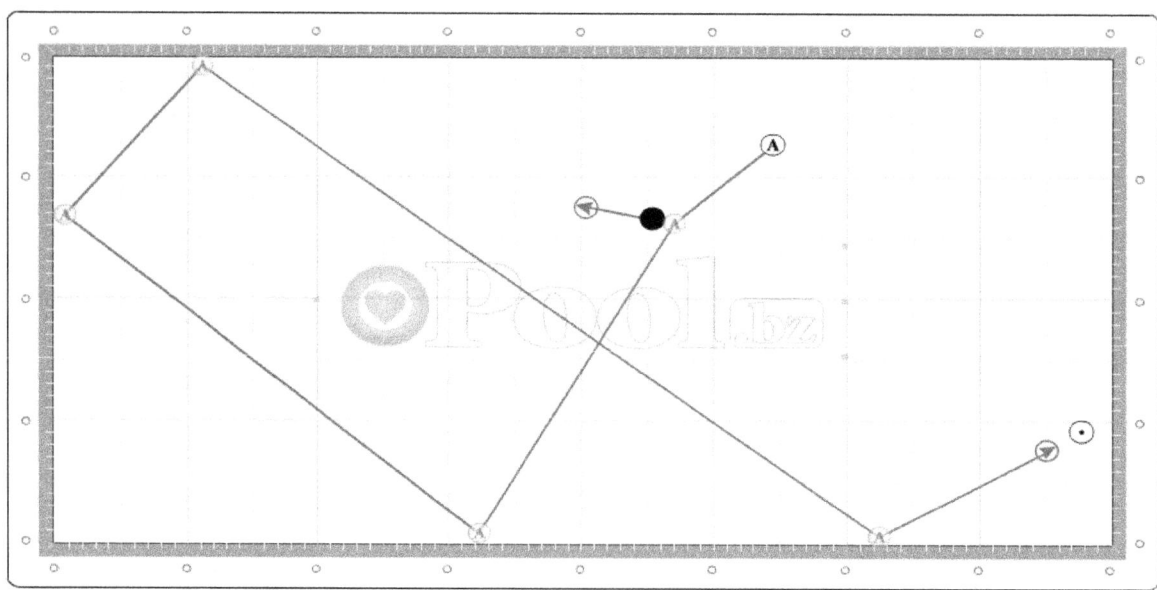

## D:6d – Konfiguration

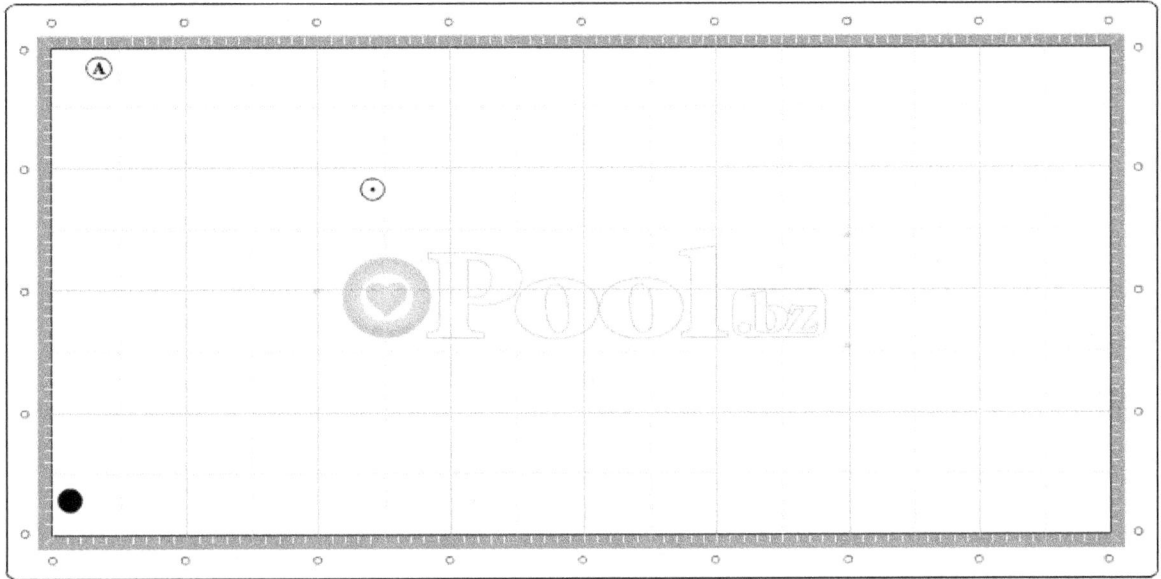

Notizen und Ideen:

## Schussmuster

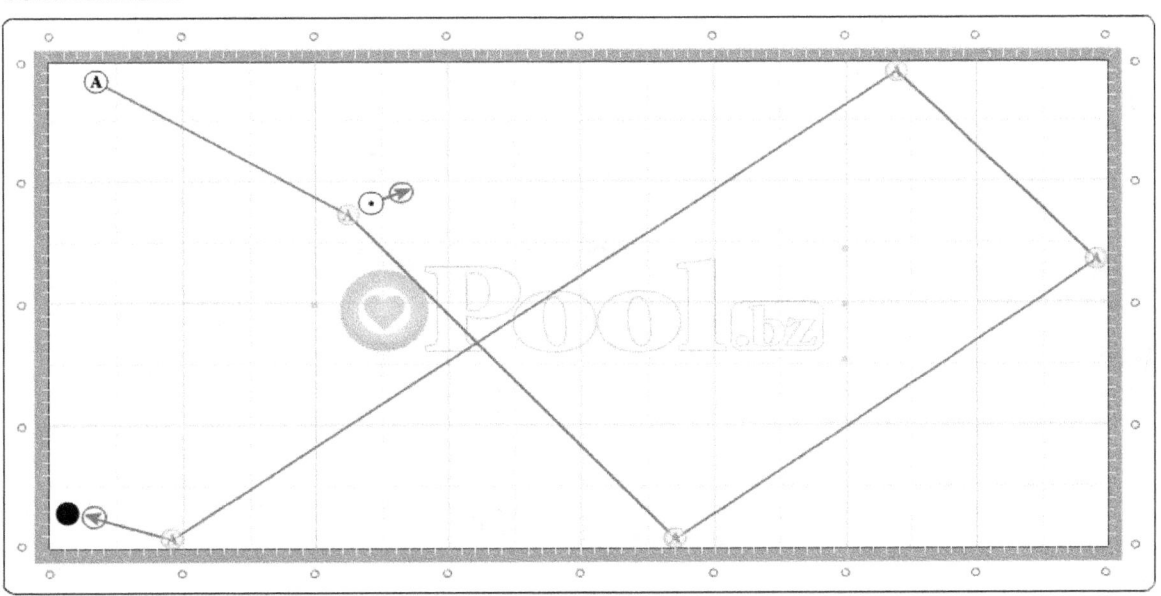

# D: Gruppe 7

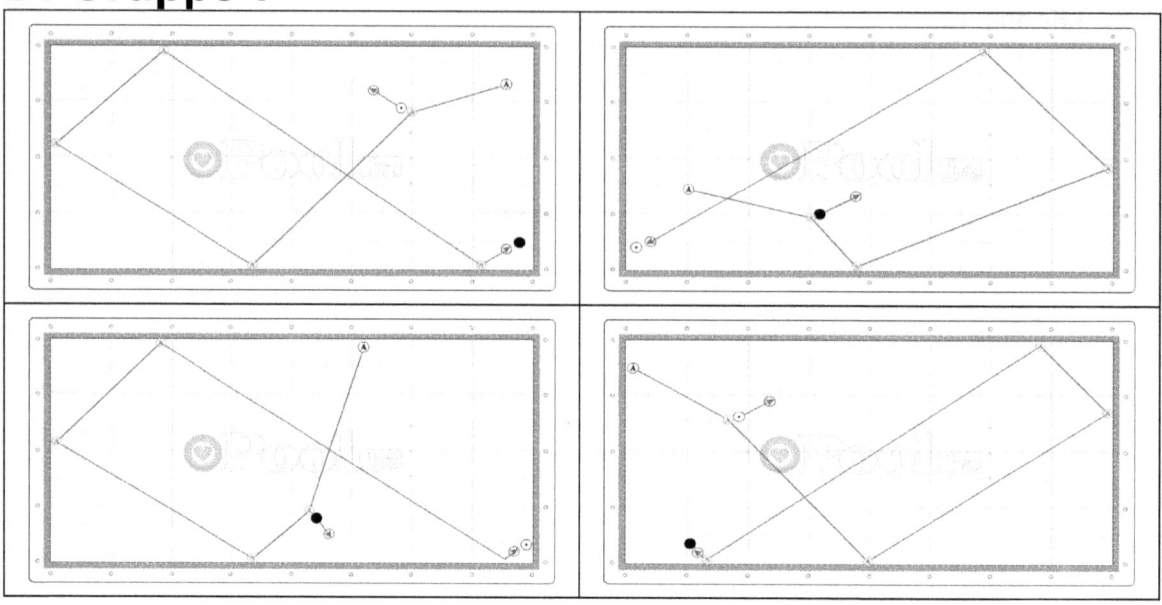

**Analyse**:

D:7a. _____

D:7b. _____

D:7c. _____

D:7d. _____

## D:7a – Konfiguration

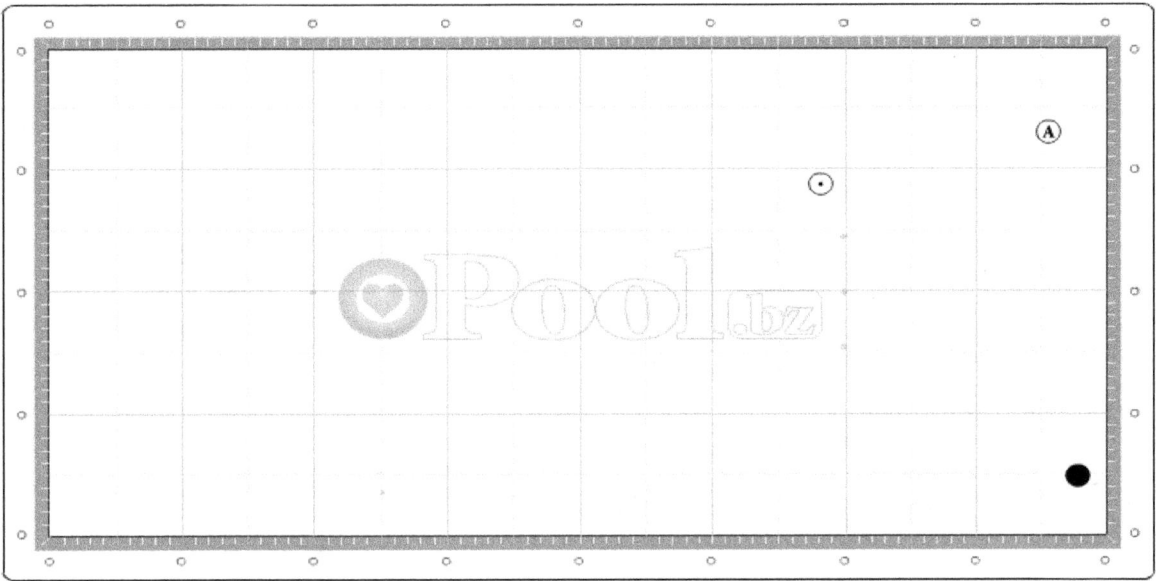

Notizen und Ideen:

## Schussmuster

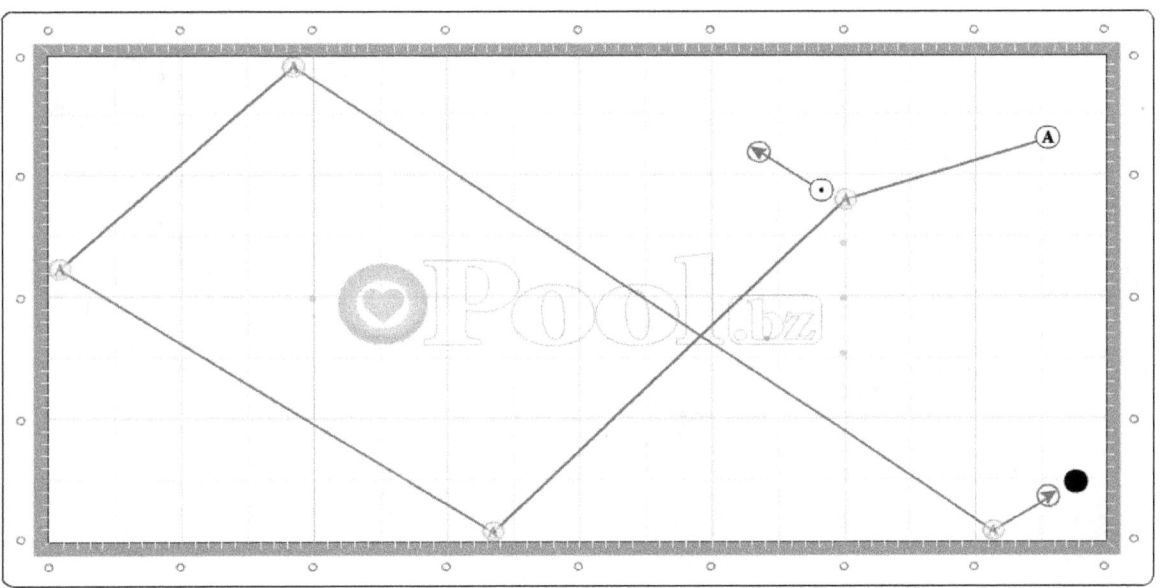

## D:7b – Konfiguration

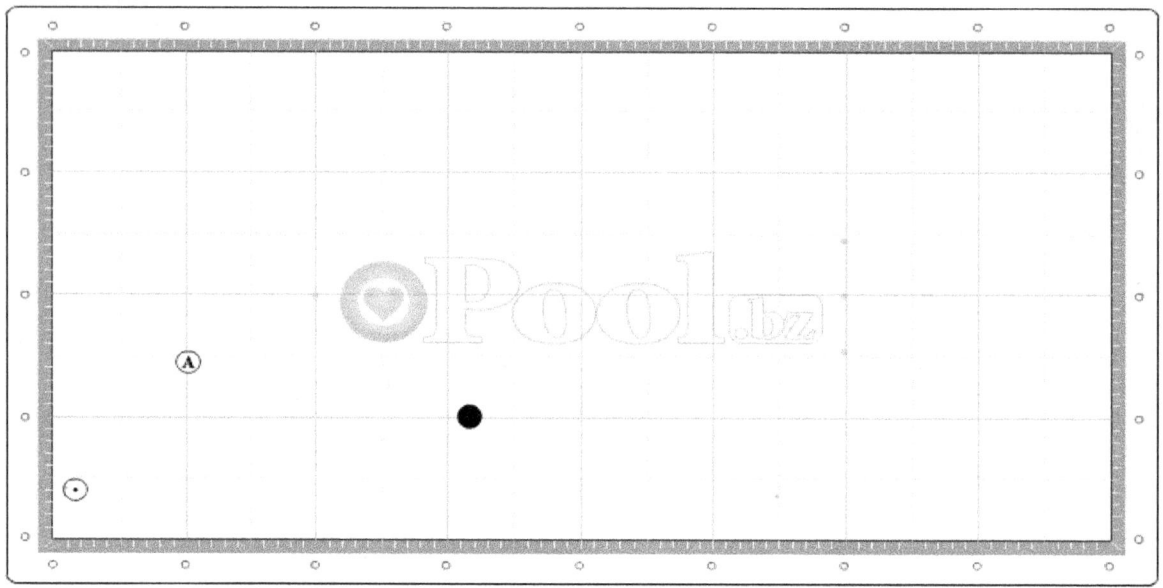

Notizen und Ideen:

## Schussmuster

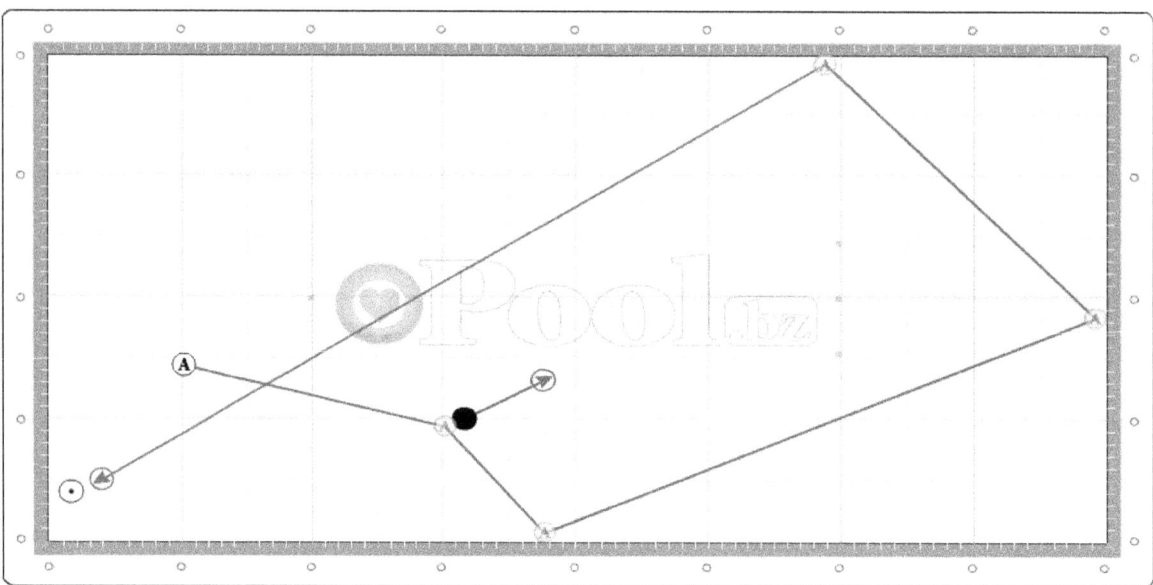

## D:7c – Konfiguration

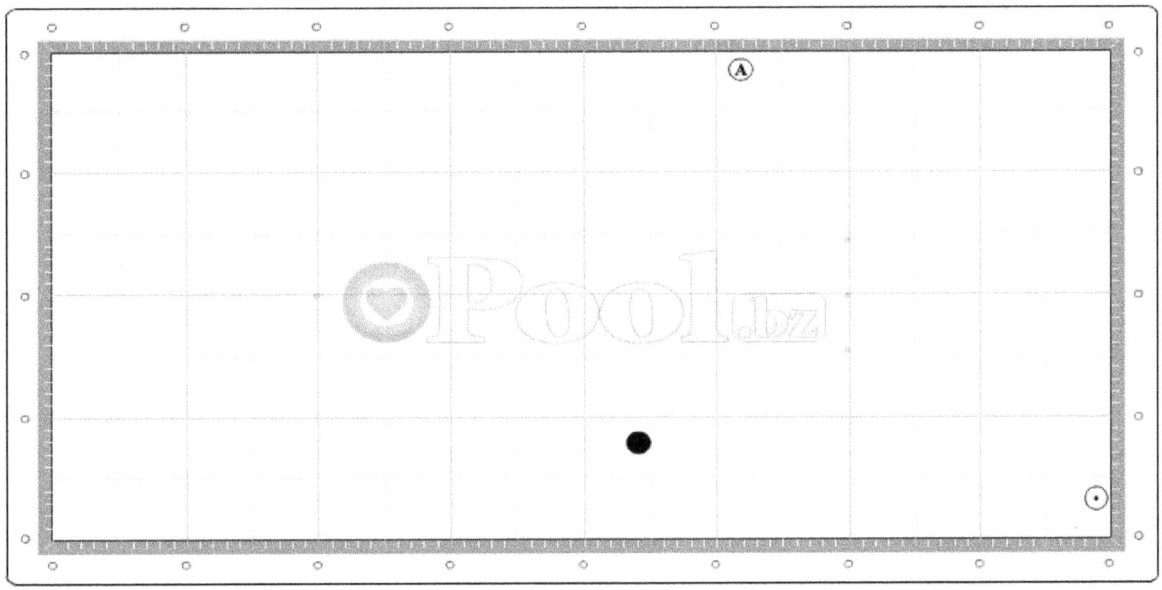

Notizen und Ideen:

## Schussmuster

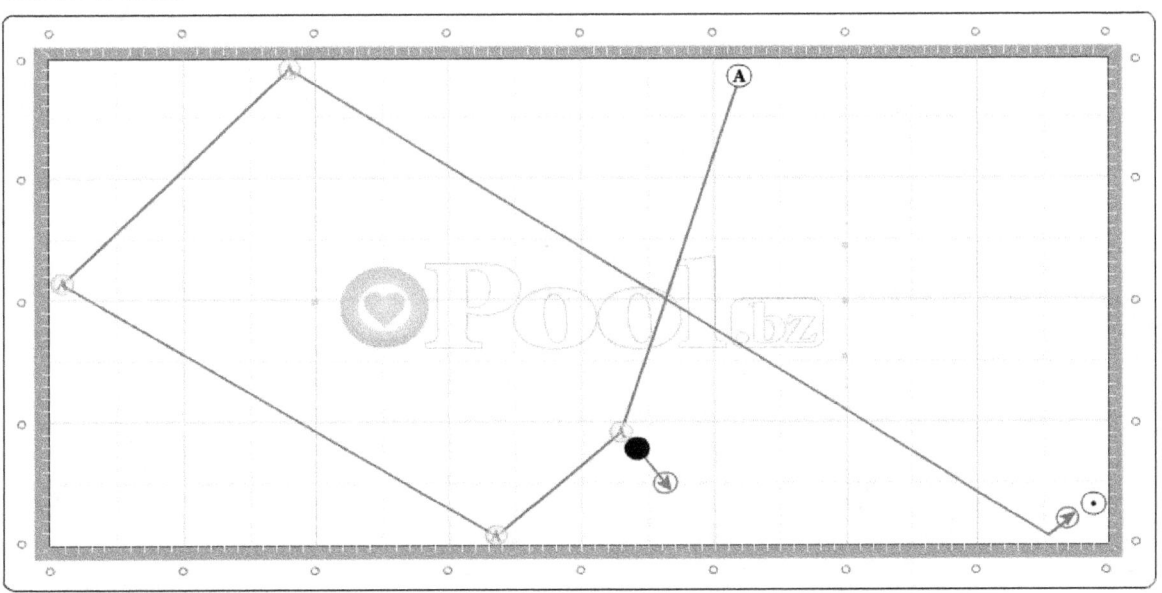

## D:7d – Konfiguration

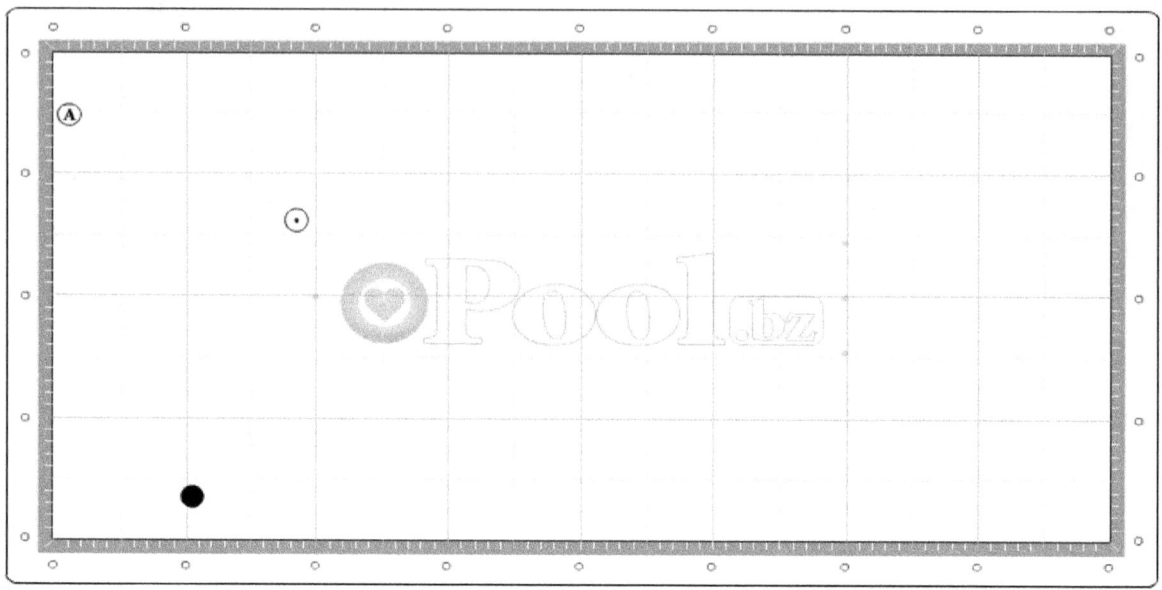

Notizen und Ideen:


## Schussmuster

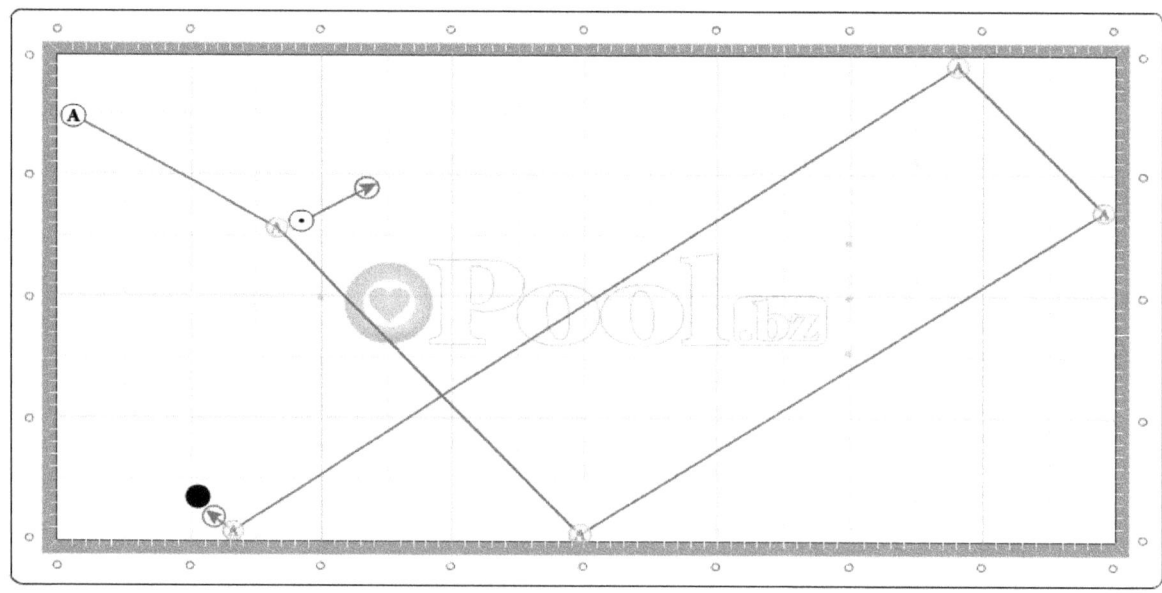

# D: Gruppe 8

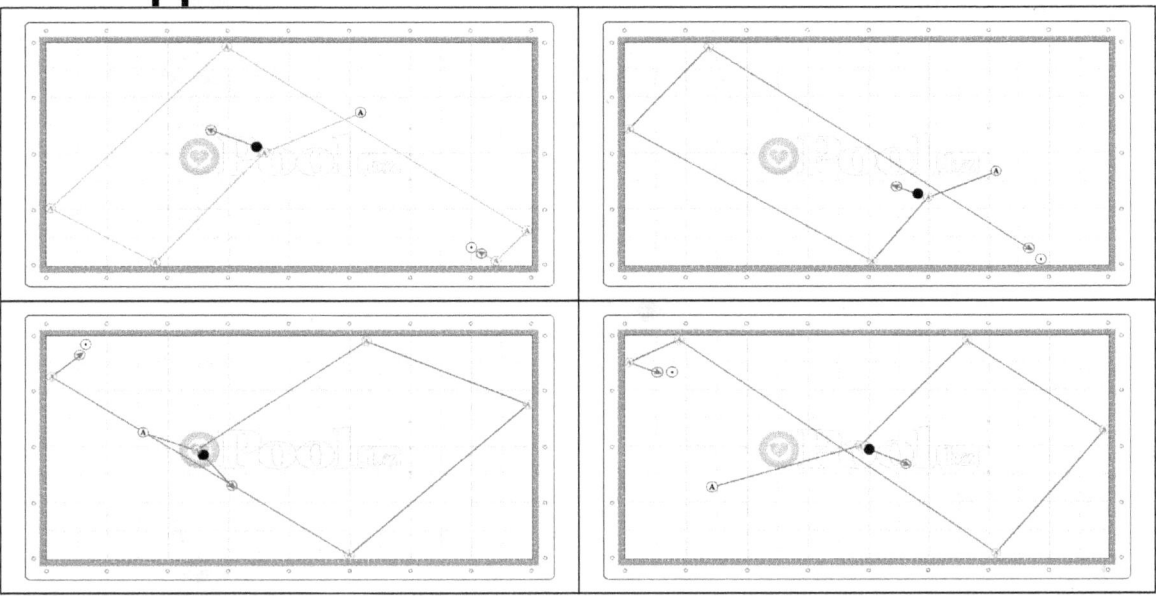

**Analyse:**

D:8a. _____


D:8b. _____


D:8c. _____


D:8d. _____

## D:8a – Konfiguration

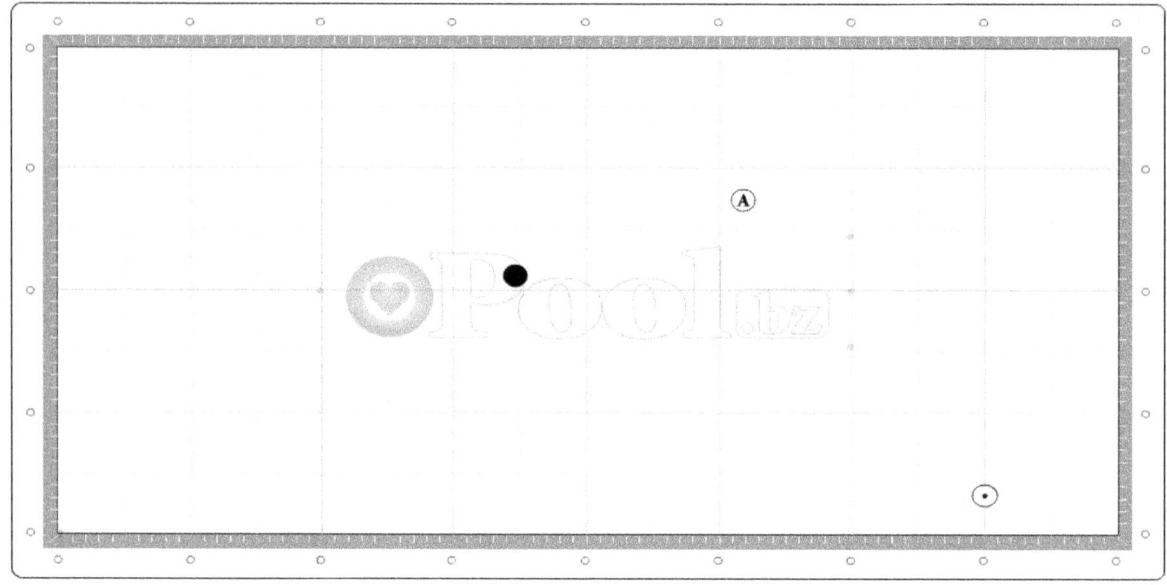

Notizen und Ideen:

## Schussmuster

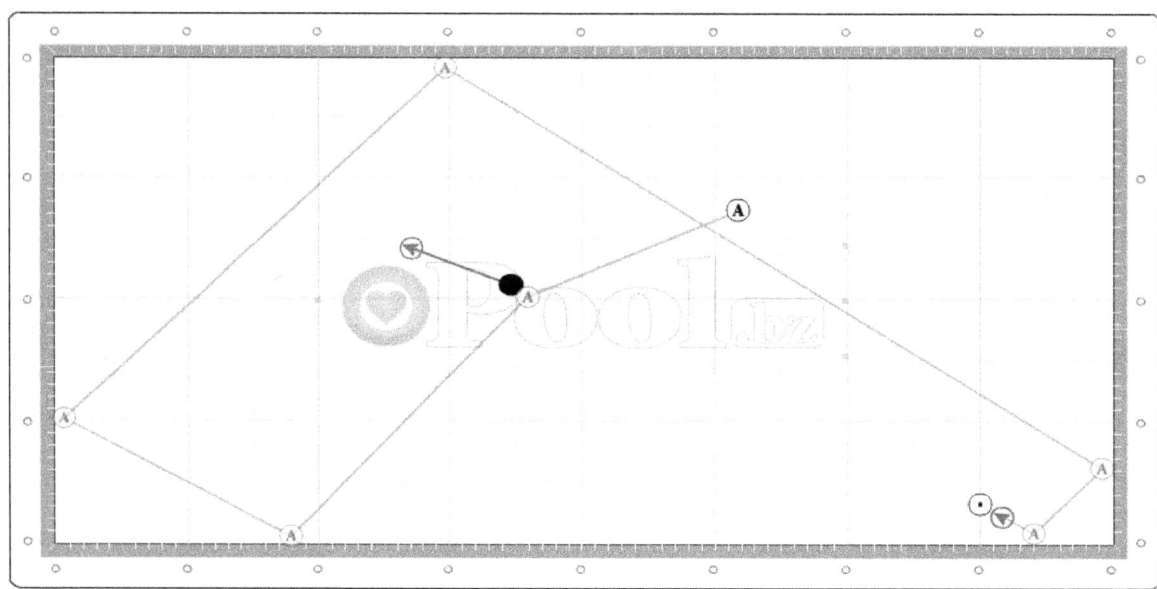

## D:8b – Konfiguration

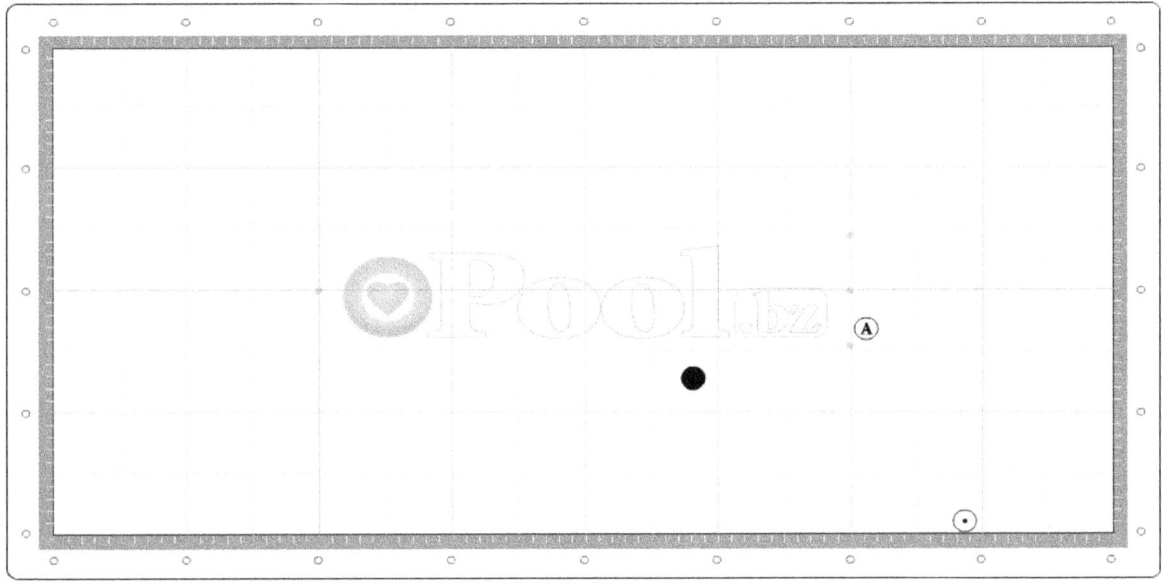

Notizen und Ideen:

## Schussmuster

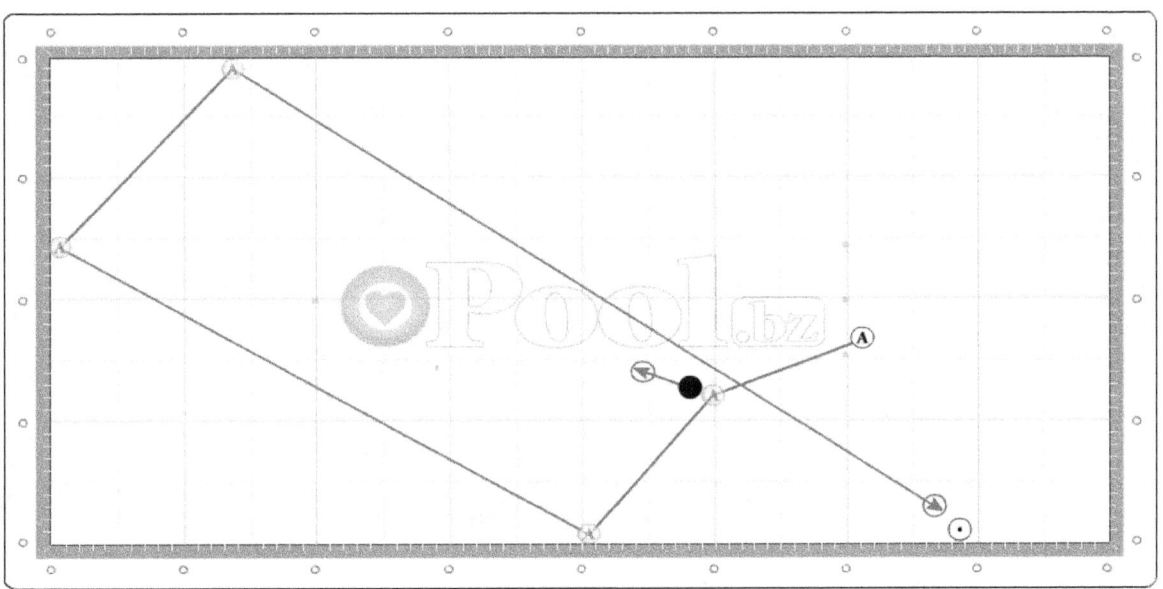

## D:8c – Konfiguration

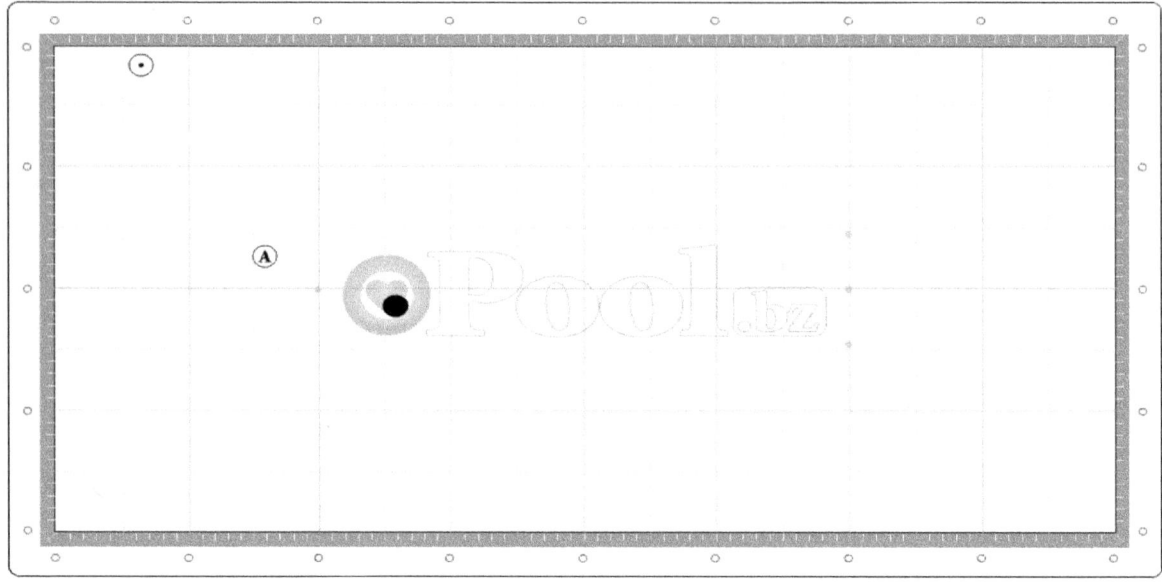

Notizen und Ideen:

## Schussmuster

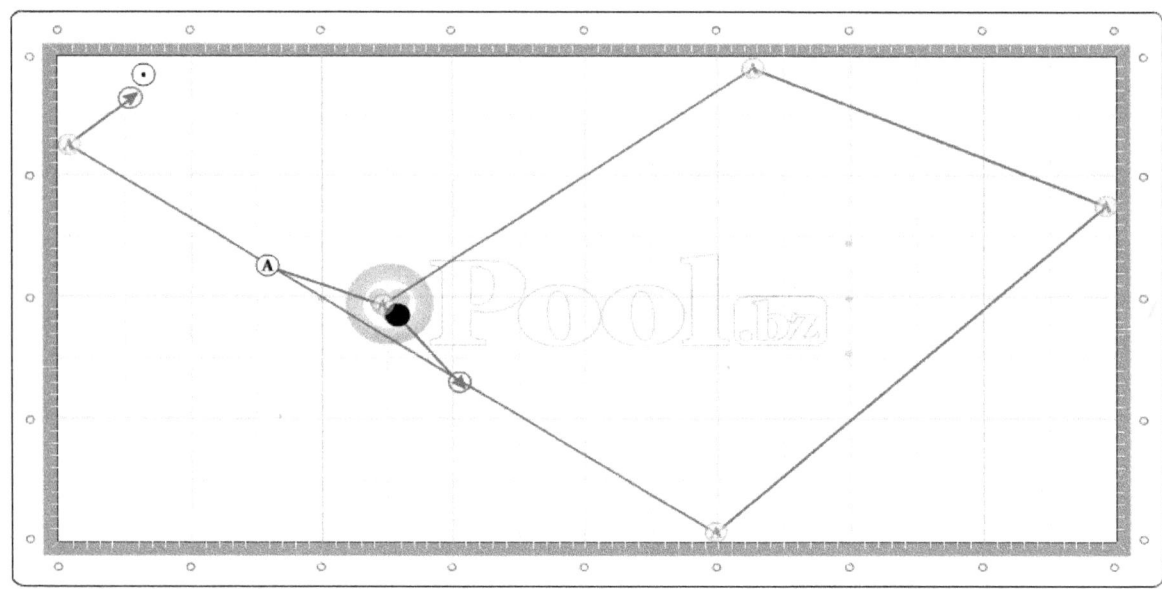

## D:8d – Konfiguration

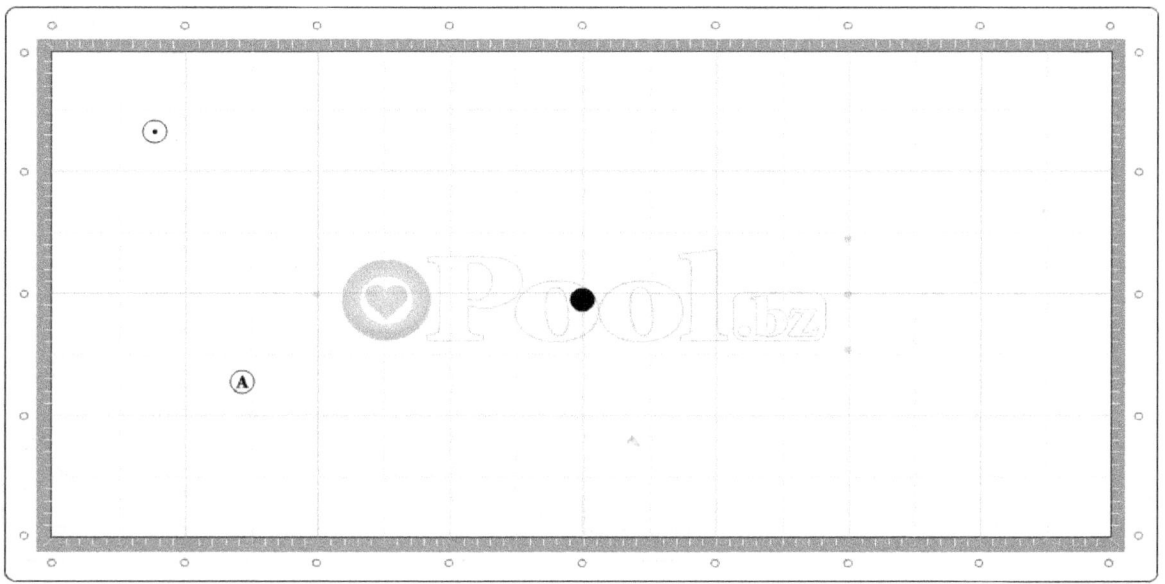

Notizen und Ideen:

## Schussmuster

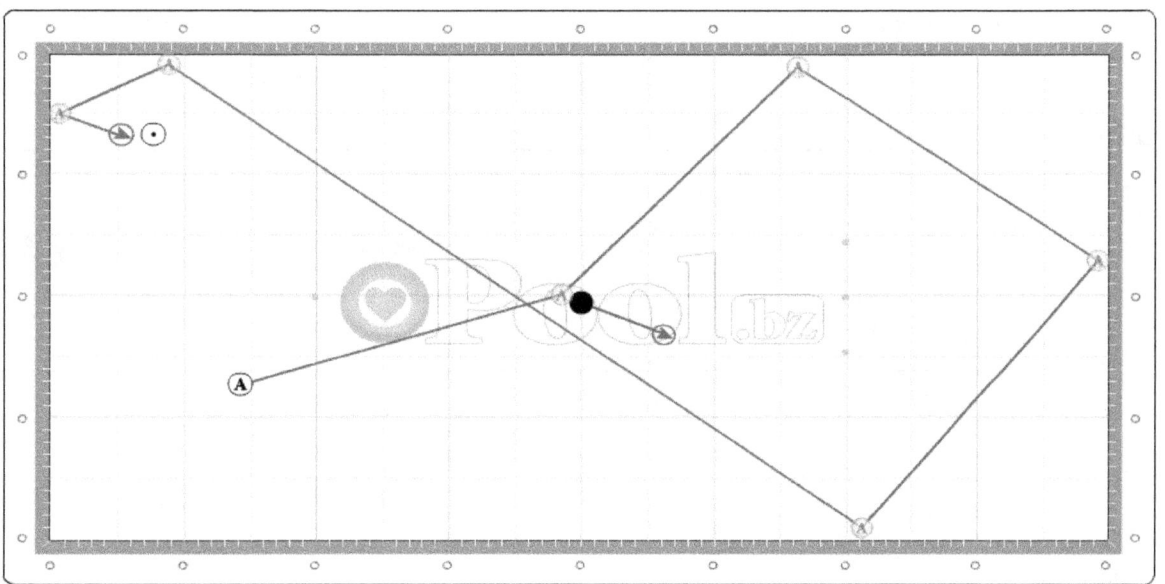

# D: Gruppe 9

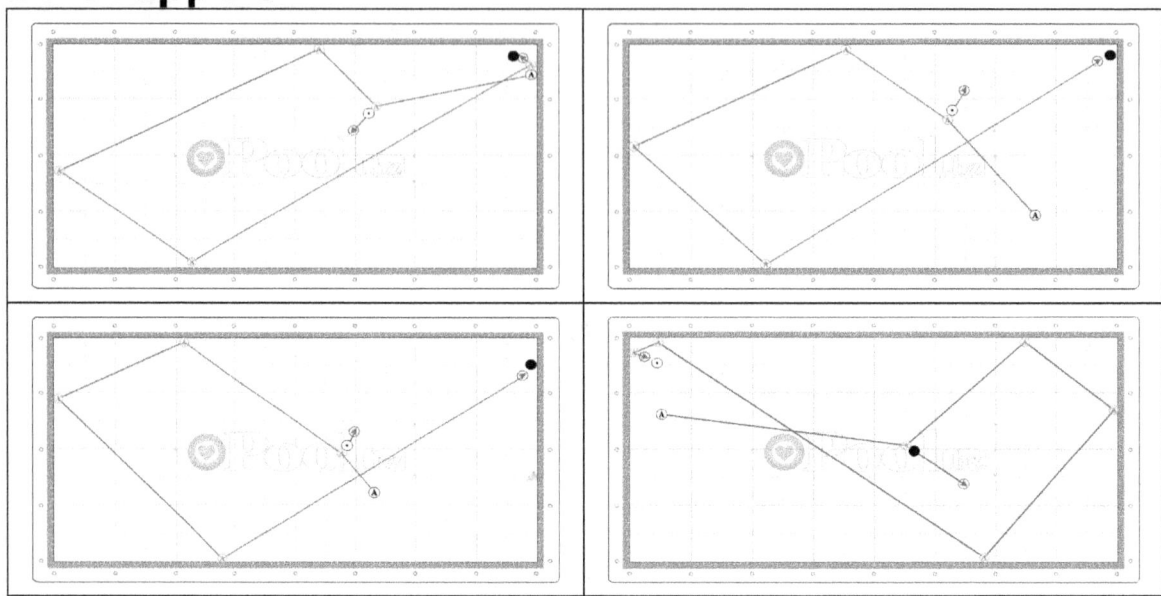

**Analyse**:

D:9a. _____

D:9b. _____

D:9c. _____

D:9d. _____

## D:9a – Konfiguration

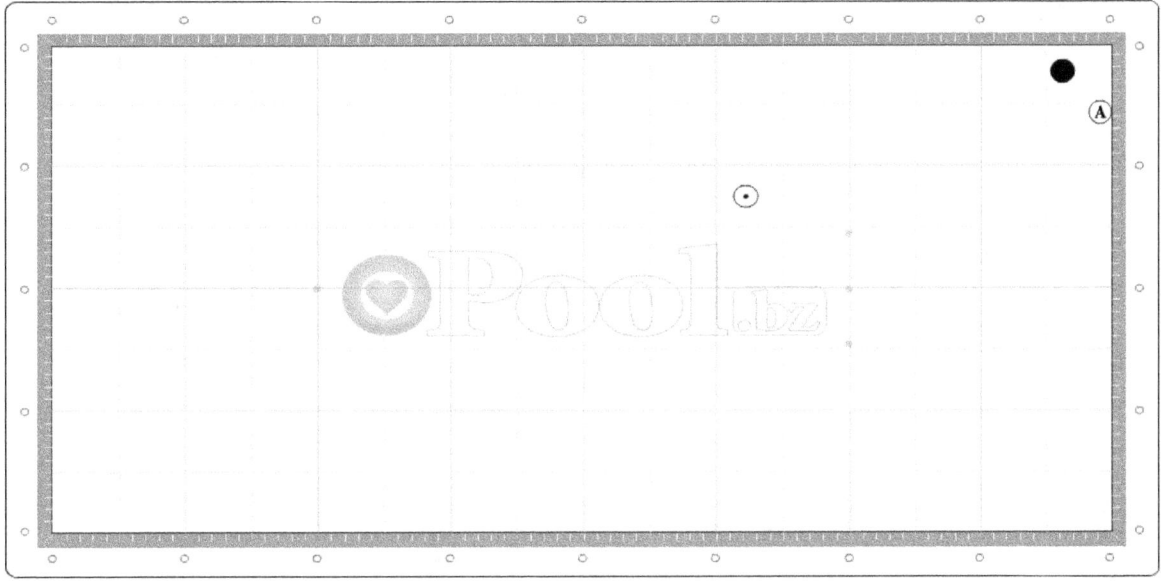

Notizen und Ideen:

## Schussmuster

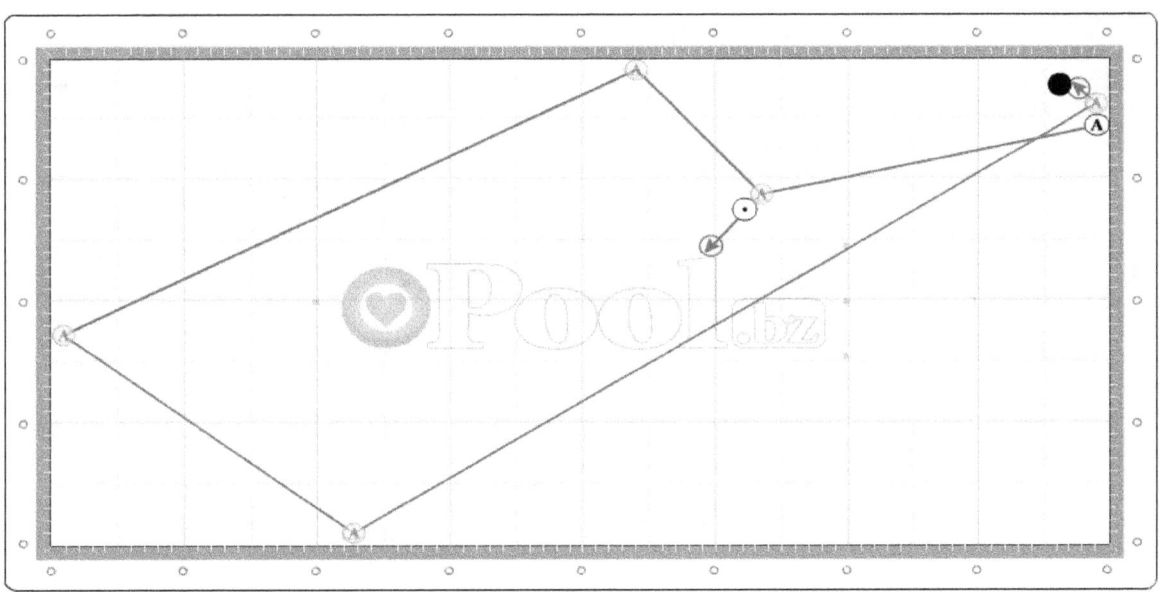

**D:9b – Konfiguration**

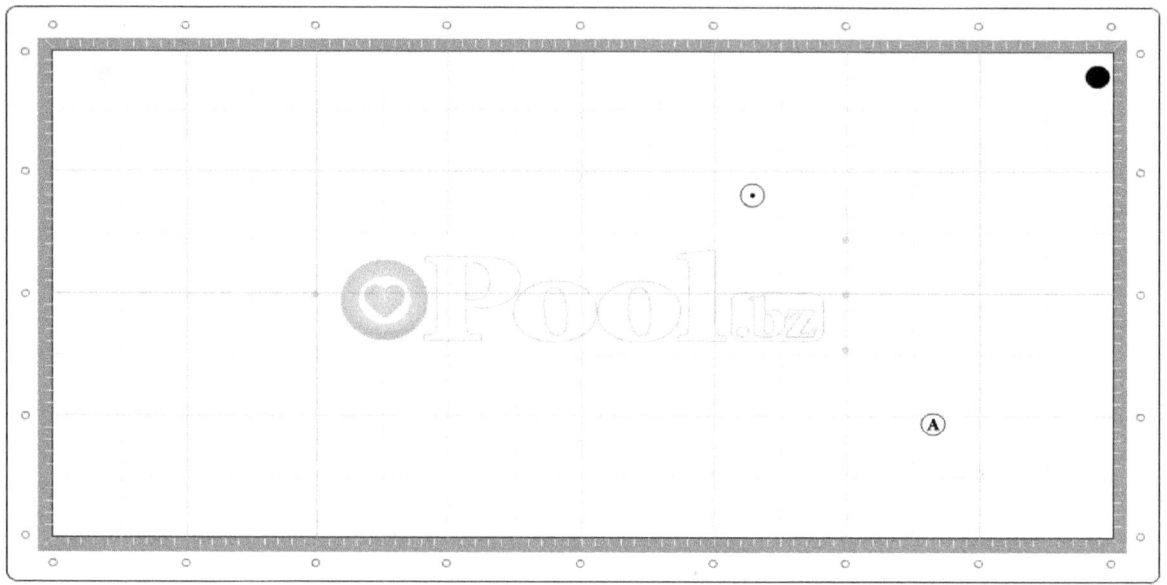

Notizen und Ideen:

**Schussmuster**

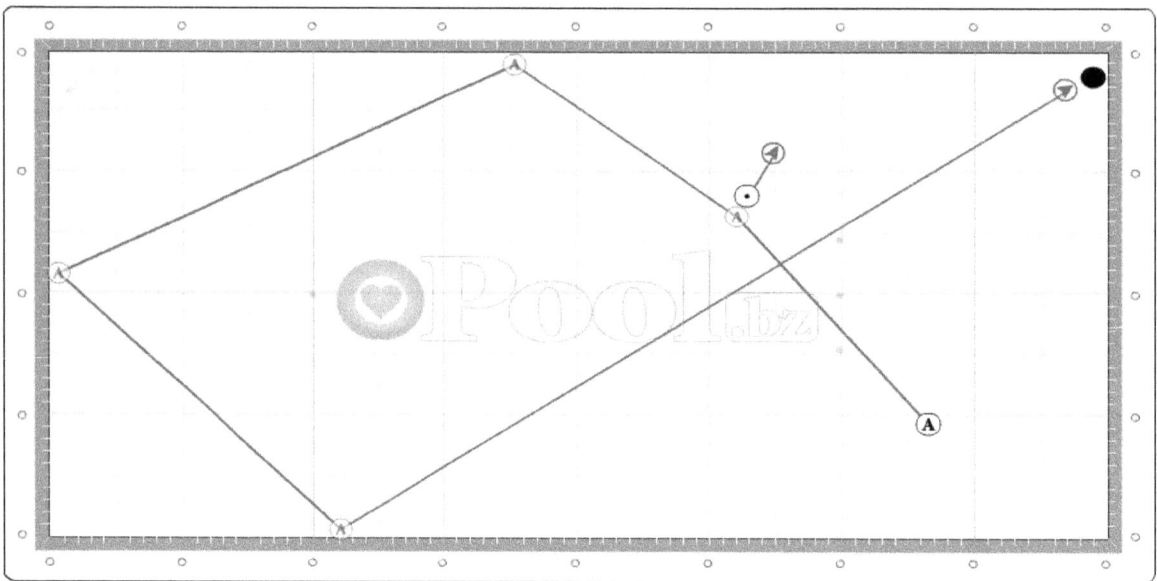

**D:9**

## c – Konfiguration

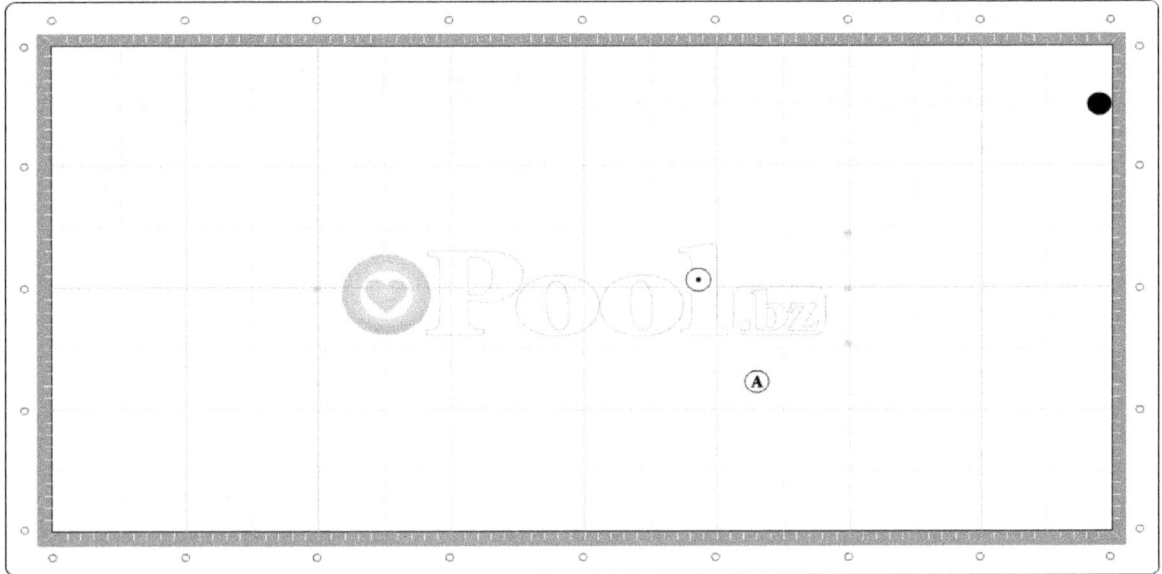

Notizen und Ideen:

## Schussmuster

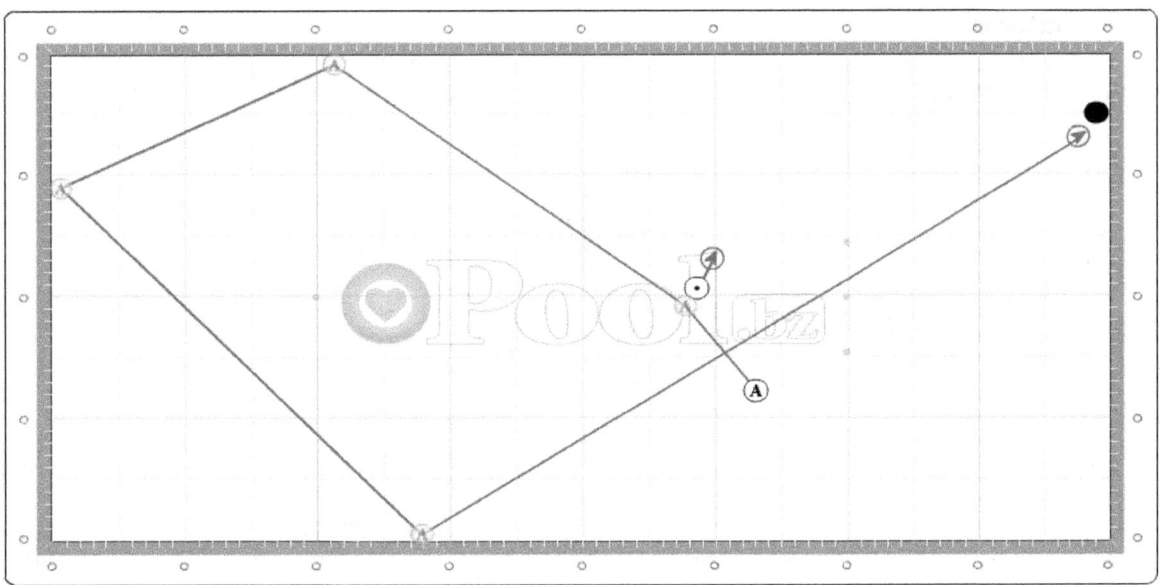

## D:9d – Konfiguration

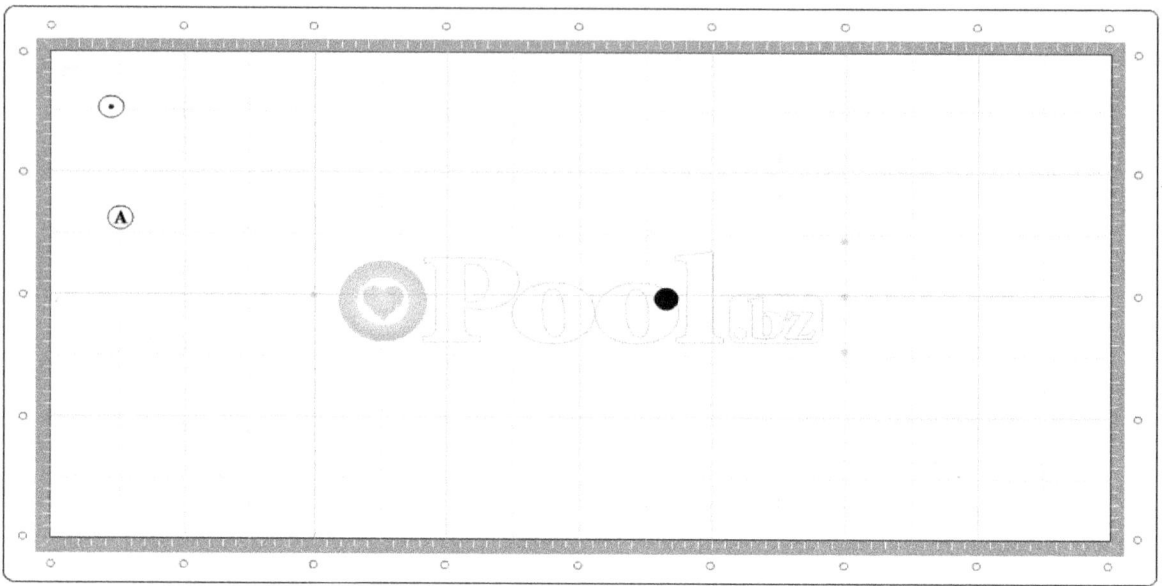

Notizen und Ideen:

## Schussmuster

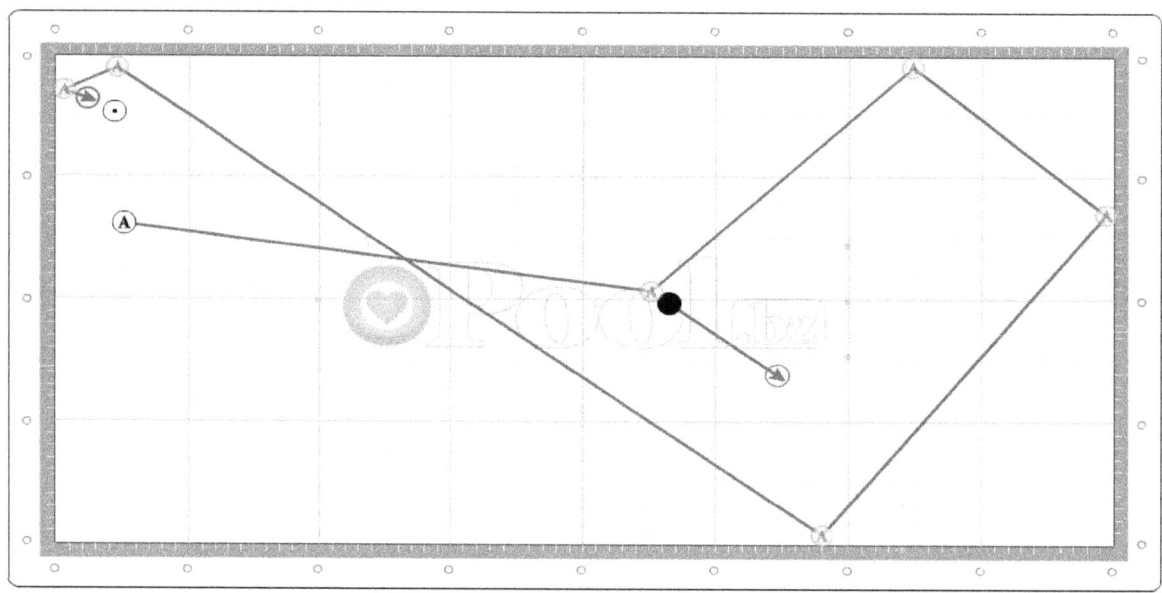

# E: Folge in die Ecke

Das (CB) kommt vom ersten (OB) und in die nächsten drei band, nach dem Standardmuster der Welt. Da der andere (OB) auf dem (CB) Weg in die Home-Ecke ist, kann der (CB) den anderen (OB) für eine Punktzahl treffen.

(A) (CB) (Ihre Billardkugel) - (•) (OB) (Gegner Billardkugel) - ● (OB) (rote Billardkugel)

## E: Gruppe 1

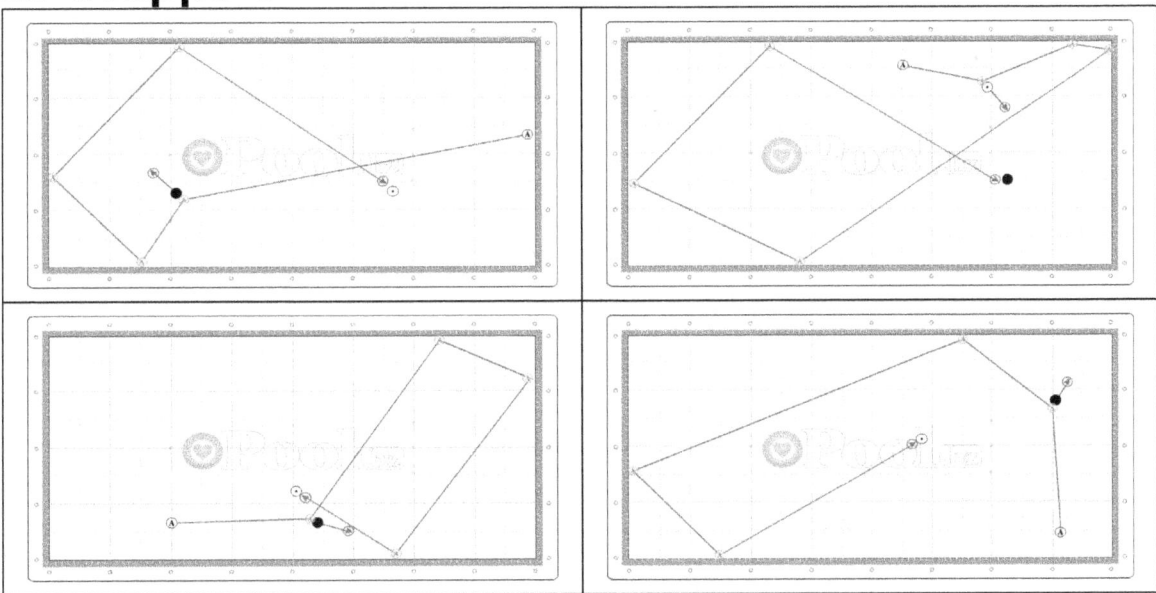

**Analyse**:

E:1a. _____

E:1b. _____

E:1c. _____

E:1d. _____

## E:1a – Konfiguration

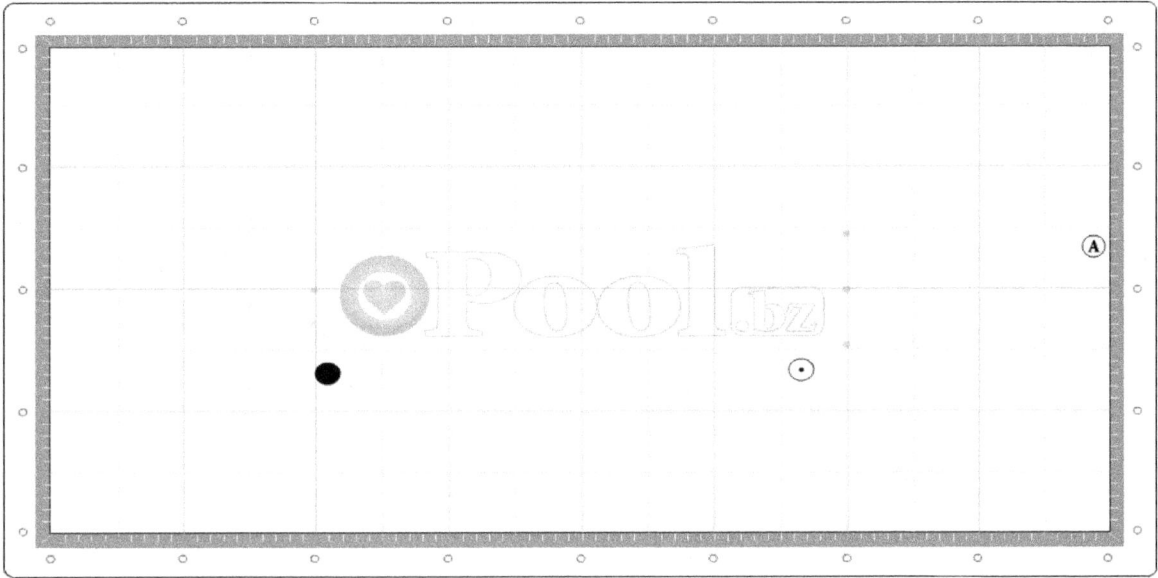

Notizen und Ideen:

## Schussmuster

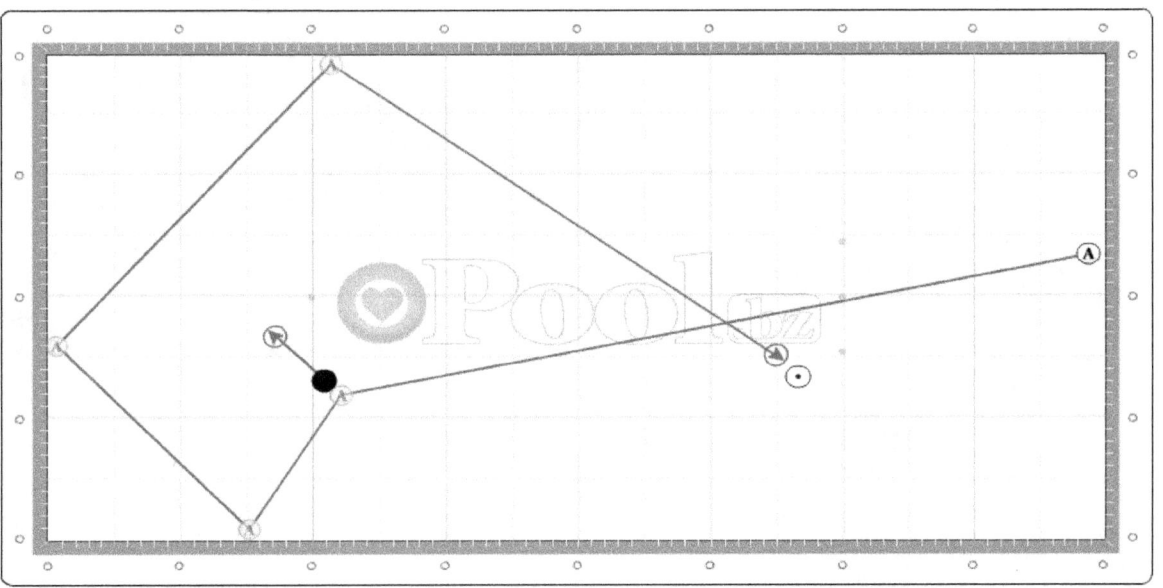

## E:1b – Konfiguration

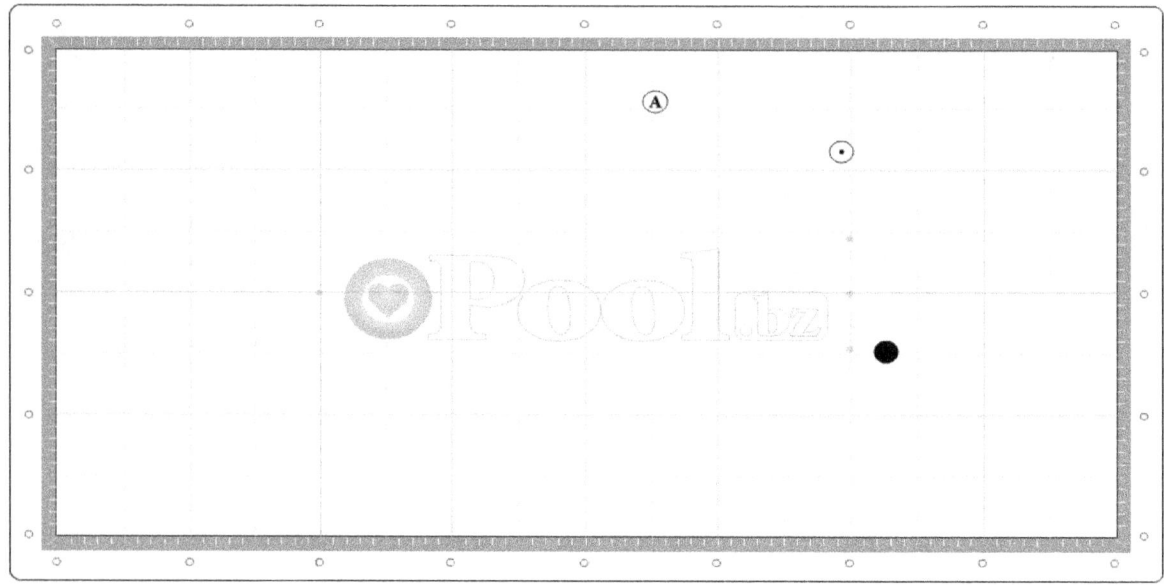

Notizen und Ideen:

## Schussmuster

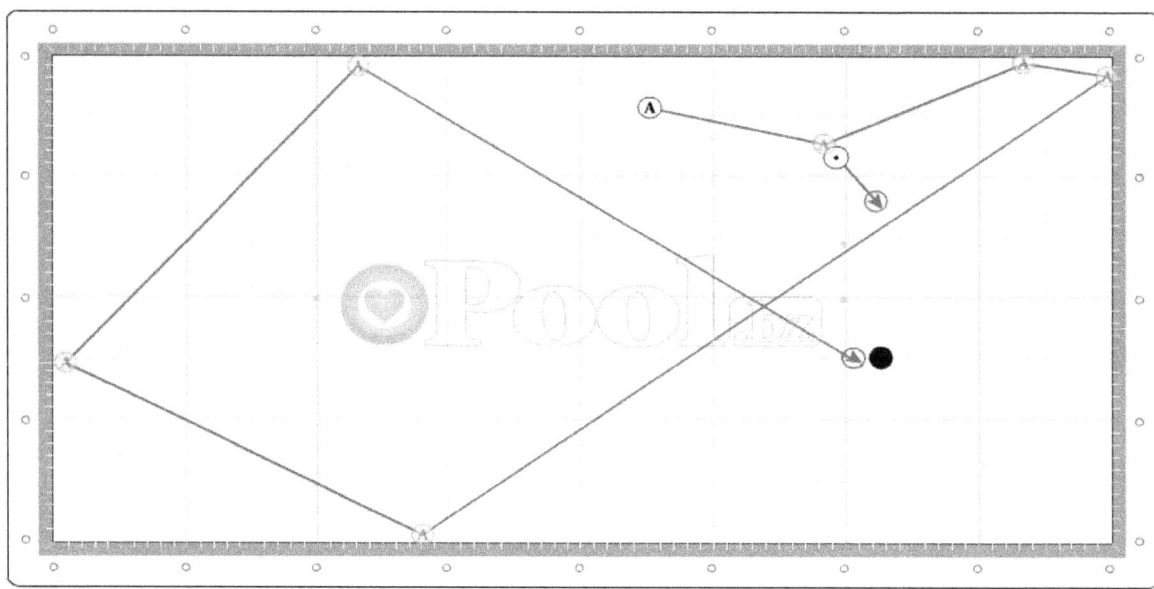

## E:1c – Konfiguration

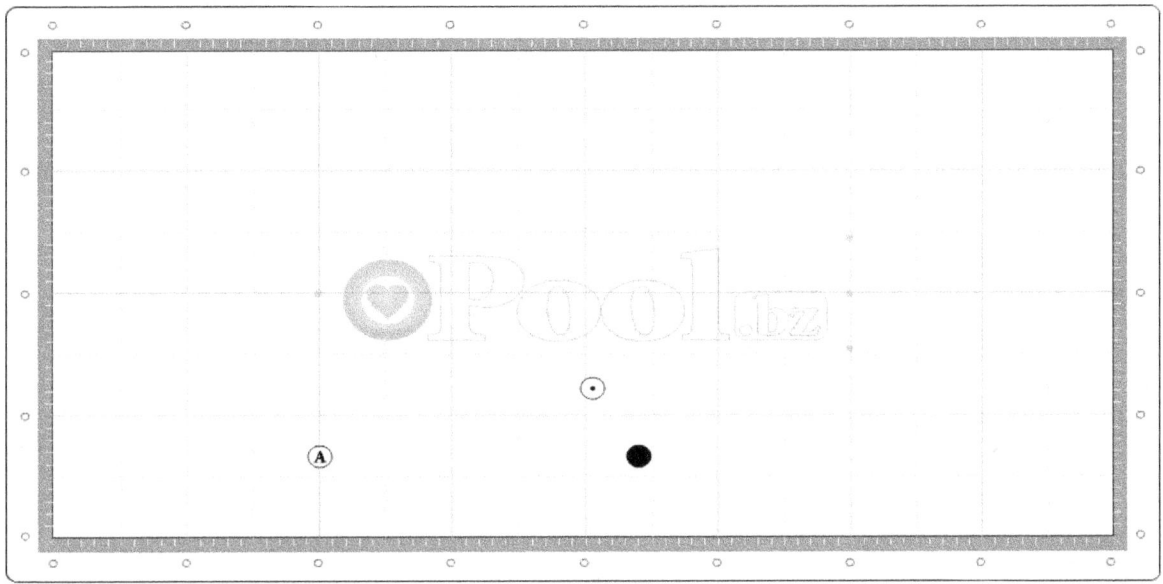

Notizen und Ideen:

## Schussmuster

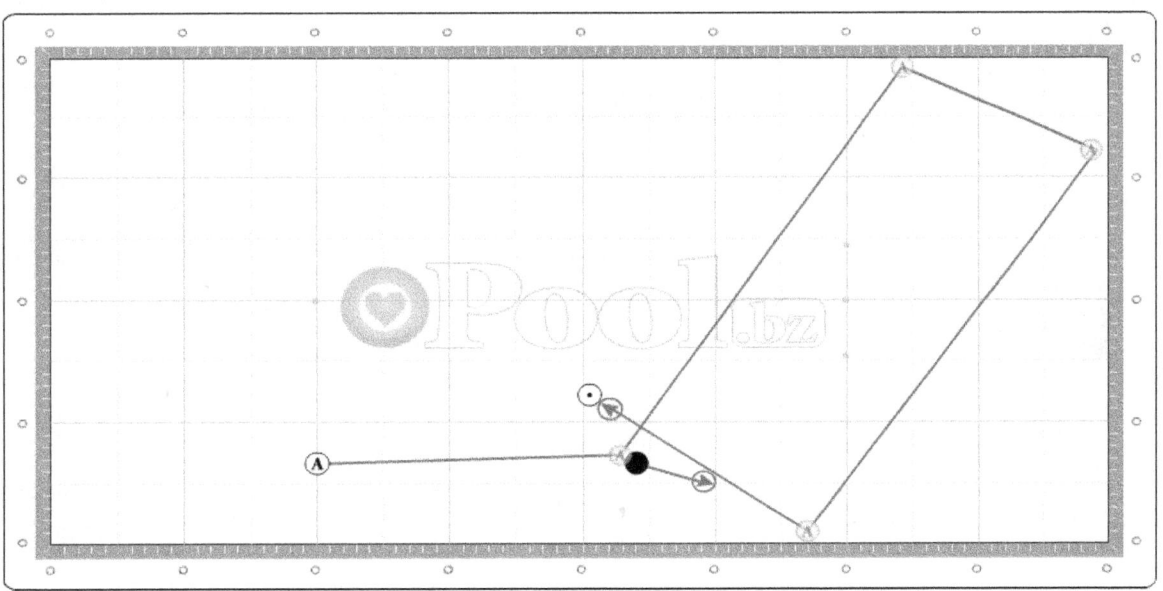

## E:1d – Konfiguration

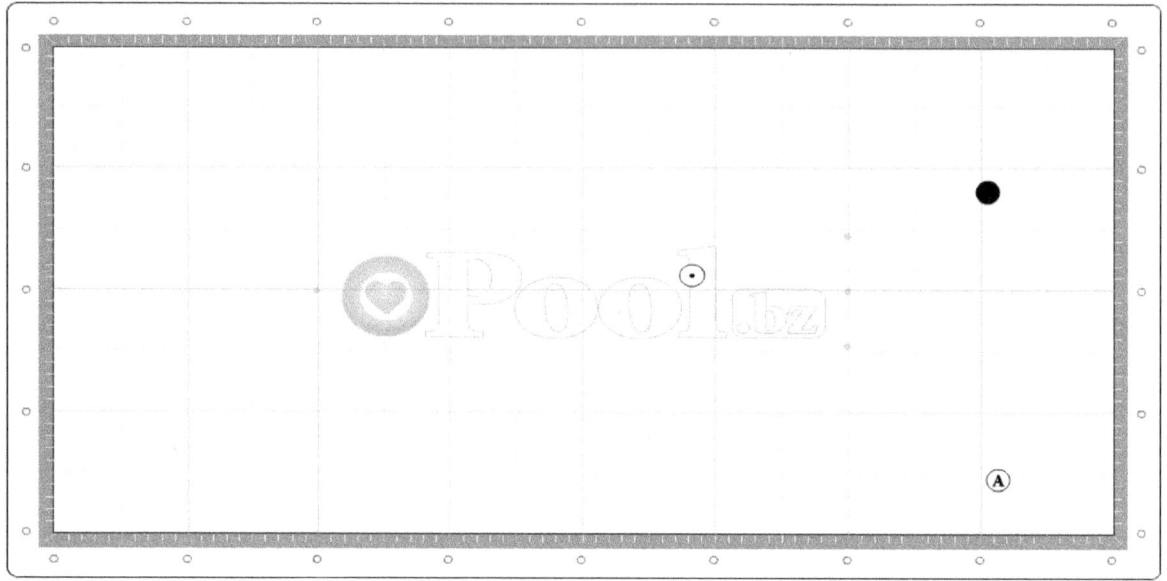

Notizen und Ideen:

## Schussmuster

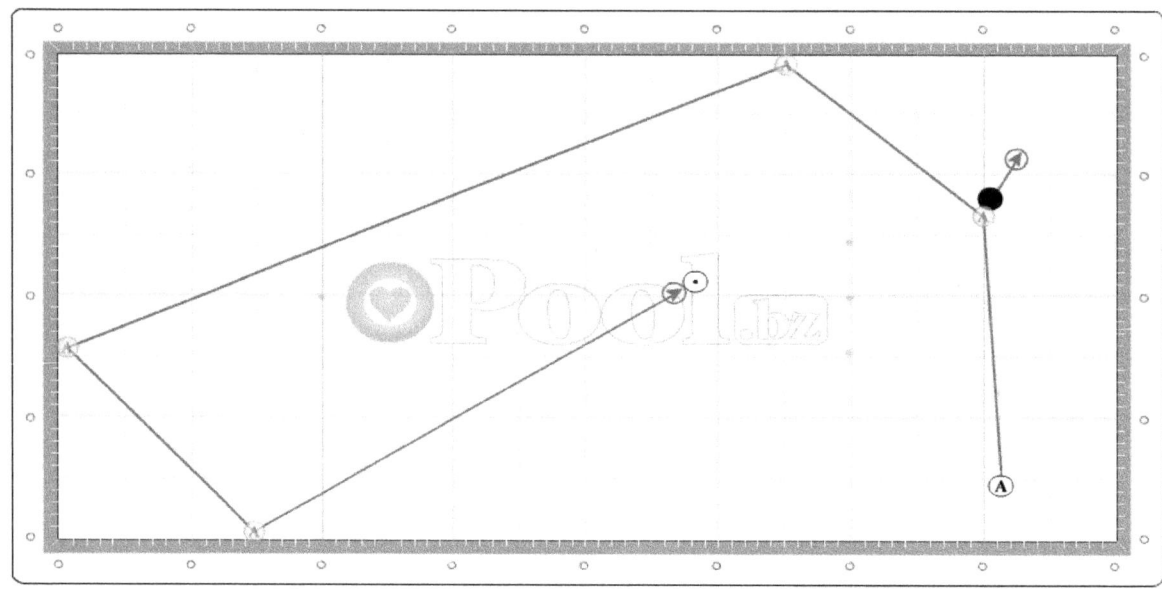

# E: Gruppe 2

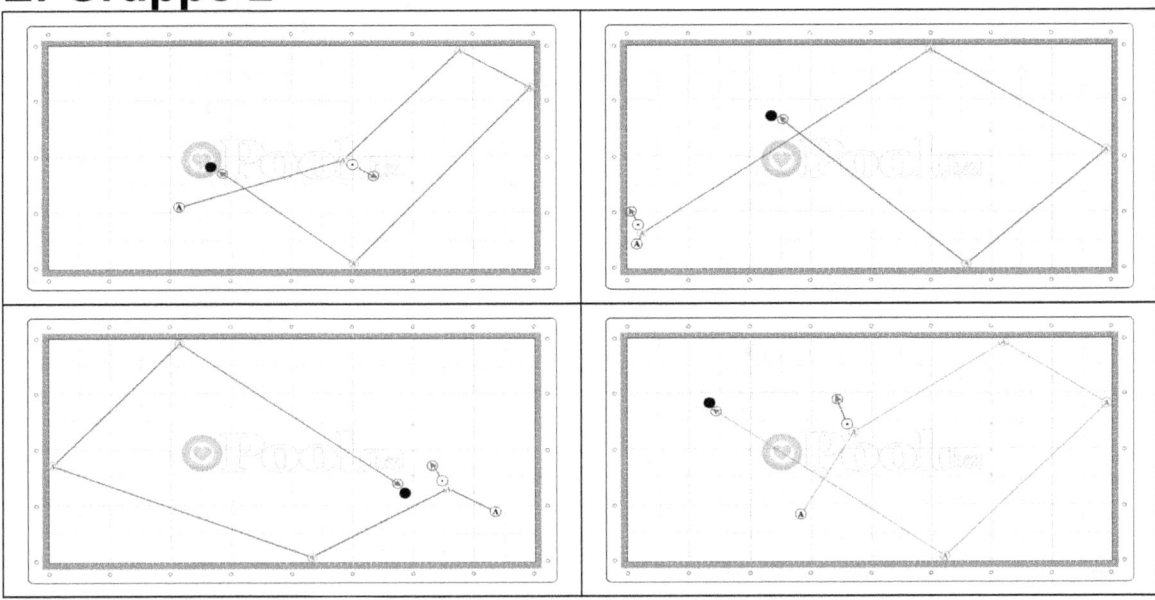

**Analyse**:

E:2a. _____

E:2b. _____

E:2c. _____

E:2d. _____

## E:2a – Konfiguration

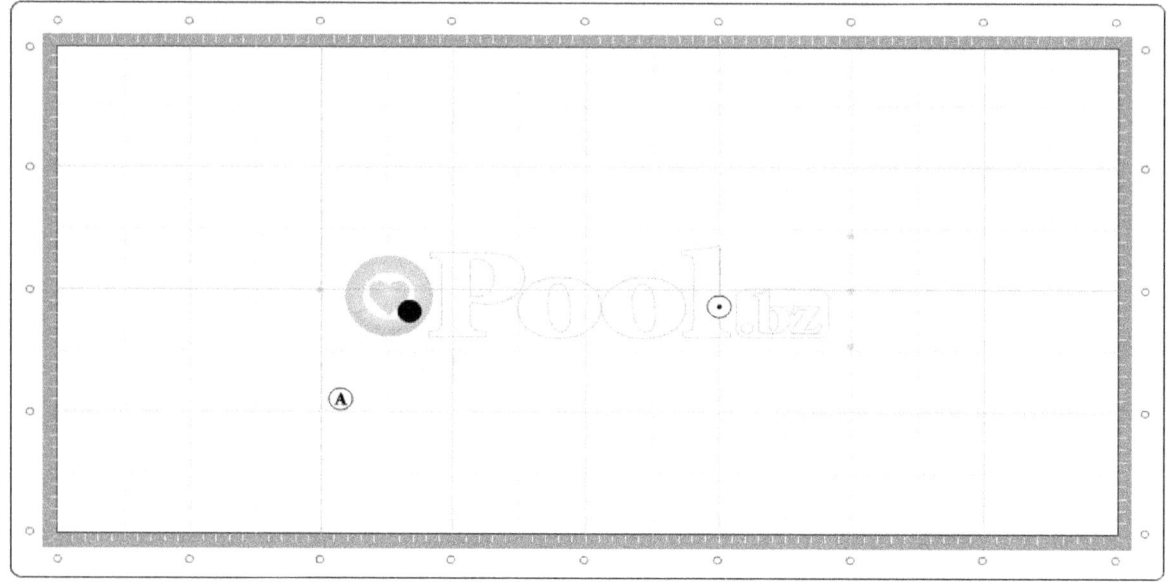

Notizen und Ideen:


## Schussmuster

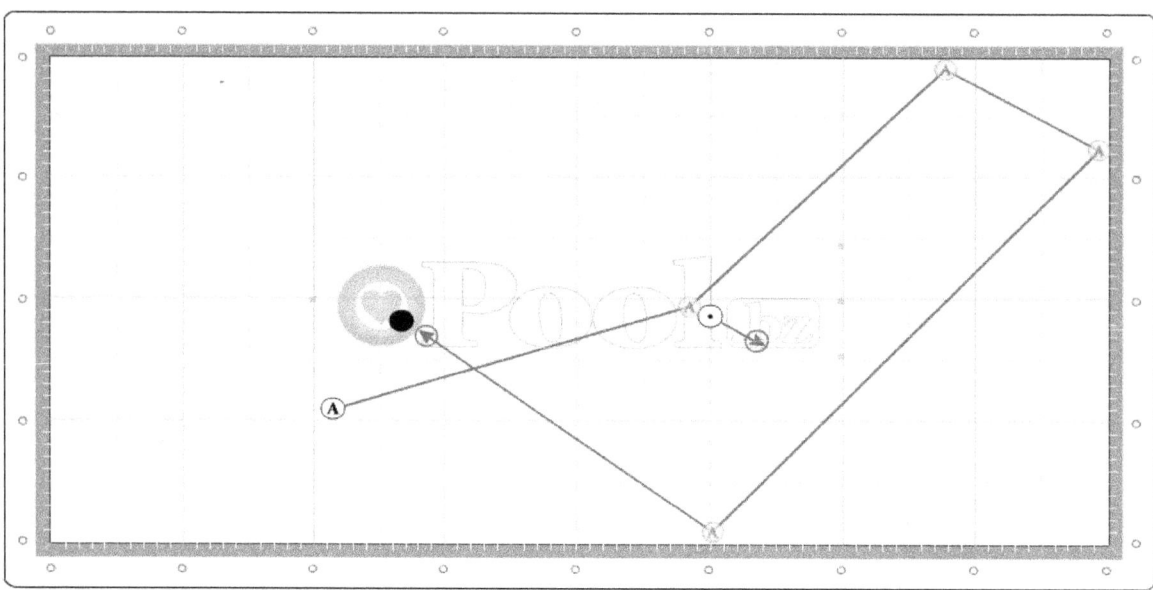

## E:2b – Konfiguration

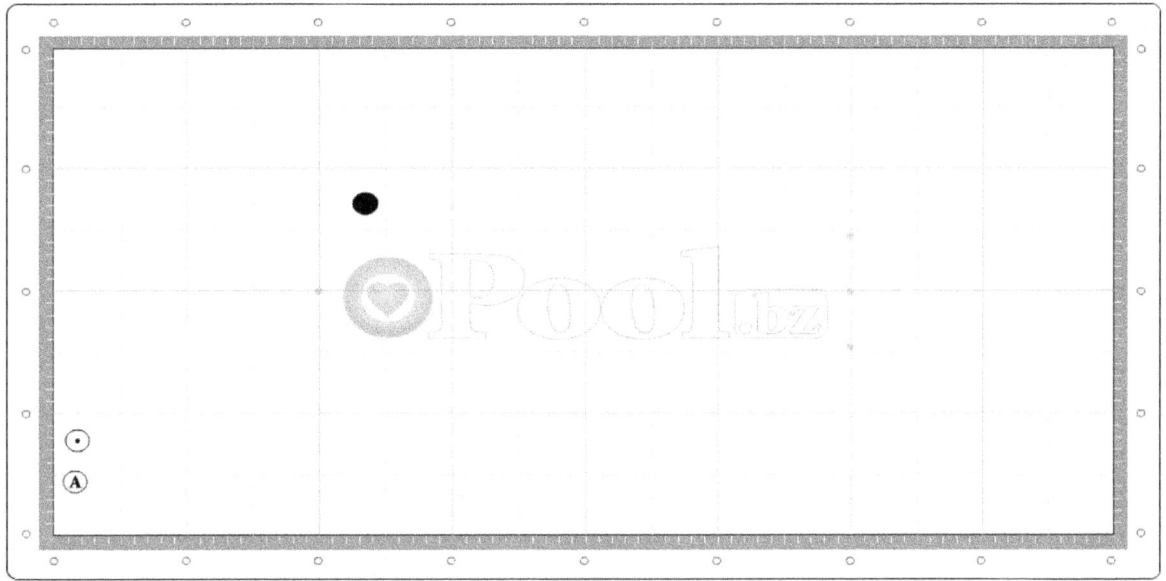

Notizen und Ideen:

## Schussmuster

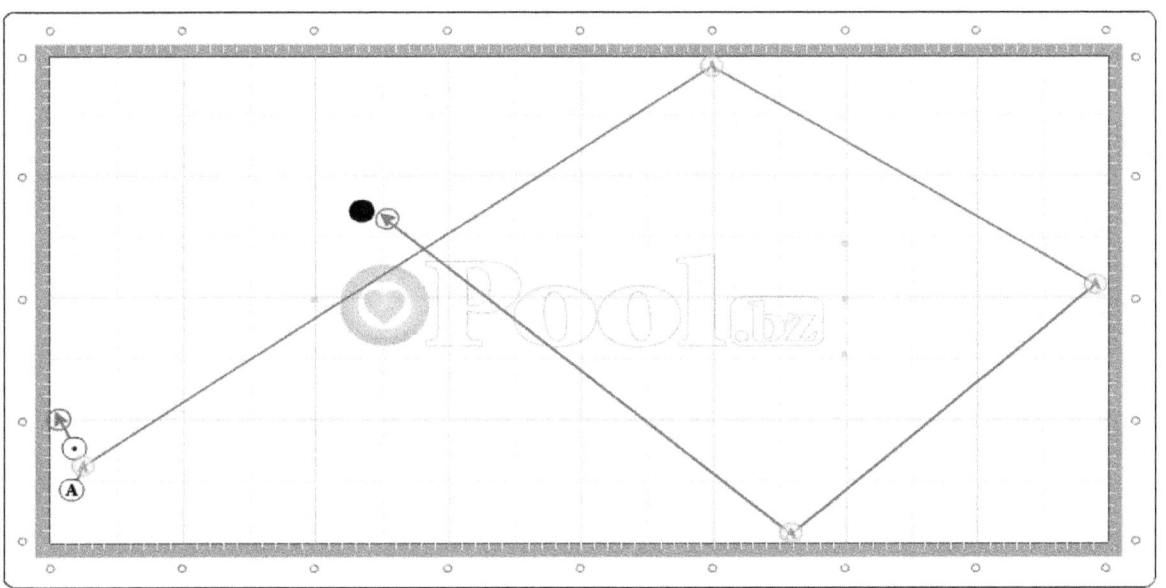

## E:2c – Konfiguration

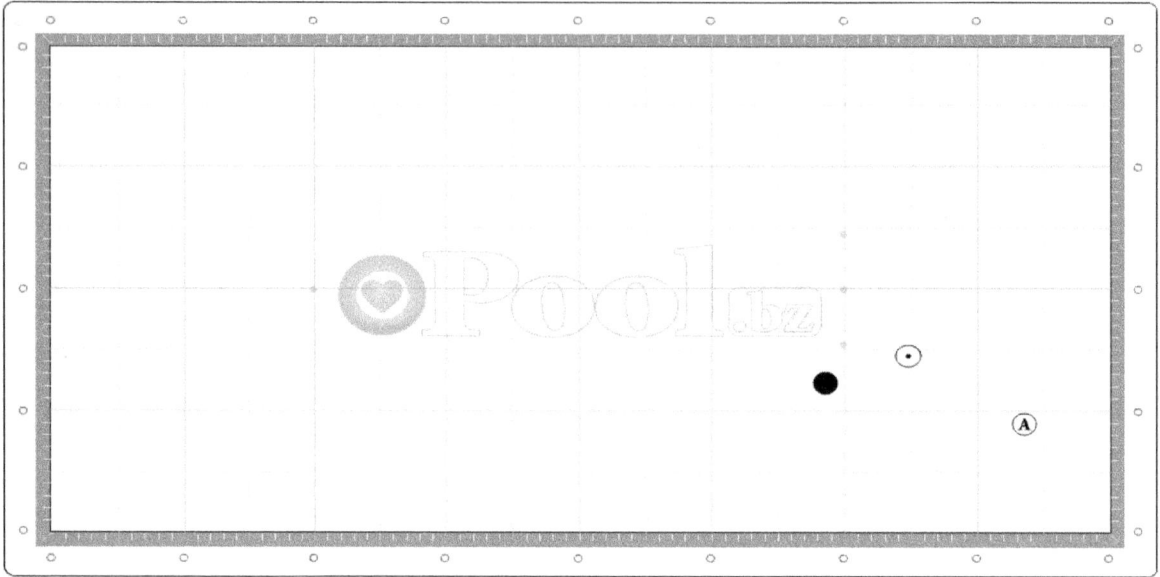

Notizen und Ideen:

## Schussmuster

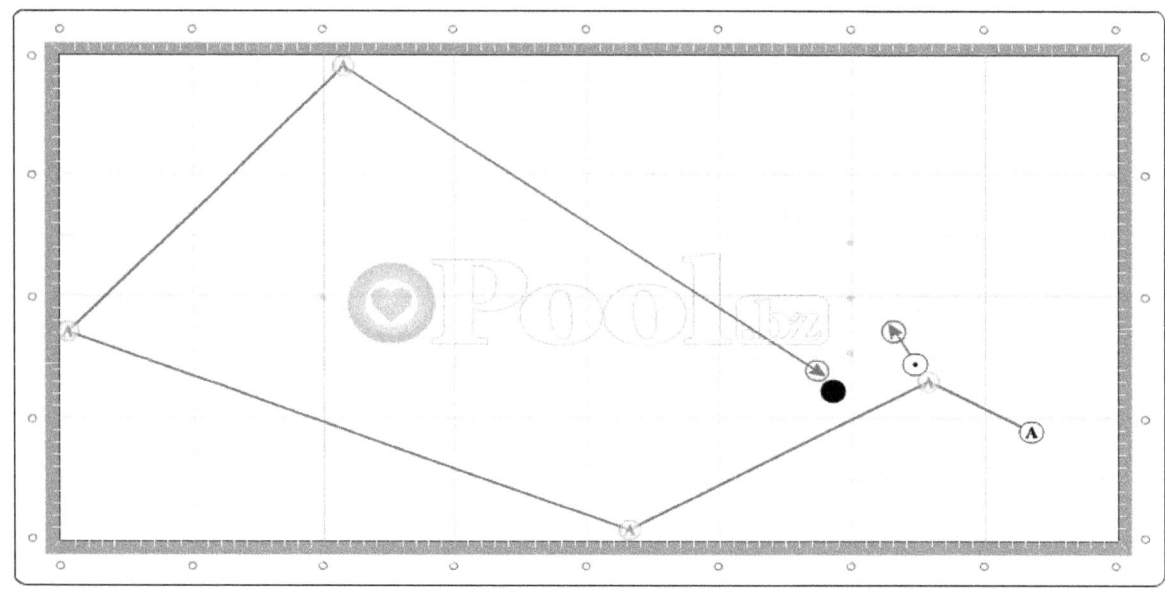

## E:2d – Konfiguration

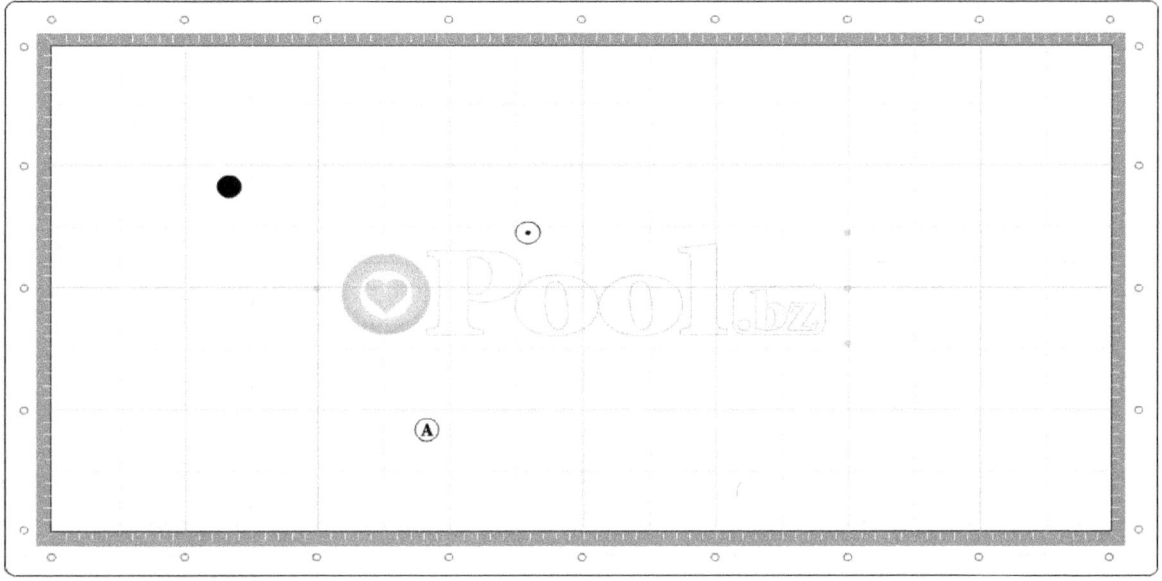

Notizen und Ideen:

## Schussmuster

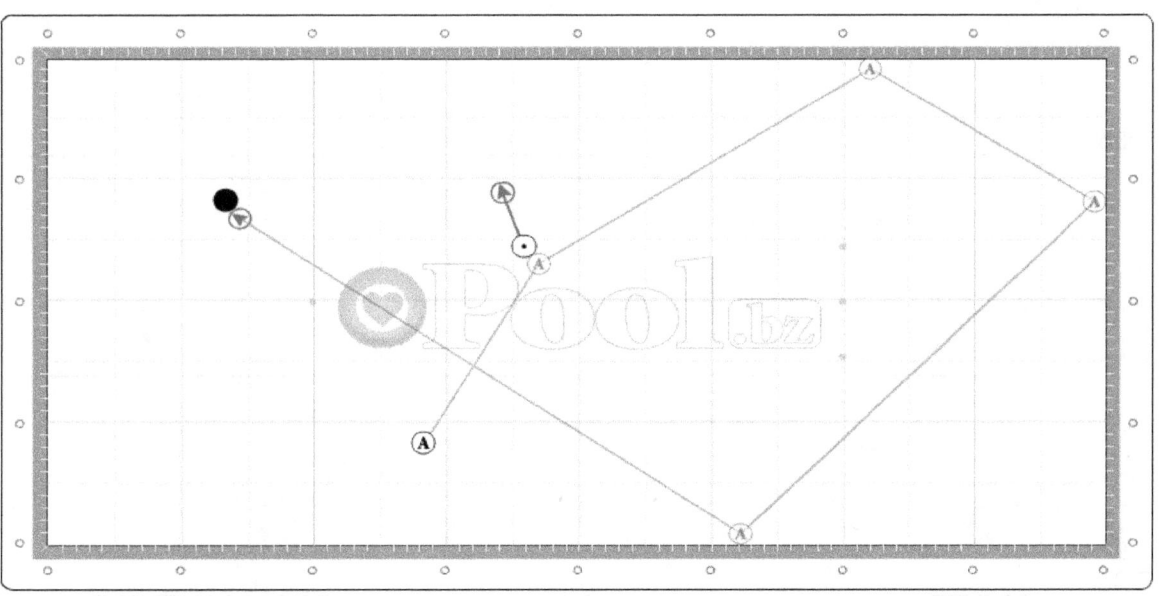

# E: Gruppe 3

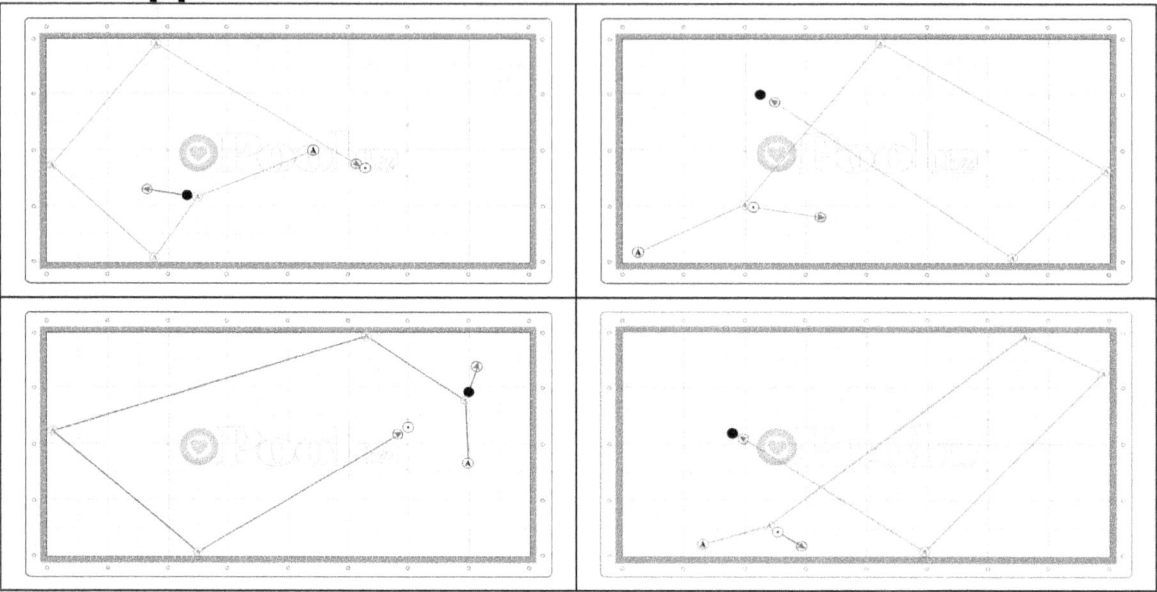

**Analyse**:

E:3a. _____

E:3b. _____

E:3c. _____

E:3d. _____

## E:3a – Konfiguration

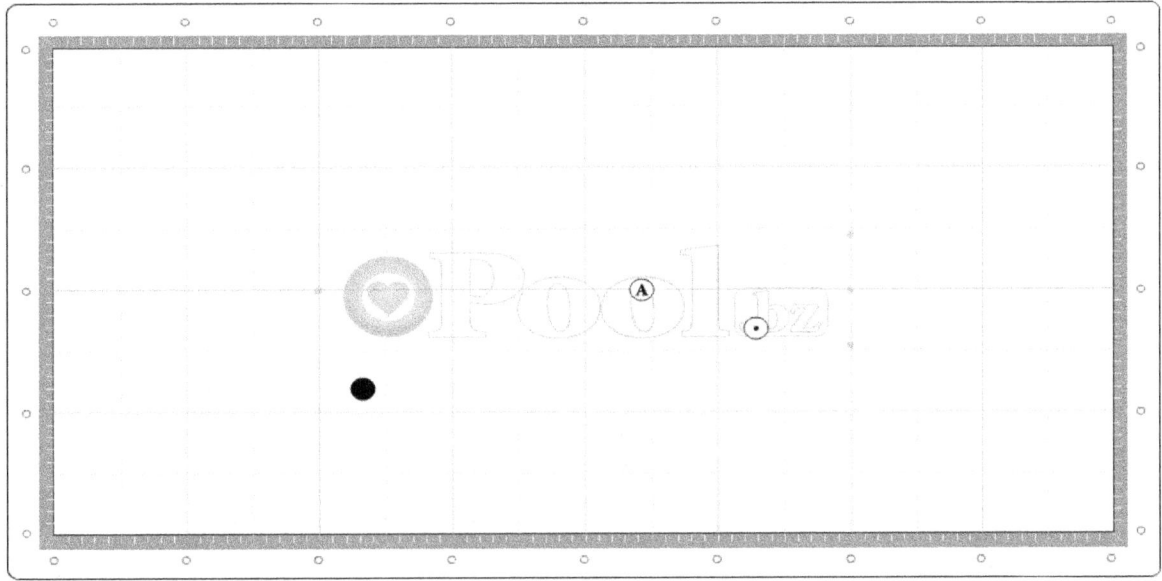

Notizen und Ideen:

## Schussmuster

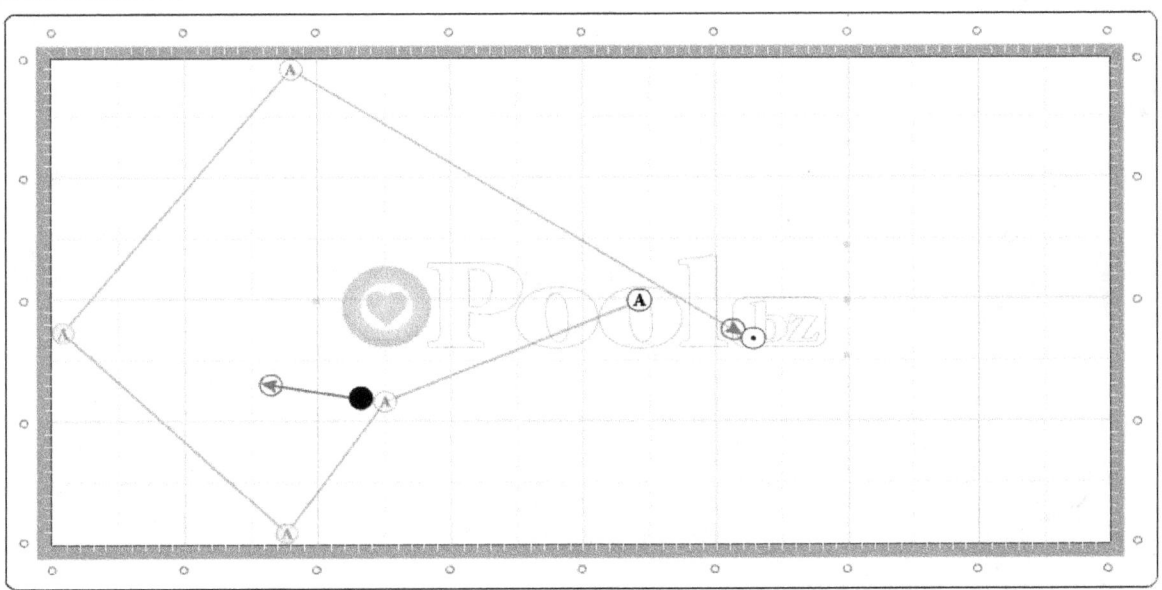

## E:3b – Konfiguration

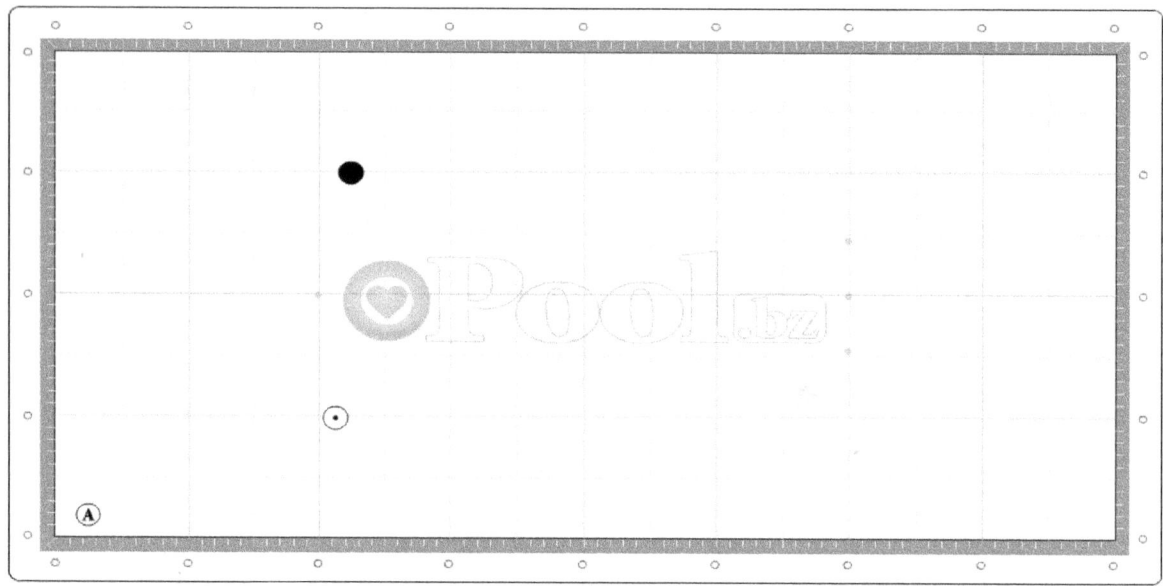

Notizen und Ideen:

## Schussmuster

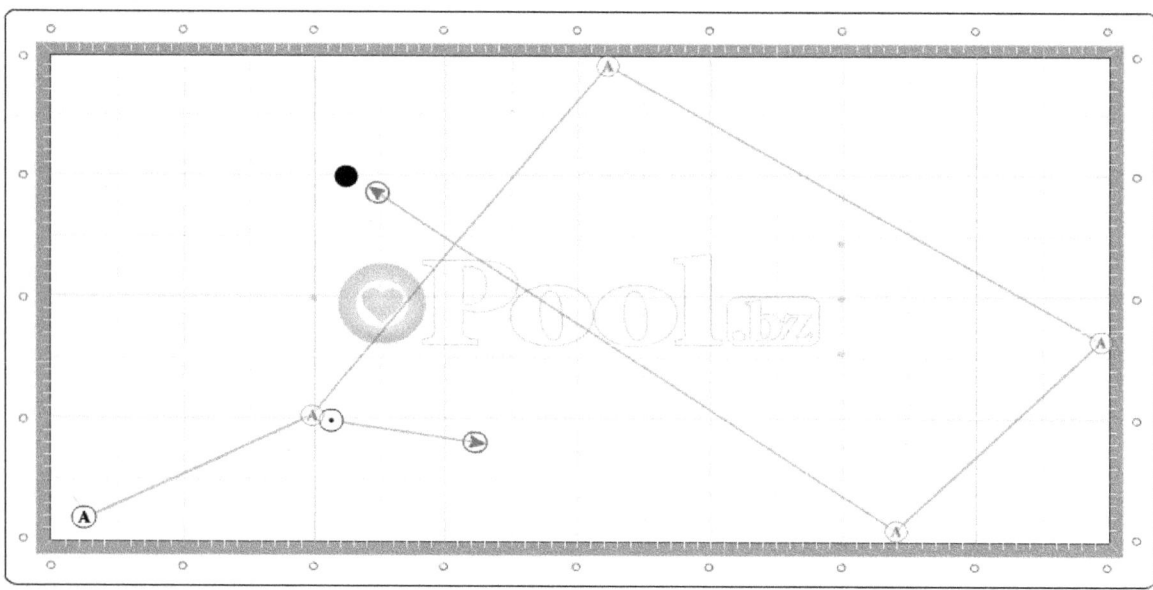

## E:3c – Konfiguration

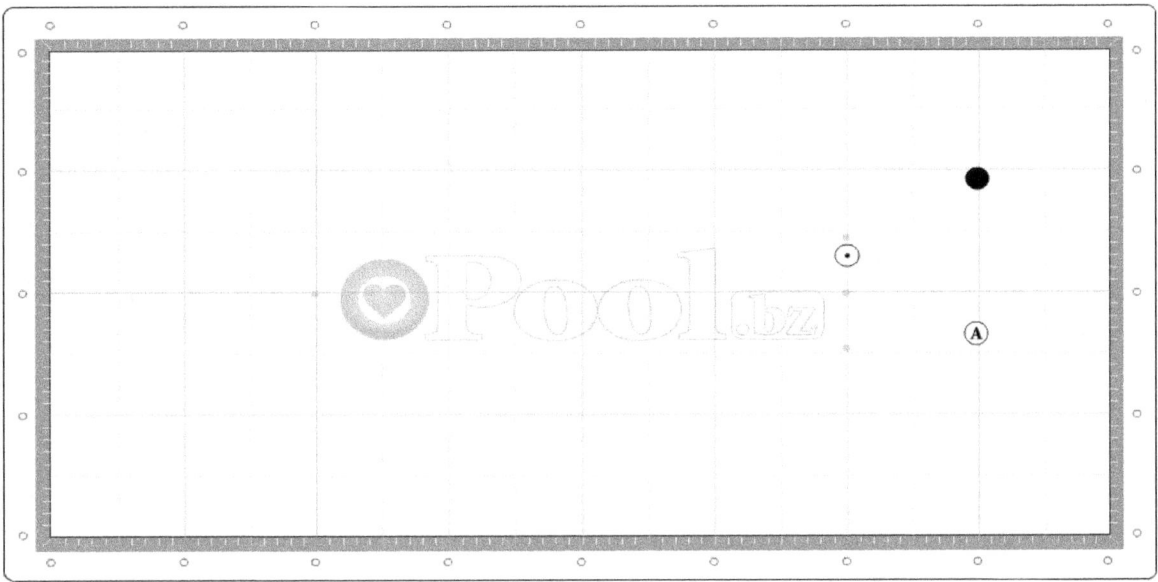

Notizen und Ideen:

## Schussmuster

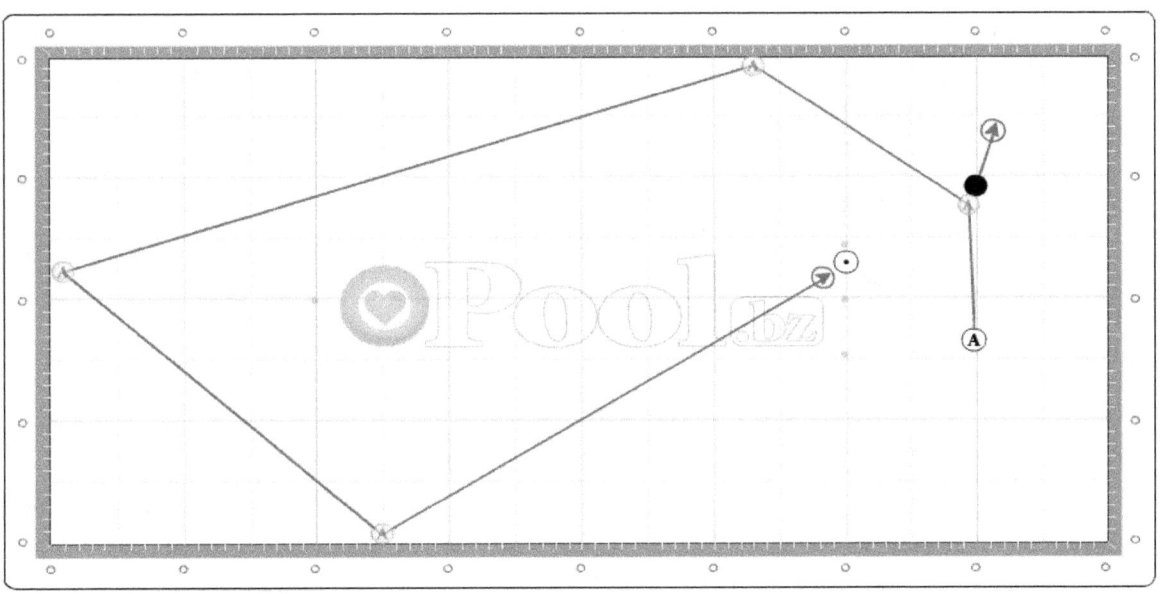

## E:3d – Konfiguration

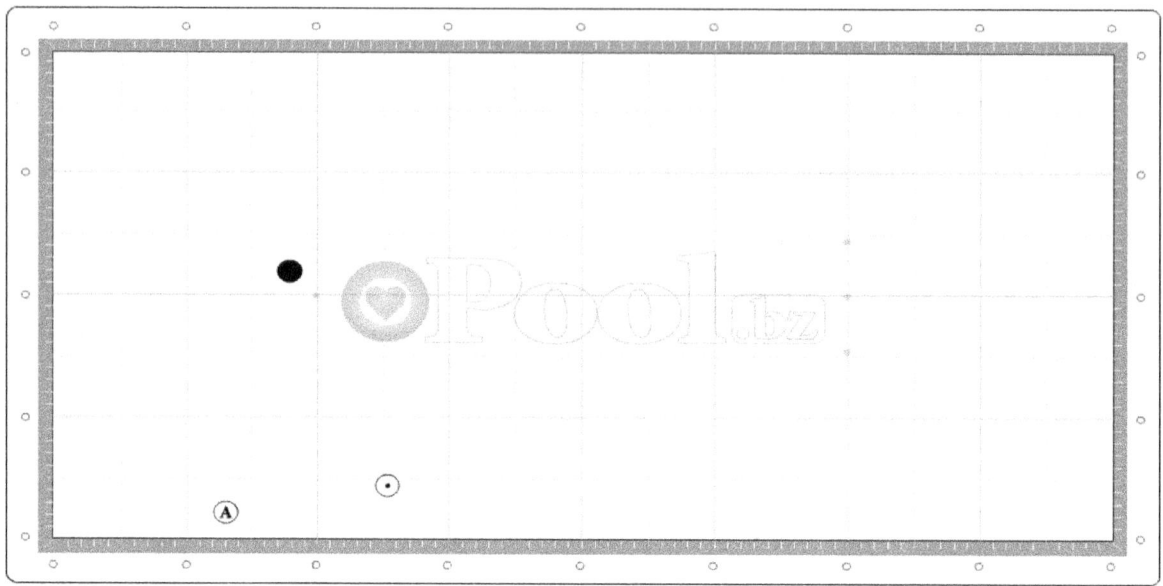

Notizen und Ideen:

## Schussmuster

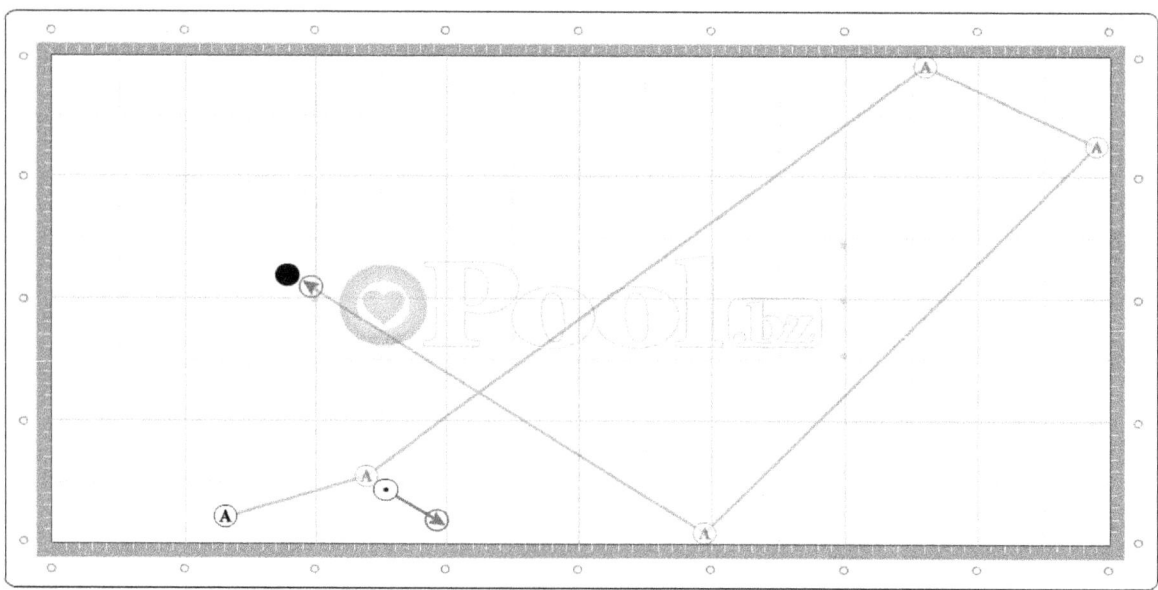

# F: Kurzes Bein (modifiziert)

Das (CB) geht in den ersten (OB) und folgt dem Standard um das Weltmuster herum. Das Muster wird jedoch geändert, da sich der andere (OB) nicht auf dem normalen Pfad in die Home-Ecke befindet. Dies bedeutet, dass die Winkel angepasst werden müssen, um einen Treffer auf dem anderen (OB) zu erreichen.

(A) (CB) (Ihre Billardkugel) - (•) (OB) (Gegner Billardkugel) - ● (OB) (rote Billardkugel)

## F: Gruppe 1

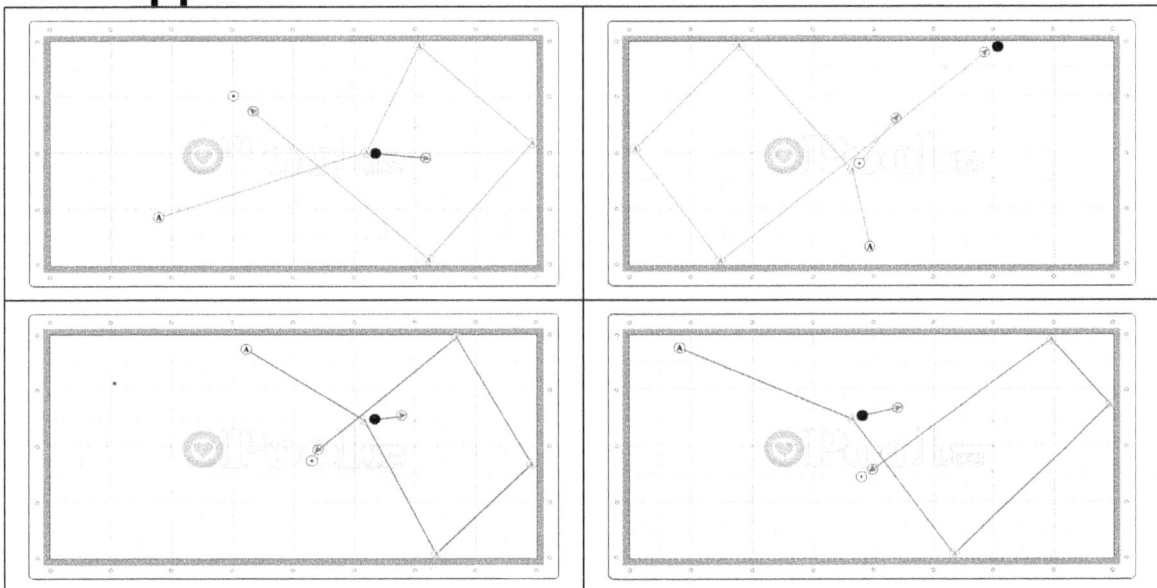

**Analyse**:

F:1a. _____

F:1b. _____

F:1c. _____

F:1d. _____

## F:1a – Konfiguration

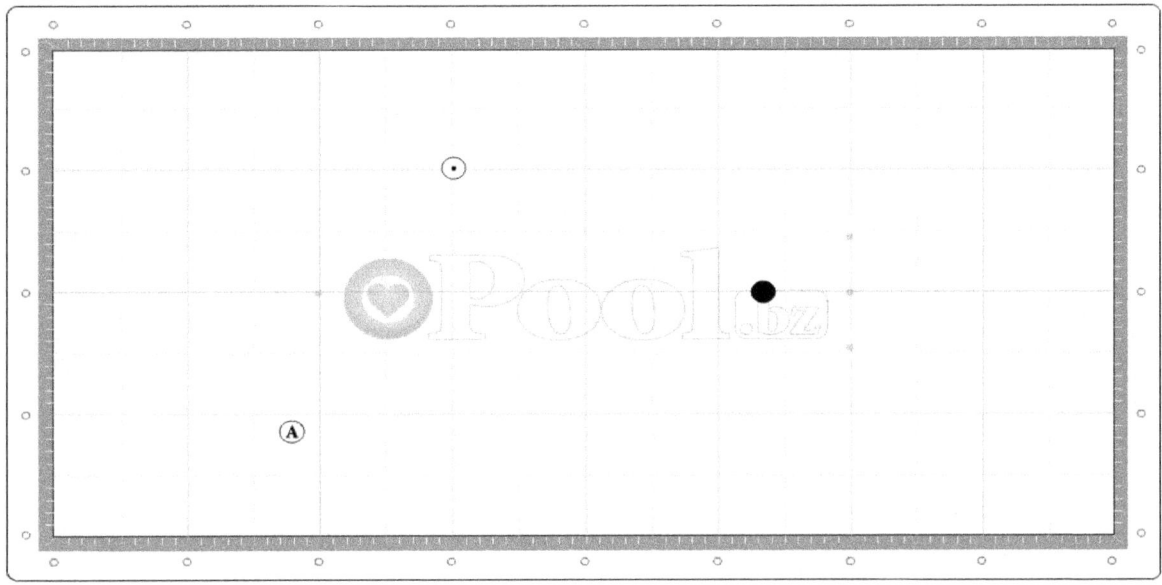

Notizen und Ideen:

## Schussmuster

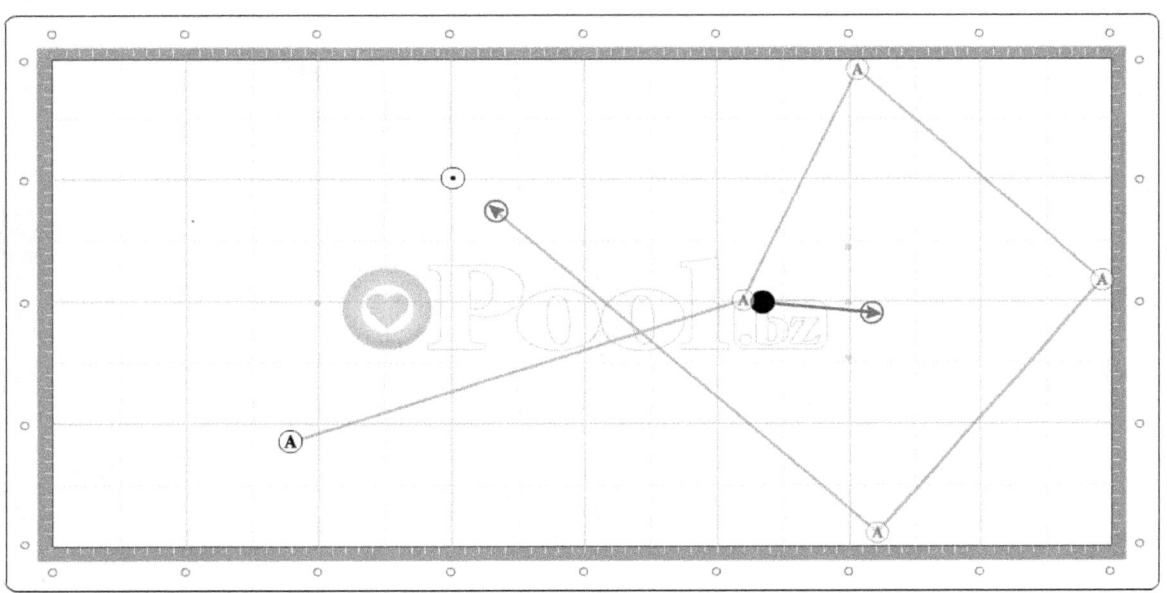

## F:1b – Konfiguration

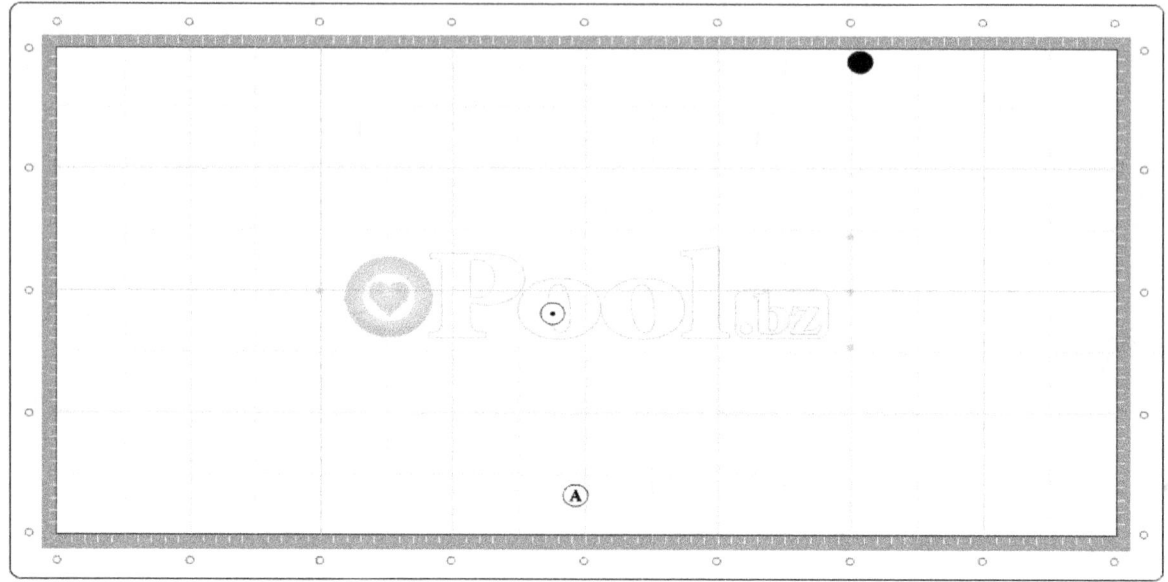

Notizen und Ideen:

## Schussmuster

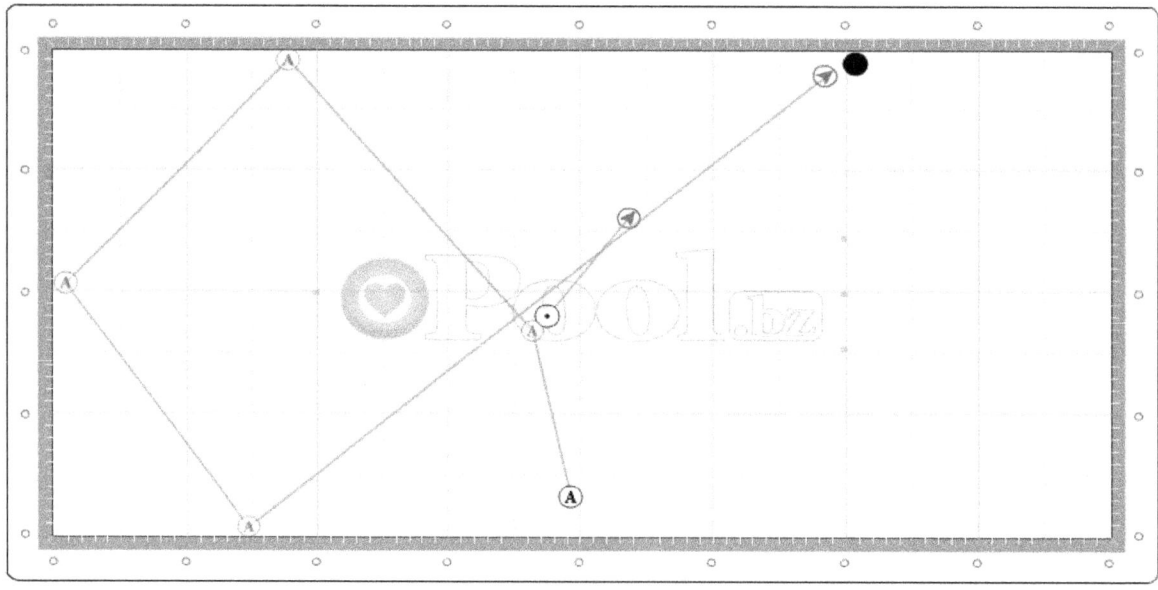

## F:1c – Konfiguration

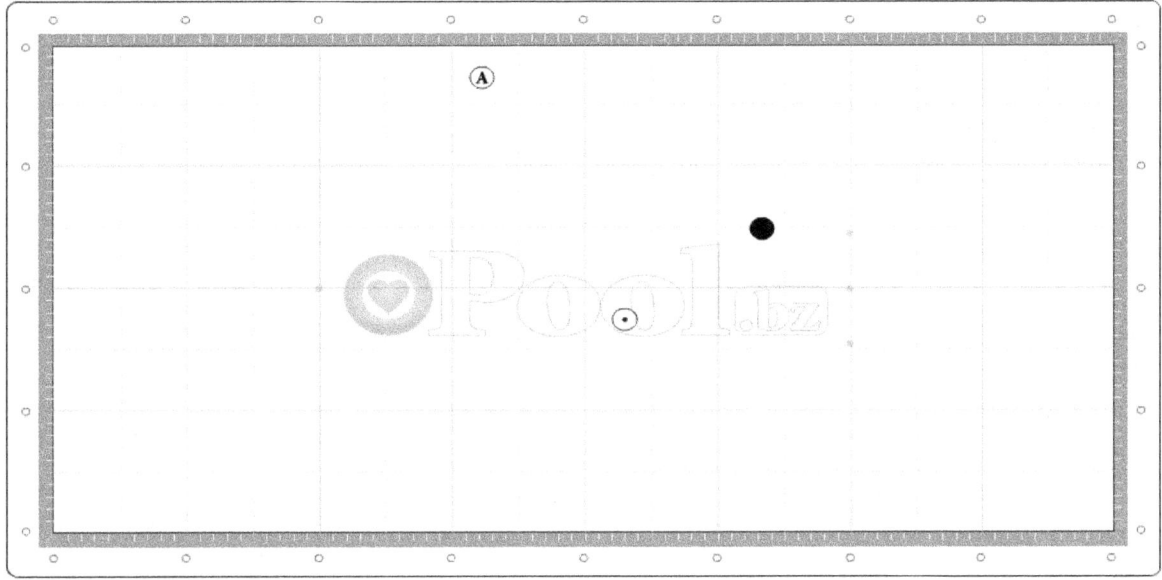

Notizen und Ideen:

## Schussmuster

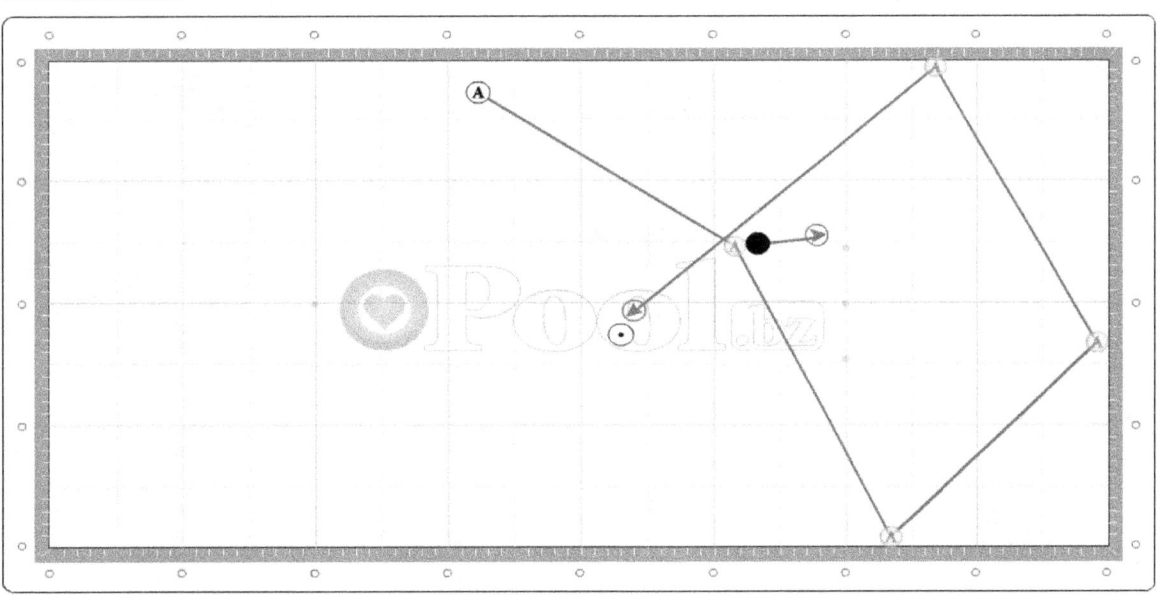

## F:1d – Konfiguration

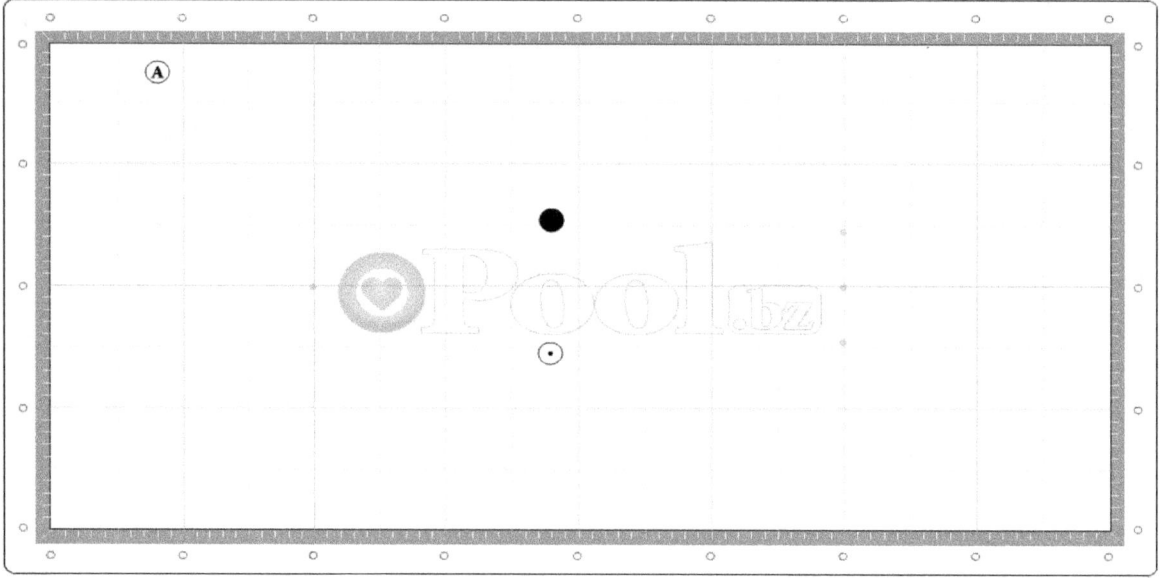

Notizen und Ideen:

## Schussmuster

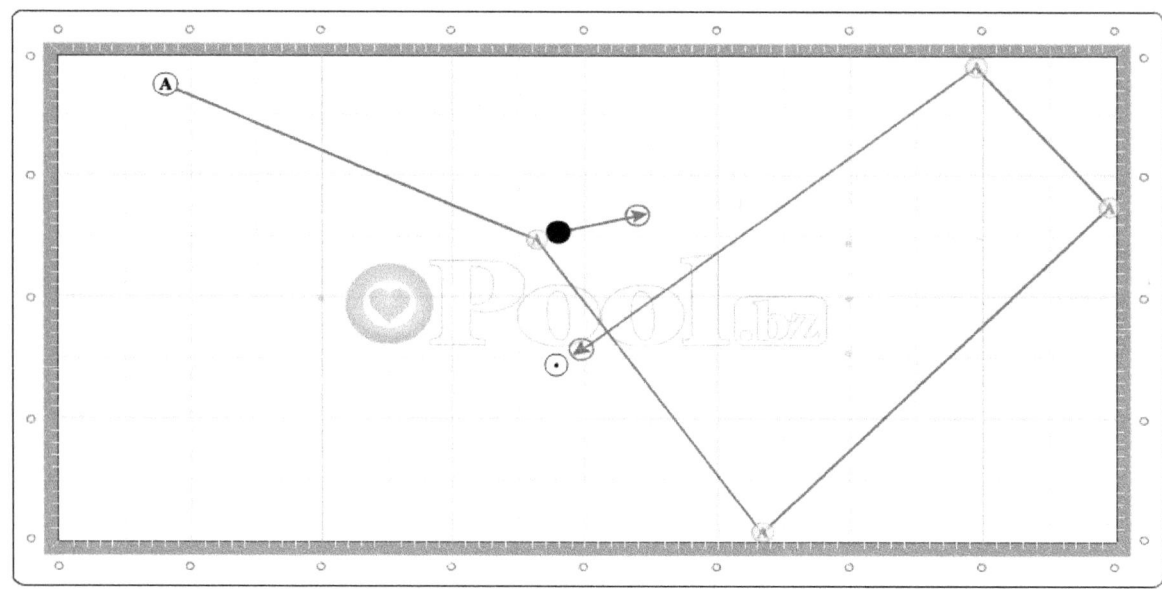

# F: Gruppe 2

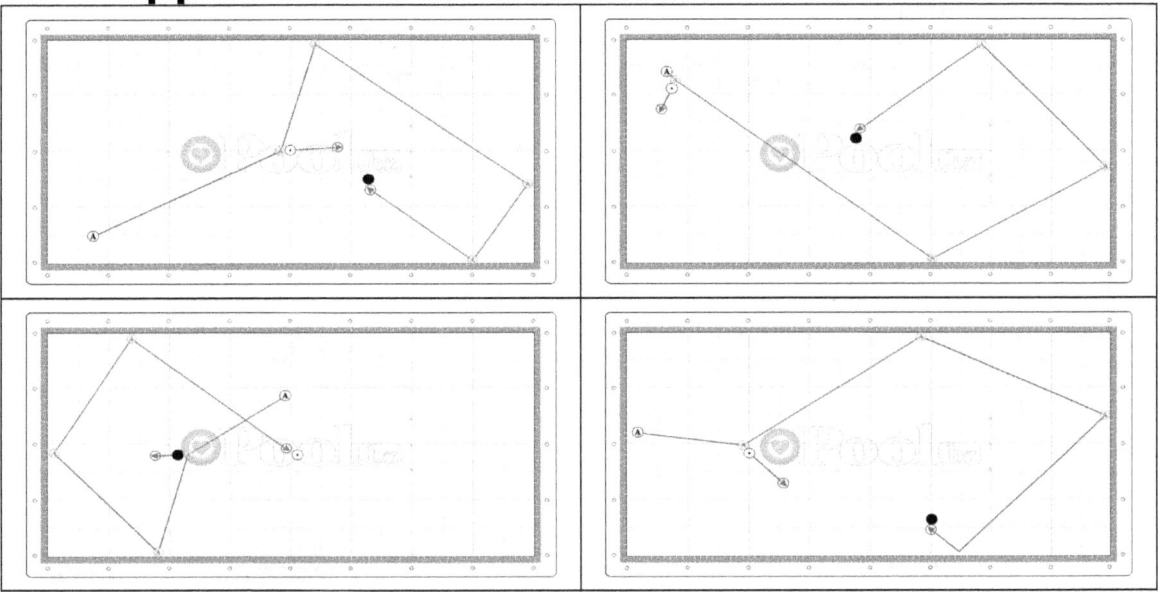

**Analyse:**

F:2a. _____

F:2b. _____

F:2c. _____

F:2d. _____

## F:2a – Konfiguration

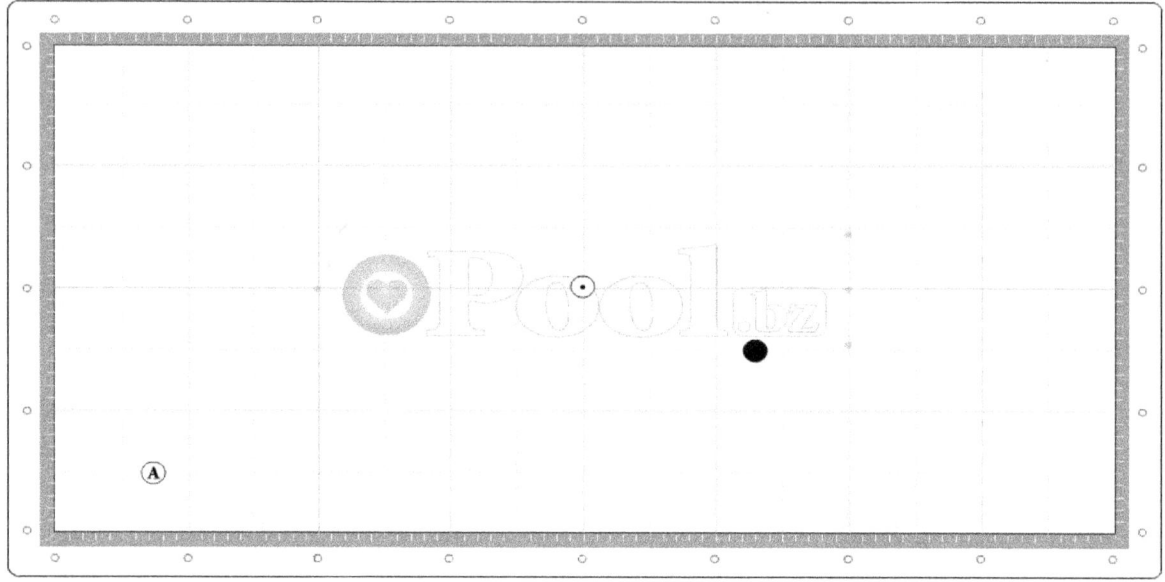

Notizen und Ideen:

## Schussmuster

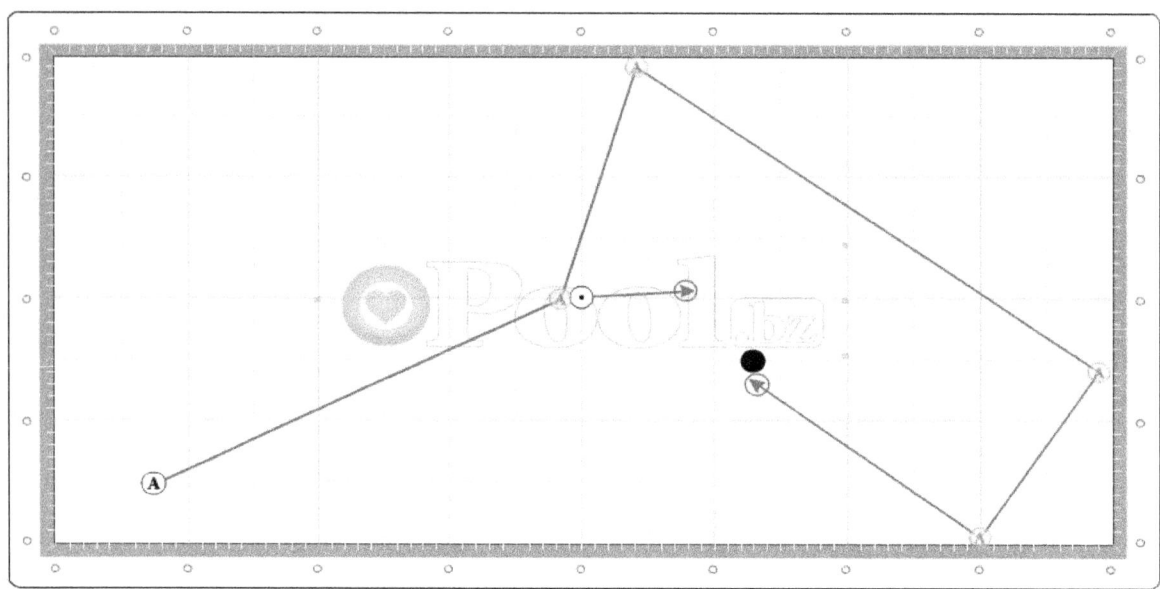

## F:2b – Konfiguration

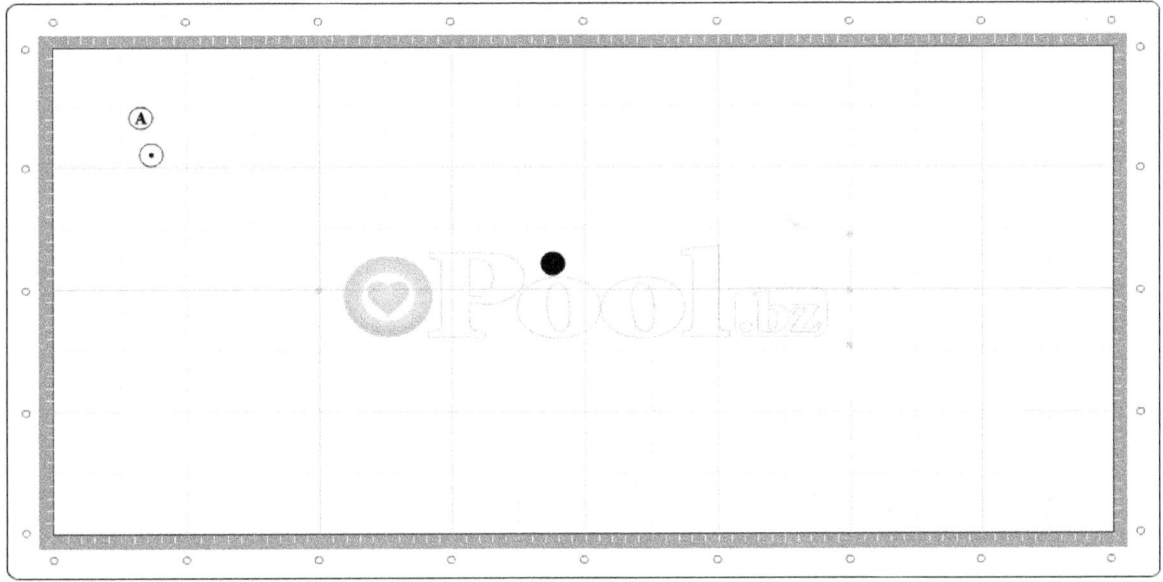

Notizen und Ideen:

## Schussmuster

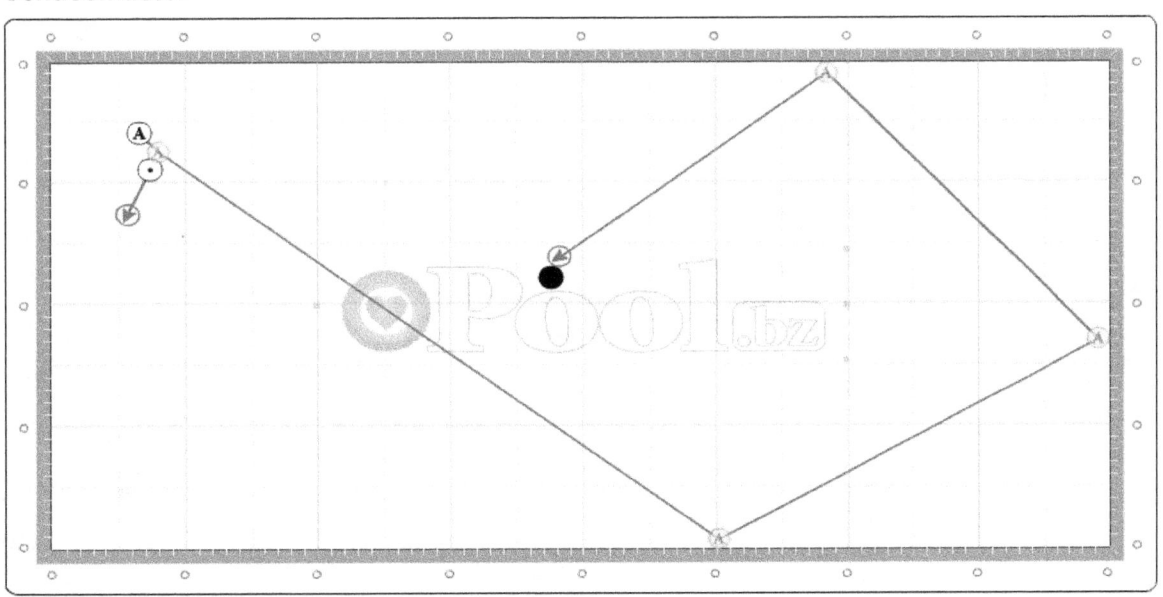

## F:2c – Konfiguration

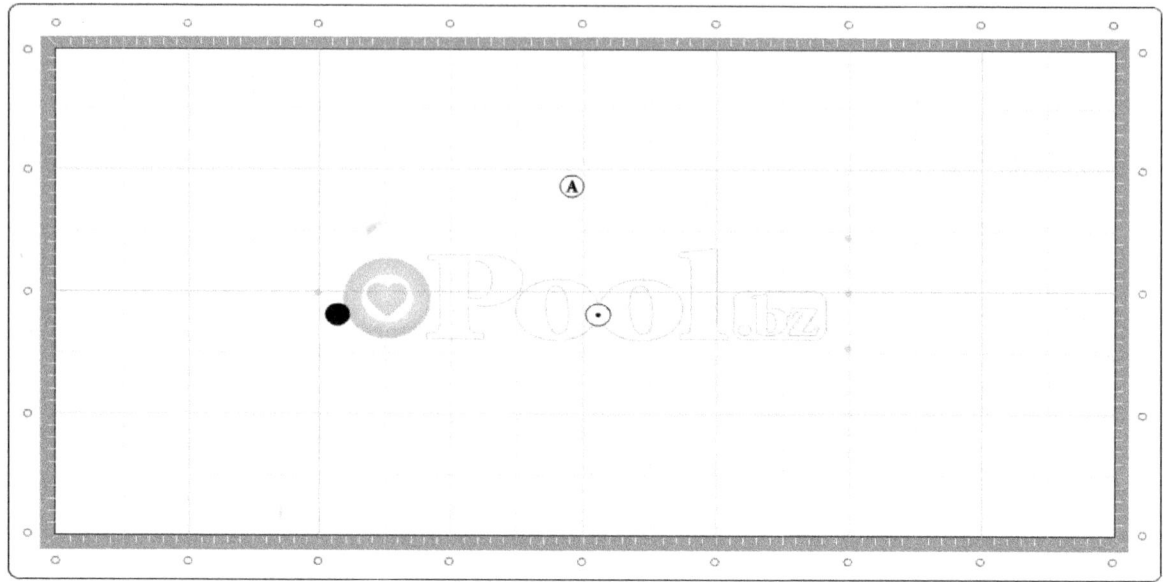

Notizen und Ideen:


## Schussmuster

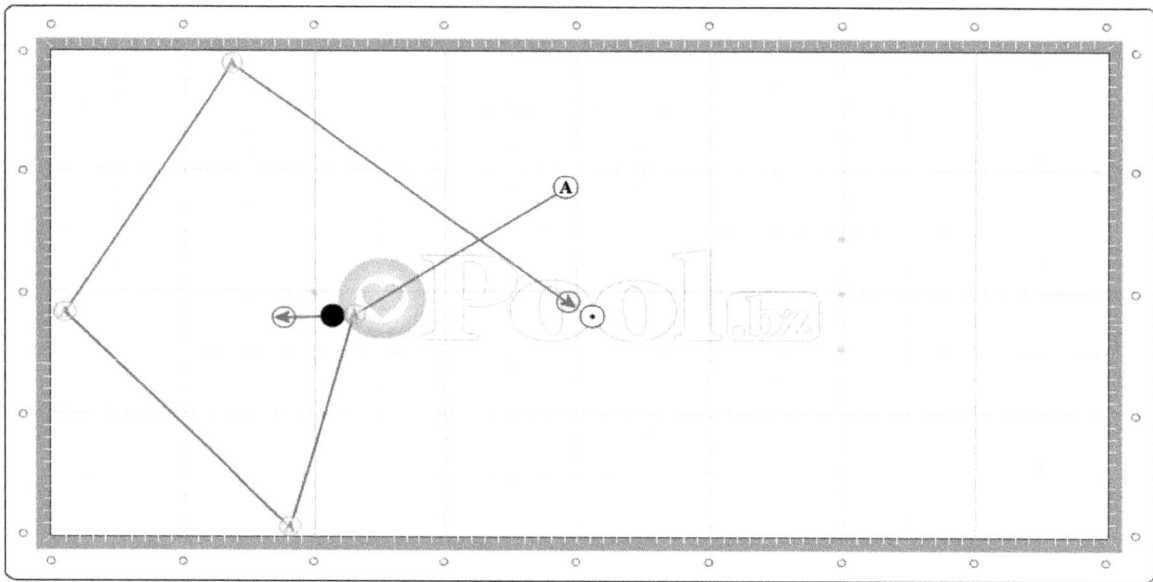

# F:2d – Konfiguration

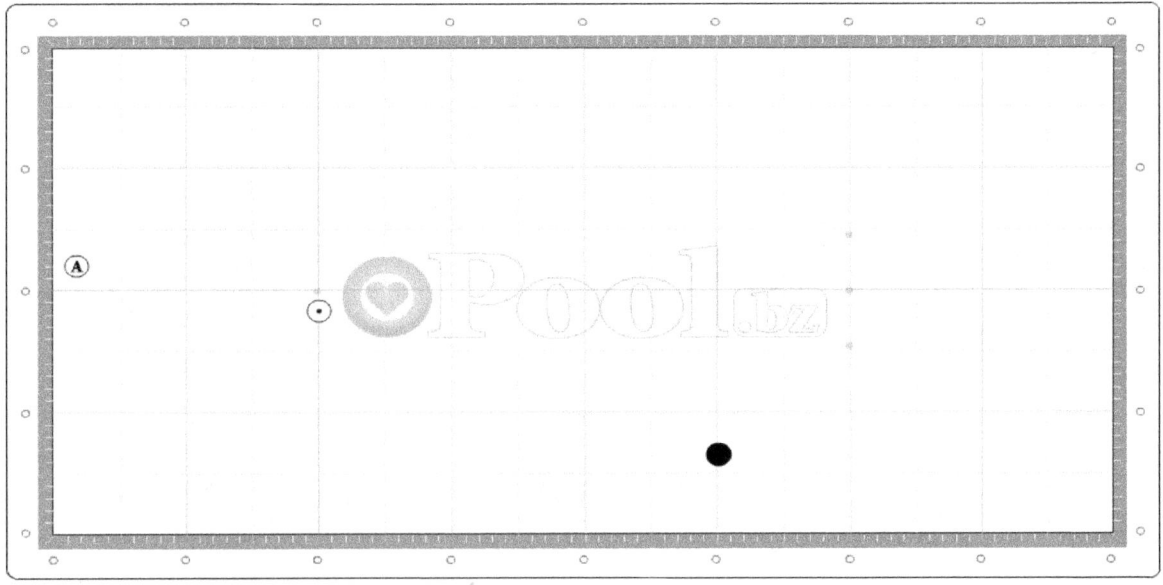

Notizen und Ideen:

## Schussmuster

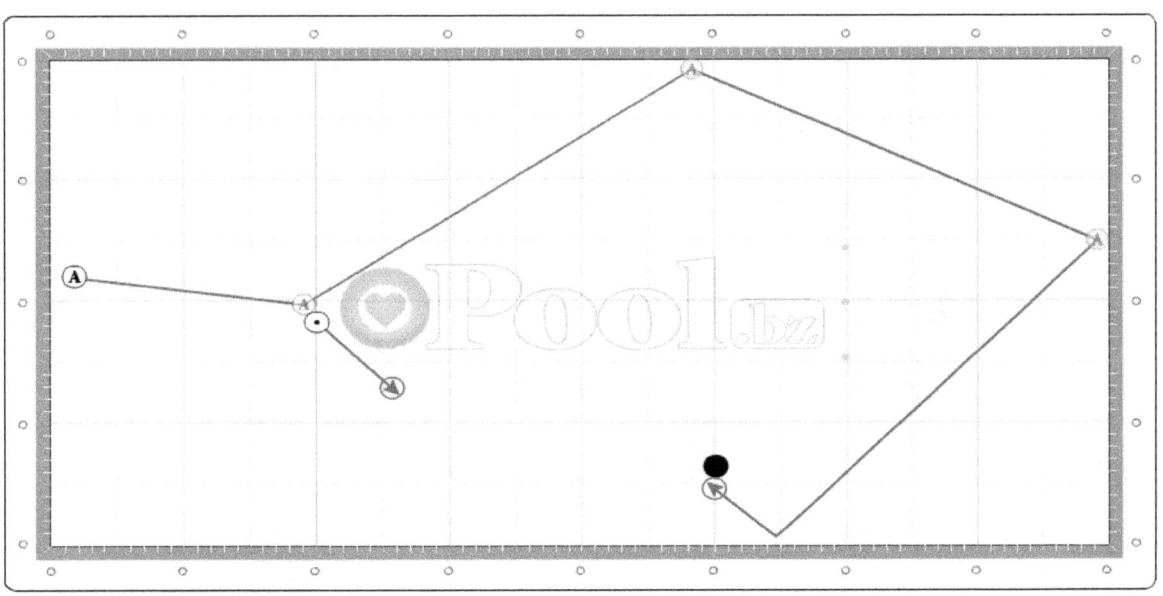